도전을 멈추지 마십시오.

익숙한 곳, 그 바깥에 기회가

있습니다.

조환익

______________________님께

______________________드림

한국, 밖으로 뛰어야 산다

한국, 밖으로 뛰어야 산다

조환익(KOTRA 사장) 지음

청림출판

한 그루의 나무가 모여 푸른 숲을 이루듯이
청림의 책들은 삶을 풍요롭게 합니다.

나는 한국 경제를 믿는다

"우리는 분명 사는 줄에 서 있습니다. 희망을 잃지 맙시다!"

미국 서브프라임 모기지 사태로 촉발된 금융 위기로 세계 경제 전체가 폭풍전야를 방불케 했던 2008년, 그 누구도 섣불리 낙관적인 이야기를 꺼내지 못하고 있을 때, 내가 어디를 가든 빼놓지 않고 강조했던 말은 바로 '희망'이었다.

하지만 당시만 해도 이 같은 나의 주장을 우려하며 바라보는 시선이 대다수였다. 공공기관장인 KOTRA(대한무역투자진흥공사) 사장이니까 그렇게 얘기하는 거겠지, 그래 봐야 환율 때문에 반짝하는 불황형 흑자를 말하는 거겠지, 정부의 일시적인 경기 부양 효과를 과장하는 거겠지, 삼성, LG 같은 대기업들에만 국한된 얘기겠지, 국내외 언론들은 물론, 전 세계 그 어떤 경제 전문가들도 나의 희망 이야기를 임기응변적 심폐 소생술로 여기며 일축하려 들었다. 그만큼 한국은 온통 닥터 둠(Dr. Doom, 불길한 운명을 예언하는 자)의 먹구름으로 뒤덮인 상태였다.

물론 글로벌 경제 위기 발발로 세계 시장 전체가 어려워진 상황에서 대외 의존도가 높은 한국 경제는 그야말로 풍전등화 신세였다. 중국의 저렴한 가격과 일본의 탄탄한 기술력 사이에 샌드위치처럼 낀 존재, 한국을 부정적으로 전망했던 것도 무리는 아니다.

그렇게 모두들 비관만 하고 있을 때, 나는 용감하게도 어느 유력 신문에 "한국 상품이 세계를 설레게 하고 있다"는 제목의 글을 실어 국민들에게 희망 메시지를 보내기 시작했다. 그리고 그 신문을 본 어느 시골 촌로에게서 희망을 갖게 해 줘 감사하다는 편지를 받게 되면서 더욱 적극적으로 희망을 전하는 일에 앞장서게 되었다.

신문에 국가의 앞날에 대해 수없이 많은 글을 기고하고, 방송 인터뷰를 하면서 늘 내가 해 왔던 말은 "해답은 시장에 있습니다. 국제 시장 전쟁에서 우리는 반드시 이길 수 있습니다"였다. 그리고 지금 신통하게도 나의 예측은 잘 들어맞고 있다. 조금씩 경기가 회복되면서 세계 시장에서 한국 상품이 주도권을 장악해 나가는 현상이 벌어지고 있는 것이다.

나는 지난 30여 년간 주로 무역 통상 분야에 종사하면서 적지 않은 실전 경험을 쌓아 왔다. 각종 대외 통상 협상 전선을 누비고 다녔을 뿐만 아니라 IMF 외환 위기 때는 산자부 무역 투자 실장을 역임하며 무역 흑자 250억 달러, 외국인 투자 150억 달러의 기록 수립을 지휘, IMF 탈출에 적지 않은 기여를 하기도 했다. 그리고 수출보험공사 사장을 거쳐 현재 KOTRA 사장을 역임하면서 전 세계 70여 개국, 약 100여 군데의 현장을 방문했다. 이를 통해 '이번 전쟁에서도 우리가 이길 수 있다'는 직관을 갖게 되었다.

그 과정에서 전대미문의 경제 위기 앞에 그간 몸소 부딪혀 깨닫게 된 우리의 경쟁력을 보다 많은 이들에게 알리고 전파하는 것, 이를 통해 우리 기업과 국민들에게 자신감을 심어 주고, 극복 에너지를 충전시켜 주는 것이 내가 할 수 있는 또 다른 역할이 아닐까 싶었다. 이러한 깨달음은 내가 이 책을 쓰게 된 직접적인 이유이자 동기가 되었다.

한국의 숨은 저력을 찾아라

2009년 초, 한국 투자 기업과 주한 유럽 대사 등 외교관과의 오찬 자리에서 나는 한국 경제의 미래가 다른 나라에 비해 밝을 것이라는 화두를 던진 적이 있다. 세계는 지난 10여 년간 누적된 과잉 유동성으로 탐욕적인 파생 상품까지 유통시켜 재앙을 맞게 되었으니, 앞으로 돈의 흐름은 실제 부가가치를 생산하는 제조업 부문으로 흐를 것이다. 그런 관점에서 볼 때 다양하고 견실한 제조업 기반과 양질의 노동력, 탄탄한 기술력을 겸비한 한국이 세계 시장의 주목 대상이 될 것이며, 2009년 한국에 대한 외국인 투자 역시 늘어날 것으로 전망했다.

그러자 자리를 같이한 사람들은 모두가 눈을 휘둥그렇게 뜨고 나를 바라보았다. 세계 굴지의 투자가들도 다 쓰러지는 마당에 한국에 무슨 외국인 투자냐며 나를 마치 '돈키호테적 국수주의자'인 양 취급하는 반응들이 대다수였다.

그러나 지금 상황은 어떠한가? 전 세계의 외국인 투자가 반 토막이 난 금년 상반기, 유일하게 한국만 투자율이 늘어나는 현상이 나타나고 있다. 우리의 경제 선방이 만약 환율 효과나 경기 부양책에 따른 일시적 신기루라면 돈의 흐름을 좇는 영리한 투자자들이 과연 우리에게 투자를 했겠는가? 게다가 그동안 비관론으로 일관했던 많은 전문가들이 일제히 낙관론으로 전환한 사실은 또 어떻게 설명할 수 있겠는가?

하지만 명심해야 할 것은 과신은 금물이라는 점이다. 지금은 주가나 소비, 생산 모두 안정세를 되찾아 가고 있지만 경기가 언제 다시 나빠질지, 좋아질지는 알 수가 없다. 지금의 경제 상황은 그야말로 예측불허인 셈이다. 이런 때일수록 조심스럽고 겸손한 태도로 우리 스스로를 다잡아야 한다.

나는 지금이야말로 대한민국의 현 현상에 대한 정확한 진단이 필요한 시기라고 본다. 세계 시장의 흐름을 직시하는 가운데, 그 속에 자리하고 있는 우리의 위치를 정확히 파악하고, 숨겨진 실력과 강점, 가능성을 발견해 나가야 할 때인 것이다.

역전의 기회를 잡다

이번 금융 위기가 무엇보다도 심각한 두려움을 불러일으켰던 것은 이번 위기 상황이 지난 IMF 외환 위기 때보다 더 어려울 것이란 전망 때문이었다. 외환 위기의 경우, 당시 세계 경제는 호황이었던 데 비해 한국 등 일부 국가에만 국한된 상황이라 금방 탈출구를 모색할 수 있었다. 그러나 이번 위기는 전 세계가 다 함께 겪는 불황이라 대외적 탈출구가 없다는 것이 비관적 전망의 근거였다.

그러나 내 생각은 달랐다. 오늘날 우리 경제는 10년 전 IMF 외환 위기 때와는 비교할 수 없을 정도로 크게 발전했기 때문이다. 우리에게 유리한 요건이 된 환율의 영향도 부인할 수 없겠지만 무엇보다 꾸준한 투자와 노력으로 세계적 수준에 오른 우리 제품의 품질과 기술력이 큰 힘을 보태고 있다. 게다가 부채 없는 경영으로 극심한 불경기에도 버틸 수 있는 체력이 갖추어진 점, 한류, IT기술 등을 기초로 더욱 커진 한국 기업의 브랜드 파워 등도 무시할 수 없다. 여기에 지난 IMF를 이겨 낸 우리의 위기 극복 능력과 공격적인 시장 개척 능력과 같은 새로운 경쟁력들이 더해지면서 지난 외환 위기 때와는 전혀 다른 여건이 형성되고 있었다. 확실한 신념과 희망만 잃지 않는다면, 난관을 뚫고 나가려는 의지와 노력만 있다면, 지금의 위기를 역전의 기회로 삼을 수 있다는 희망이 싹트고 있었다.

일찍이 이러한 태동을 포착하고 발 빠르게 대처한 곳은 다름 아닌 KOTRA였다. 수출의 물꼬를 트기 위한 여러 방면의 궁리 끝에 내부에서조차 지배적이었던 냉소적 시각을 뚫고 세계 각국의 바이어를 초청하는 행사, '바이 코리아(Buy Korea)'가 추진되었다. 어려운 때일수록 정면 돌파하자는 역발상 차원의 새로운 시도였다. 걱정 반, 우려 반 속에서 뚜껑을 연 '바이 코리아'는 예상 밖의 문전성시를 이루었고, 그때의 감동은 우리가 다시는 IMF행 열차를 타지 않을 것이라는 확신을 주기에 충분했다.

이렇게 세계가 우리를 다시 돌아보게 된 데는 수출과 무역 흑자의 공이 컸다. 올해 2월 들어 28억 달러, 3월 들어 40억 달러, 4월 들어 56억 달러 대의 흑자를 내면서 세계 10위의 수출국 입지를 다졌고, 이와 더불어 '한국은 장기적으로 흑자를 낼 수 있는 나라'라는 대외적 신뢰도가 형성되면서 외환시장 역시 급격히 안정세를 되찾아 간 것이 주효했다.

이 과정에서 보여 준 우리 기업과 정부의 분투 역시 높이 살 만하다. 기업들은 과거 외환 위기 때 당장 돈이 안 된다는 이유로 R&D 인력과 해외 영업망을 축소, 정리하며 미래의 싹을 잘라 버렸던 실책을 뼈아프게 실감한 듯 이번 위기 때는 전혀 흔들림 없는 모습을 보여 주었다. 기술 개발 투자, 인력 양성 투자를 그대로 이어갔고, 오히려 해외 영업 조직망을 늘리기까지 하는 적극성을 보이기도 했다. 정부 역시 지난 IMF 위기를 반면교사로 삼아 신속한 재정을 투입하고 대외 부문에 파격적인 지원을 아끼지 않은 대신, 특정 기업에 대한 개입을 최소화하는 정책으로 위기 대처에 혁혁한 공을 세웠다.

그런데도 왜 우리는 틈만 나면 스스로를 의심하고 폄하하는 발언들을 하는 것일까?

"한국 사람처럼 남을 인정하지 않는 민족이 없다"는 말이 있다. 생각해 보면 일본이 세계 시장을 호령하며 잘나갈 때에도 유일하게 우리만 일본을 인정하려 들지 않았고, 중국이 미국과 더불어 세계의 명실상부한 양대 축으로 급부상했음에도 아직까지 우리만 그 위력을 경외시하지 않는 듯하다. 물론 이러한 자존심이 그간의 우리를 이끌어 온 동력이었는지도 모른다. 그러나 문제는 우리 자신의 능력조차 잘 인정하려 들지 않는다는 데 있다.

자신감이 곧 희망이다

우리는 스스로가 인정하고 칭찬할 만한 수많은 저력을 가지고 있다. 세계 최고 수준의 극성 교육열, '빨리빨리'라는 말이 만들어 낸 역동성, 위급한 순간 뭉치는 결집력, 마음먹은 일은 끝까지 해내는 끈기, 불타는 성취욕과 강한 승부 근성까지…. 그간의 수많은 벼랑 끝 위기와 고비의 순간들을 극복해 온 한국인이 아닌가.

세계는 끊임없이 변하고 있고, 더 새로운 방향으로 진화하고 있다. 이제는 무엇보다 아이디어와 창의력이 중요한 지식 경제 시대이며, 무수히 많은 네트워크를 활용해 새로운 기(氣)를 터 나가야 하는 연결과 통합의 시대이다. 이러한 때 우리는 우리의 저력을 믿어야 한다. 급변하는 트렌드 속에서 우리만의 길을 만들어 그 흐름을 주도할 필요가 있다. 소극적인 방관자가 아니라 능동적이고 적극적인 주인이 되어야 한다. 정형화된 고정관념을 깨고 열린 사고를 통해 남이 생각지 못한 것을 발견할 줄 알아야 한다. 변화와 혁신을 두려워해서는 안 된다. 생각을 바꾸면 세상은 넓고 할 일은 무궁무진하다. 나도 한번 넓은 세상에 뛰쳐나가 세계 속의 주역이 되겠다는 자신감을 가져야 한다.

물론 아직 뒤떨어지는 부분들도 많다. 불안정한 노사관계, 취약한 금융 인프라, 사회적 갈등 구조, 극심한 양극화 등 해결해야 할 과제가 수두룩하다. 그러나 새롭게 발견된 우리만의 강점을 인정하고 이를 고유한 경쟁력으로 극대화시켜 키워 나갈 필요가 있다. 우리가 스스로를 대견하고 자랑스럽게 여겨야 세계도 우리를 인정할 것이 아닌가.

나는 이 책이 우리의 젊은이들에게 한국인이라는 자부심을 심어줄 수 있기를 희망한다. 아울러 경제 위기 속에 잠시라도 방향을 잃고 절망해 왔던 많은 이들에게 희망의 나침반과 같은 역할을 할 수만 있다면 더 이상 바랄 것이 없다.

앞으로 우리 경제는 상품과 금융을 결합한 수출 패러다임의 전환, 기술 수출, 지식 서비스, 현지 투자, 자원 개발, 환경 에너지 분야 등 새로운 꽃을 피워야 하는 시점에 서 있다. 아무리 힘들고 어려운 상황일지라도 숨어 있는 기회의 가능성을 놓치지 말아야 한다. 세계 속에 한국을 중심으로 하는 큰 흐름을 만들어 내야 한다. 바로 지금이 희망을 품고 이를 준비해야 할 때다. 내일 우리 사회가 어떤 모습으로 바뀌어 있을지는 우리가 오늘을 얼마나 치열하게 살아가느냐에 달려 있다.

이 책을 쓰면서 많은 사람들의 도움을 받았다. 먼저 독자들의 빠른 이해를 돕기 위해 보다 실감나는 사례에 관해서는 특정 기업이나 개인에 피해가 되지 않는 한 실명을 기재하였으므로 양해를 부탁드린다.

지금도 세계 곳곳에서 구슬땀을 흘리며 뛰고 있는 KOTRA의 모든 직원 분들께 깊은 감사를 드린다. 또한 책을 쓰게끔 많은 격려와 조언을 아끼지 않으신 여러 기업인들, 언론인들, 과천의 후배들에게도 감사의 인사를 전한다. 무엇보다 지금까지 물심양면으로 뒷바라지해 준 나의 아내와 든든한 지원군이 되어 준 가족들에게도 고맙다는 이야기를 전하고 싶다.

끝으로 주위에 어렵고 힘든 여건 속에서도 여전히 포기하지 않고 한발 한발 앞으로 전진해 가고 있는 우리 모두에게 진심어린 칭찬과 격려의 박수를 보낸다.

조환익

:: CONTENTS

3장 우리 앞에 놓인 새로운 시장에 도전하라

4장 전략이 있으면 미래는 불안하지 않다

1

한국 경제는 사는 줄에 서 있다

■ ■ ■

우리 수출이 꾸준히 선전하는 모습을 보이자 해외 시장은 경기 침체에도 불구하고 한국 경제에 내성이 있다고 평가하기에 이르렀다. 연일 우리 경제의 취약성을 조목조목 친절하게 일러주며 위기설을 확산시켰던 외신들이 '경제 위기에서 가장 빨리 회복할 나라'로 한국을 지목하기 시작한 것도 이와 같은 이유에서다. 세계 시장의 위기는 우리에게 오히려 기회로 작용하기 시작했다. 아니, 위기 속에서 우리 스스로 기회를 만들어 내기 시작했다. 한국 경제의 반전이 시작된 것이다.

한국 경제, 벼랑 끝에 서다

설마설마하던 그날이 마침내 오고야 말았다. 2008년 9월 15일, 158년의 역사와 전통을 자랑하는 미국 4위의 대형 투자은행인 리먼브라더스가 파산 신고를 하면서 세계 금융 산업에 핵폭탄이 떨어지는, 그야말로 상상도 못한 일이 현실에서 벌어지고 만 것이다.

당시는 내가 KOTRA 사장으로 취임한 지 불과 두 달도 채 안 된 시점이었다. 물론 2007년 하반기부터 조금씩 위기의 징조는 감지되고 있었다. 우려를 낳았던 미국발 서브프라임론 사태가 모기지 부실과 주택 시장의 붕괴 등의 신용 경색으로 이어지면서 그 희생 제물로 미국 투자은행 베어스턴스가 JP모건에 강제 매각되는 사건이 터지기도 했다. 하지만 이때까지만 해도 미국의 상징인 리먼브라더스가

지 위협을 받는 금융 위기가 올 것이라 예견한 사람은 그리 많지 않았다. 전 세계 금융 시장은 풍부한 유동성의 힘으로 인류 역사상 최대 호황기를 이어가고 있었기 때문이다.

전 세계가 패닉 상태로

그러나 2008년 9월에 접어들면서 미국의 모기지 은행인 패니메이, 프레디맥 등이 구제 금융을 신청하며 월가가 금방이라도 쓰러질 듯한 위기감을 보이더니 94년의 전통을 자랑하는 미국 투자은행 메릴린치까지 뱅크오브아메리카에 헐값에 넘어가는 초유의 사태가 발생했다. 저력과 희망을 상징하며 '돌진하는 황소(Charging bull)'라 이름 붙여졌던 월가의 황소상이 돌진은커녕 일어설 힘조차 없어 주저앉아 버리는 결과가 초래된 것이다.

결국 리먼브라더스의 붕괴는 금융권과 투자자, 소비자 모두를 공포의 도가니로 몰아넣었다. 수많은 투자자들로 하여금 엄청난 금액 손실을 보게 했을 뿐 아니라 금융 시장 전체를 마비시켰다. 미국을 포함해 전 세계 금융 시장이 크게 출렁거렸고, AIG 등 거대 보험사와 시티은행 등 굴지의 상업은행들이 정부의 구제 금융에 목숨을 걸어야 하는 처지로 전락하고 말았다. '대마불사(大馬不死)'의 신화가 여지없이 무너져 버리는 순간이었다.

그런데 문제는 이것이 단순히 미국 내의 사건으로만 머물지 않았다는 점이다. 서브프라임 모기지 사태로 점화된 폭탄은 월가의 이곳

저곳을 돌며 활활 불이 붙기 시작해 마침내 세계를 뒤흔드는 핵폭탄이 되었다. 이 폭탄이 터지자 그 충격파가 미국은 물론 유럽, 아시아, 중남미 등 거의 전 세계 금융 기관들로 동시에 퍼져 나가기 시작했다. 영국, 홍콩, 싱가포르 등 금융 허브들은 물론, 미국 금융권과 조금이라도 관련이 있는 국가, 혹은 간접적으로나마 미국 금융 상품에 투자했던 투자가들이 속속 상처투성이로 변해 갔다. 이로써 전 세계는 패닉 상태에 빠졌고, 금융 시장 역시 한치 앞을 내다볼 수 없는 어둠의 나락으로 추락하기 시작했다. 그 누구도 경험해 보지 못한 21세기의 경제 위기가 시작된 것이다.

이로써 세계 금융 시장을 지배했던 탐욕의 심리는 순식간에 공포의 심리로 변하기 시작했다. 두 달 만에 제2의 전자 유통 업체인 서킷시티(Circuit City)의 파업으로 실물경제(real economy)가 사실상 전면적인 중단 상태에 놓이게 되자 세계 교역량은 급격히 줄어들었다. 세계무역기구(WTO)는 2009년 세계 교역량이 전년도에 비해 무려 10퍼센트 이상 감소할 것이라며 대공황 이후 최악의 실적이라는 전망을 내놓았다. 실제로 전 세계 모든 유통 업체들이 오로지 재고 축소에만 열을 올린 나머지 신규 오더는커녕 기존에 주문한 물량조차 취소, 반품하는 사태가 벌어졌다. 금융 쪽에 붙은 불이 실물로 옮겨 와 우리 경제의 버팀목인 수출이 큰 타격을 받을 것이란 관측이 나오기 시작한 것도 이때였다. 대외 의존도가 전체 GDP의 70퍼센트가 넘는, 그야말로 수출만 믿고 산다 해도 과언이 아닌 우리로서는 해외 시장의 위기가 곧 국가의 위기였다.

불현듯 지난 IMF 때의 기억이 되살아나는 듯했다. 희망퇴직을 권고받은 어느 은행 직원의 눈물의 고별사, 밤이면 각 지하철역마다 빼곡하게 들어찬 노숙자들, 더 이상 가동하지 않아 폐허가 된 공장들, 싼값에 외국으로 팔려 나갈 수밖에 없었던 대기업들, 10년 전 우리가 고통과 눈물로 겪어야 했던, 결코 잊을 수 없는 그때 그 순간들이 파노라마처럼 뇌리를 스쳐 지나갔다.

이대로 가다가는 마치 다시 'IMF의 악령'이 부활할 것만 같은 불길한 기류가 한반도 전역을 덮고 있는 가운데 외국 언론들까지 우리의 불안감을 증폭시켰다. 한국 경제를 대외적 출구가 막힌 회생 불가능한 위기 상황이라 진단하며 아이슬란드, 헝가리의 뒤를 이을 희생양으로 지목한 것이다. 하지만 무엇보다도 가장 큰 문제는 우리 역시도 이러한 가능성을 전혀 부인할 수 없었다는 데 있었다.

한국 경제 회복의 일등공신, 수출

자본주의의 근간을 뒤흔들 만큼 엄청난 파장을 불러일으킨 금융위기로 온 나라가 시끄러운 나날들의 연속이었다. TV를 켜면 전문가들이 경제 상황을 진단하는 프로그램이 연일 방송되었고, 롤러코스터처럼 날뛰는 환율은 하루에도 수십 번씩 우리 수출 기업들의 피를 말렸다.

하지만 모든 가능성은 50 대 50이었다. 무너질 가능성이 있다면 회생할 가능성도 있었다. 감당할 수 없는 위기라고 치부해 버리기 전에 우리에게 아직 발견하지 못한 기회가 분명히 있을 것이라 믿었다. 냉정하게 생각해 보면 우리 수출업계는 이보다 더한 상황도 겪었다. 지나치게 낮은 환율 탓에 국제수지 적자가 쌓였던 외환 위기 때에도, 중국의 저가 제품 홍수 속에서 수출 시장을 잃을 것이란 우려가 높았을 때도, 새로운 기술력과 디자인, 정교한 마케팅 기법을 통해 어려움을 극복해 왔던 우리가 아니던가.

그런데 시간이 지나면서 50퍼센트의 가능성은 대한민국에 대반전을 불러일으켰다. 위기의 근원으로 일컬어졌던 한국의 높은 대외의존도가 결과적으로 한국이 가장 빨리 위기를 벗어나게 될 나라로 평가받는 근거가 되기 시작한 것이다. 여전히 해외 시장이 극심한 불황에 시달리고, 급격히 줄어든 소비 심리 때문에 각국의 기업들이 고전을 면치 못하고 있었음에도 유일하게 우리 기업들의 선전이 이어지고 있는 덕택이었다.

이러한 한국 경제에 대한 신뢰 회복의 일등공신은 당연히 수출이었다. 금융 위기 이후 한국 경제에 대한 우려가 계속되는 수출 부진과 무역 수지 적자에서 비롯되었듯 이번의 돌파구 역시 수출 선방과 무역 수지 흑자를 이끌어 내는 데서 찾아야 함은 너무도 자명했다. 취임 후 KOTRA에 새로운 중장기 비전 수립 등 여러 가지 손댈 일이 많았음에도 불구하고, 무역 흑자 확보를 위한 수출 총력 비상 경영 체제로 들어갈 수밖에 없었던 이유가 여기에 있었다. 당장 발등에 붙은 불부터 끄는 것이 급선무였기 때문이다.

물론 경기 회생의 길은 멀고도 험했다. 우리의 수출 성적은 예년에 비하면 그야말로 형편없는 추락이었다. 2009년 상반기 성적이 전년 대비 23퍼센트나 감소한 것이다. 외환 위기 당시에도 이렇게까지 떨어져 본 적이 없었던 수출 부진에 온 국민이 충격과 실망에 빠진 것도 놀랄 일은 아니었다.

하지만 그리 실망할 일은 아니다. 세계 시장 여건이 워낙 어려운 상황이기 때문에 어느 정도의 수출 감소는 예상된 일이었다. 따라서 수출의 감소액을 문제 삼기 이전에 우선적으로 따져야 할 것은 우리처럼 수출로 먹고사는 일본, 대만, 싱가포르와의 비교였다. 일본 수출이 50퍼센트 가까이, 대만, 싱가포르가 모두 3~40퍼센트 가까이 줄어든 것에 비하면 상대적으로 큰 선방임을 알 수 있었다.

한쪽 문이 닫히면 다른 쪽 문이 열리게 되어 있다지 않던가? 넓디넓은 세상이었다. 그동안 등한시했던 시장에 눈을 돌려 새로운 시장을 확보해 나가자는 움직임이 조금씩 힘을 받은 듯했다. 끝없이 추락할 것만 같았던 수출이 상승 기류를 보이기 시작한 것이다.

6월 들어 수출이 마이너스 10퍼센트대로 크게 완화되면서 이대로 올해 점유율을 3퍼센트대로 늘릴 수만 있다면 세계 시장 8위권 진입도 가능하다는 전망까지 나왔다. 더불어 연일 흑자 행진을 기록하고 있는 무역 수지도 이대로 증가 추세를 이어간다면 연간 300억 달러 가까이 쌓이게 될 것이라는 계산이 가능했다. 이런 상황에서 세계 시장의 신뢰가 싹트는 건 너무도 당연한 결과였다.

물론 여기서 한 가지 짚고 넘어가야 할 것은 무역 수지 흑자 기록은 수출이 늘어서라기보다 수입 규모가 더 많이 줄어들면서 생긴 반사 이익 측면도 있다는 점이다. 지난 몇 년간 치솟던 유가와 원자재 가격이 떨어지면서 수입 금액이 줄어든 탓도 있고, 재고를 쌓아 두지 않으려 한 기업들이 예정대로 구매를 하지 않은 영향도 있을 것이다. 이를 두고 일부에서는 국내 생산이 위축되어 생산 활동에 필요한 원자재 수입이 줄어들었기 때문에 생긴 '불황형 흑자'라며 우려의 목소리를 높이고 있다. 수입 감소로 설비 투자가 지연될 경우, 투자 부진으로 인한 내수 침체로 이어져 수출이 탄력적으로 증가하기 힘들 것이라는 예상을 부추기고 있는 것도 사실이다.

그러나 한국의 수출은 다시 온기를 느끼기 시작하고 있었다. 삼성, LG 등의 막강한 대기업 브랜드 파워와, 작지만 강한 '히든 챔피언(hidden champion)' 중소기업의 신기술 제품이 서로 조화를 이루면서 새로운 경쟁력이 태동했다. 즉 우리 기업들이 우수한 품질, 적절한 가격 경쟁력을 앞세워 해외 시장에서 밀리지 않음으로써 경제 위기 후 '한국을 다시 보자'는 흐름을 형성하고 있었고, 이는 수입이 줄어든다 해도 수출이 제구실을 하고 있음을 증명하는 충분한 근거가 되고 있었다.

실제로 우리의 주력 시장인 중국과 미국에서 이 기간 동안 시장 점유율이 크게 늘어났다. 특히 중국 시장에서 더욱 두드러졌다. 이는 지금 같은 불황기에 미국, 일본, 유럽 등 덩치 큰 나라들과의 치열한 경쟁에서 얻어 낸 결과이기에 더욱 값지다. 점유율을 늘린다는 것은 지금까지 일본, 유럽 등 선진국들이 차지했던 시장을 빼앗아 오고 있다는 것이며, 이후 경기가 회복되었을 때 우리 수출이 더욱 크게 증가한다는 것을 뜻하기에 매우 중요한 의미가 있다. 그간 우리 수출이 품목과 지역을 다변화해 온 부단한 노력의 결과이자 보상인 셈이다.

수출의 선전은 우리의 경제력으로 직결되었다. 어려운 여건 속에서 시장 점유율을 크게 늘려 가고 있는 한국 경제의 힘이 결코 허약하지 않음을 보여 줌과 동시에 '한국에 투자하면 수익을 낼 수 있다'는 믿음까지 심어 주며 외국인 투자까지 증가하게 만들었다. 이로써 외환 보유고가 늘어난 것은 물론, 수출할 제품을 생산하는 제조업과, 이를 위한 서비스업까지 상승 탄력을 받기 시작했다. 우리나라에서 한 해 벌어들이는 수익의 35퍼센트가 수출에 따른 것이니 그럴 수밖에 없었다.

우리 수출이 꾸준히 선전하는 모습을 보이자 해외 시장은 경기 침체에도 불구하고 한국 경제에 내성이 있다고 평가하기에 이르렀다. 연일 우리 경제의 취약성을 조목조목 친절하게 일러주며 위기설을 확산시켰던 외신들이 "경제 위기에서 가장 빨리 회복할 나라"로 한국을 지목하기 시작한 것도 이와 같은 이유에서다. 불황에도 끄떡없는 한국 경제의 체력과 경쟁력을 다시 보게 된 것이다.

세계 시장의 위기는 우리에게 오히려 기회로 작용했다. 아니, 위기 속에서 우리 스스로 기회를 만들어 내기 시작했다. 한국 경제의 반전이 시작된 것이다.

세계가 놀란 반전, 한국 경제의 회복력

가장 먼저 포문을 연 것은 「뉴욕타임스*The New York Times*」였다. 2009년 4월 25일자에서 우리나라가 2009년 1분기에 미약하나마 플러스 성장을 한 데 대해 "한국 경제의 회복세가 전문가들을 놀라게

하고 있다”고 평가한 것이다. 정부의 시의적절한 경기진작책이 효과를 발휘하여 OECD 국가 중에는 가장 먼저 마이너스 성장의 행진에서 벗어났다고 전했다. 2009년 7월 말 블룸버그 통신의 윌리엄 페섹 기자는 “한국이 아이슬란드 꼴 날까 봐 걱정했는데 이제는 한국에 경의를 표한다”는 말로 한국의 빠른 경제 회복 속도에 놀라움을 표시하기도 했다.

이어 워런 버핏(Warren Buffett)과 같은 투자의 거물들이 한국이 위기 대응을 잘하고 있다고 평가한 데 이어, IMF와 OECD 등 국제기구들도 한국 경제의 조기 회복 가능성이 매우 높다면서 우리를 주목하기 시작했다.

뭐니뭐니해도 가장 인상적인 것은 세계 금융 위기를 예측했을 뿐 아니라 금융 위기에서 회복되기까지는 오랜 시간이 걸릴 것이라는 비관론을 설파하면서 닥터 둠이라 불리는 경제 거장들이 한국의 경제 회복을 인정하고 나선 일이다.

미국 뉴욕대학교의 누리엘 루비니(Nouriel Roubini) 교수는 “한국 경제는 10년 전 외환 위기를 거울삼아 슬기롭게 대처 중이며, 가장 빠르게 회복 중이다”라고 인정했고, 비관론자로 유명한 「월스트리트 저널*Wall Street Journal*」의 투자 전문가 마크 파버(Marc Faber) 역시 “한국에 투자하라”고 독려하기도 했다. 2008년 노벨경제학상 수상자이기도 한 프린스턴대학교의 폴 크루그먼(Paul Krugman) 교수도 “한국이 가장 빨리 회복하는 나라가 될 것”이라고 평가했다. 대표적 경제 비관론자들도 한국 경제가 서서히 회복되고 있는 사실을 부정할 수 없었던 것이다. 오히려 이들은 우리 경제의 회복을 기정사실화해 주는

'닥터 던(Dr. Dawn)'이 되고 있는지도 모른다.

이처럼 세계가 한결같이 한국 경제가 회복의 물살을 탔다고 평가하는 이유는 무엇일까? 한국 경제의 어떤 점에 이들은 공통적으로 신뢰를 보내고 있는 것일까?

우선, 작년 11월 위기설을 비롯해 3월 위기설, 7월 위기설 등, 잇따른 위기설을 잠재운 외환시장과 주식시장의 안정을 들 수 있다. 2008년 10월, 한국과 미국은 통화 스와프(currency swaps, 미리 정해 놓은 환율에 의거하여 서로의 통화를 교환하는 외환 거래) 계약을 체결했다. 미국은 그동안 영국, 스위스, 일본 등 몇몇 선진국과만 통화 스와프를 체결하고 있었다. 이는 상대방 국가의 화폐를 받고 자국 달러화를 내주는 방식이기 때문에 상대방 국가의 화폐 가치, 그 국가 경제의 견고함 등을 일일이 따지는 등 조건이 매우 까다롭다.

우리 정부도 예외는 아니었다. 미국과 통화스와프 협정을 체결하기까지 어려운 고비와 과정을 거쳐야 했다. 미국 정부가 자국의 달러화로 맞바꾸어 준 우리 화폐를 신뢰할 수 없다며 냉랭한 시선을 거두지 않았던 것이다. 우리 정부는 여러 가지 방법으로 우리 경제 펀더멘털(Fundamental)의 견고함을 설명하고 설득해 나갔다. 그러나 결정적으로 미국 정부가 마음을 돌리게 된 데는 당시 강만수 기획재정부 장관이 내세운 "미국이 자꾸 이렇게 트집을 잡으면 우리가 가지고 있는 미국 채권을 일시에 매각해 버리는 방법도 불사할 것"이라는 특유의 뚝심 있는 협박(?)이 주효했다는 후문이다.

이렇게 힘든 진통 끝에 체결한 미국과의 통화 스와프 계약은 우리에게 두 가지 실익을 가져다주었다. 하나는 필요한 외환을 확보하는 수단이 되었다는 것이고, 다른 하나는 우리 경제의 안정성, 한국 경제의 위상을 간접적으로 세계에 과시하는 수단이 되었다는 것이다. 충분치는 않지만 이 시점부터 우리나라 외환시장이 서서히 안정을 되찾아 갔다고 봐도 과언이 아닐 것이다.

다음으로 매우 시의적절한 정부의 경기진작책을 들 수 있다.

세계 경제가 본격적으로 침체에 들어간 2008년 말, 중국, 미국 등 주요국이 경기 부양책을 내놓기 시작했다. 정부가 돈을 풀어 죽어가는 경제에 응급 처치를 하겠다는 것이다. 유럽, 일본을 비롯한 많은 나라들이 이에 동참하면서 국제적 공조가 형성되었고, 너나 할 것 없이 이것이 위기에 빠진 자국 경제를 살려 내는 유일한 방법이라 여겼다.

곧 돈이 돌지 못하던 자금 시장에 유동성이 공급되기 시작했다. 연료가 공급되자 꺼져 가던 엔진이 다시 돌아가기 시작한 것이다. 주식시장에 다소 활기가 돌기 시작하고 중국을 중심으로 한 일부 국가에서는 실물경제에도 회복의 기미가 나타났다. 민간 부문의 회복은 미약했지만 정부의 공공투자가 집중된 분야에 한해 경제의 엔진이 돌아가는 소리가 들리기 시작했다.

우리 정부도 발 빠르게 대응했다. 조기 경기 회복을 목표로 2009년도 예산의 60퍼센트를 상반기로 집중시켰고, 2010년까지 투입될 경기 부양책의 규모는 370억 달러에 이르렀다. 그 결과 우리 경제는 세계에서 가장 빠른 회복세를 보였다. 정부의 경기 부양책이 인플레를 야기한다는 비판에 직면하기도 했지만 여러 가지 면을 종합해 볼 때 경기 회복의 불쏘시개 역할을 훌륭히 수행해 낸 셈이다.

금융 위기 후 1년, 그 사이 우리는 위기 속에서 다시 불씨를 지피는 한국 경제의 흐름을 지켜보았다. 어려운 때일수록 외신들의 한국 경제에 대한 평가에 전전긍긍할 것이 아니라 '위기'를 '위험하지만 기회'로 삼아 우리의 상황과 장단점을 정확히 파악해 한발 앞서 대비책을 세우는 태도가 필요하다. 다른 사람들이 불가능하다고 할 때 단 1퍼센트의 가능성이라도 있다면 확신을 가지고 붙잡고 매달려 이를 불쏘시개로 삼을 줄 알아야 한다. 그것이 바로 지금까지 우리가 보여 준 한국 경제의 저력이다.

사그라지던 불씨를 살려 놓았으니 이제 남은 과제는 이 기세를 어떻게 경제 전 분야로 확대시킬 것인가 하는 것이다. 지금 시점에서 관건은 조금이라도 빨리 이 불씨가 본격적인 회복의 에너지로 옮겨 붙을 수 있도록 불꽃을 더욱 확산시키는 일일 것이다. 세계 시장에서 빛나는 한국 경제, 과연 무엇이 불꽃을 확산시키는 풀무 역할을 하게 될 것인가?

무너지는 최강 신화들

이번 금융 위기는 약 10년간 이어진 세계적인 과잉 유동성, 실물경제와 연계되지 않는 금융 거품이 부른 재앙이었다. 투기와 인간의 탐욕이 실물경제 버블이라는 만성 부종을 야기하고 곪을 대로 곪아 터지고 만 것이다.

지금으로부터 15년 전만 해도 전 세계 모든 돈의 합계와 국가별 GDP 합계는 조금 많거나 거의 비슷한 상태였다. 하지만 어느 순간부터 세계 경제가 전반적으로 호전되면서 돈이 점점 불어나기 시작했다. 모든 것이 풍족한 상태가 되는 호황기, 혹은 제2의 르네상스를 맞고 있었다. 그러나 실물경제가 뒷받침되지 않는 상태에서 상당수의 돈이 넘치다 보니, 돈이 돈을 벌어들이는 금융 사업의 규모만 엄청나게 비대해졌다. 월가의 금융 위기 폭탄도 이와 맥락을 같이 한다.

고위험에 따른 고수익을 노린, 과거에는 듣도 보도 못한 금융 파생 상품이 만들어졌고, 급기야는 상환 능력이 없는 무모한 담보 대출이 과다하게 이루어졌다. 미국 금융 시장에서 폭탄 돌리기와도 같았던 일명 '서브프라임 모기지 사태'라 불리는 비우량 주택 담보 대출 역시 복잡한 파생 상품이 얽힌 데다, 설상가상으로 부동산 경제의 거품이 꺼지면서 그 피해는 더욱 확산되었다. 수년간 전문가들이 서브프라임 모기지의 위험성을 경고했으나 고수익에 눈이 먼 탐욕 앞에서는 그저 공자님 말씀에 불과했을 것이다.

하지만 나는 이미 이때부터 금융 위기 상황을 직감하고 있었다. 이는 지난 30여 년간 산업 통상 분야에 몸담아 오면서 금융과 실물이 접합하는 과정을 몸소 체험하고, 그 현상들을 바탕으로 글로벌 경제의 흐름을 지켜봐 온 경험에 따른 것이다. 몇 년 전부터 내 눈에 비친 세계 경제는 위태롭기 그지없는 타이타닉 호와 같았다. 아무리 호황기라 해도 실물경제의 두 배 이상에 달하는 과잉 유동성은 결코 정상이 아니었다.

금융에서 시작된 위기가 실물경제에 파고들다

10월이 지나면서 금융 위기의 여파가 실물경제로 본격 전이되기 시작했다. 금융 위기의 진원지인 미국의 실물경제는 그야말로 급랭 모드로 변했다. 2008년 3분기에 경제가 마이너스 성장을 하더니 실업자 수가 500만 명에 육박했다. 이는 1967년 미국 정부의 고용 통계

작성 이후 최악의 기록이라고 한다.

미국이 최악을 기록한 것은 실업자 수만이 아니었다. 9월 이후 미국 소비의 척도라고 할 수 있는 신차 판매량이 급락하여 이 역시 1993년 이후 최악의 기록을 거듭 경신했다. 2008년 10월 이후 연말까지 미국의 자동차 판매는 예년의 70퍼센트 수준에 머물렀다.

창사 이래 최대 위기에 봉착한 빅3 중 GM과 크라이슬러가 정부로부터 총 174억 달러에 달하는 지원을 받는 대신 강도 높은 구조 조정을 요구받는 처지가 되었다. 조건은 이듬해 3월까지 자구 계획에 따른 회생 가능성이 없을 경우, 지원 자금을 회수한다는 것이었다. 경영난에 시달리는 신용카드 회사들이 고객 사용 한도를 연달아 축소하기 시작하자 세계 최대의 소비 시장은 그야말로 순식간에 얼어붙기 시작했다.

유럽이나 일본도 상황은 마찬가지였다. 독일, 영국, 일본 모두 2008년의 마지막 몇 달과 2009년 초까지 마이너스 성장을 피하지 못했다. 제조업 생산이 몇 년 만에 최악이다, 실업률이 전후 최대이다, 개인 소비가 마이너스 성장이다 정도의 기삿거리는 더 이상 뉴스거리도 되지 못했다.

금융 위기 이후 은행들이 재무 구조 정상화를 위해 신용 대출을 줄이자 기업이 생산을 위해 사용해야 할 돈이 말라 갔고, 결국 견디지 못한 기업들부터 차례로 쓰러져 갔다. 유럽의 명가 기업들도 예외는 아니었다. BMW, 폭스바겐 등이 대량 해고와 무급 휴가로 기나긴 겨울을 보냈다. 세계 D램 시장에서 공격적인 마케팅으로 시기와 부러움을 받아 오던 독일의 키몬다(Qimonda)가 자금난을 이기지 못하고 파산했다.

견고하기 그지없던 일본의 전자 기업들에도 위기가 찾아왔다. 일본 9대 전자 기업의 2008 회계연도 총 적자 규모가 1조 9,000억 엔에 육박하는 사상 최악의 영업 실적을 기록했다. 히타치는 7,000억 엔 적자라는 사상 최악의 실적으로 충격을 주었고, 소니와 도시바 역시 주력 품목인 LCD와 반도체 부문 실적 악화로 회사 전체가 흔들렸다. 급기야 일본 국내 생산만 고집하던 샤프가 해외 생산을 고려하겠다면서 사실상 실패를 인정하는 백기를 던졌다.

2008년 말 촉발된 위기는 종종 90년대 말 아시아 시장을 강타했던 IMF 외환 위기와 비견되곤 한다. 1990년대 말의 금융 위기는 우리나라를 비롯한 아시아 국가의 대외 채무가 늘어남에 따라 외환 보유고가 바닥이 나면서 빚어졌던 일종의 국지적인 위기였다. 당시 위기에 처한 국가들은 IMF에 구제 금융을 신청하고, 그 대신 강도 높은 구조 조정을 요구받아 그야말로 뼈를 깎는 듯한 시간을 보내야 했다.

그러나 당시의 위기는 많은 전문가들이 예측했던 것보다는 빠른 기간 내에 회복되었다. IMF의 구조 조정안이 위기를 너무 깊게 진단했다거나, 아시아 국가들 특유의 경제 체질에 맞지 않는 서구적 처방이었다거나 하는 평가가 나올 만큼 아시아 국가들은 빠른 속도로 제자리를 찾아 갔다. 그 비결은 무엇이었을까?

바로 이들 국가의 경제 구조가 대외 지향적이었기 때문이다. 1990년대 중반 이후 IT산업이 한창 불붙기 시작할 때의 미국과 유럽 시장은 그야말로 '뉴 이코노미(New Economy, 미국 클린턴 정부가 IT 산업을 중심으로 한 뉴딜 정책을 주창하며 내놓은 용어로서, IT 기반의 새로운 개념 경제를 뜻함)'였다. 아시아 국가들이 경제 회복을 위해 열심히 공장을 돌리고, 생산 제품을 수출하면 미국과 유럽 등이 이를 기꺼이 사주고 소비했다. 이렇게 선진국 시장으로의 수출을 통해 아시아 국가들은 서서히 재기할 수 있었던 것이다.

그러나 그로부터 10년 후 찾아온 위기는 과거와 같은 국가 간 완충 효과를 기대하기가 거의 어려웠다. 선진국 시장이 무너지기 일보 직전이었기 때문이다. 게다가 소위 신흥 시장의 상황도 점점 나쁘게 흘러갔다. 아이슬란드, 우크라이나, 헝가리 등이 IMF에 구제 금융을 요청할 정도로 심각한 위기에 빠졌다. 우크라이나는 한때 기업들의 수입 대금 결제를 금지할 정도로 외환고가 바닥난 상태였고, 아이슬란드와 헝가리도 국가 부도 사태를 막기 어려워 보였다. 제2의 금융위기가 발발할지도 모른다는 불안감이 확산되는 가운데 그 다음 순서는 한국이라는 말이 나돌기 시작한 것도 이때였다.

2008년 12월을 전후해 한국에 투자되었던 일본의 자금이 일본 회계연도가 끝나는 3월이 되기 전에 일시에 탈출하게 될 가능성이 제기되면서 2009년 '3월 위기설'이 대두되었다. 그리고 이것은 한국의 실물경제 침체가 본격화하는 가운데 외화 부족에 따른 외환 위기가 발발할지도 모른다는 내용으로 확산되어 갔다. 「이코노미스트 *The Economist*」(2.26), 「파이낸셜타임즈 *The Financial Times*」(3.1), 「월스트리트저널」(3.4) 등 외국 언론들은 마치 약속이나 한 듯 일제히 한국 경제가 신흥 시장 가운데 가장 취약한 경제라 주장하며 비관적인 전망을 내놓았다.

물론 우리나라를 비롯한 중국, 인도, 베트남 등 대외 무역 의존도가 높은 신흥 시장에 있어 그 수출 대상국인 미국, 유럽, 일본 시장의 구매력이 현저하게 떨어진다는 것은 생사를 위협받는 일이었다. 실제로 그해 7월부터 8월, 9월에 이루어지는 크리스마스 시즌 오더가 30퍼센트 이상 급감했다는 소문이 시장에 돌았다. 뉴욕 항에 도착한 화물이 수요가 줄어든 바이어의 인수 거부로 되돌아가는 사태도 빚어졌다. 수입 시장 여건이 나빠지니 수출이 줄어들고, 수출이 줄어드니 수출에 의존하는 경제 전체가 어려워지기 시작했다. 또한 경기 침체로 자원 가격이 하락하자 러시아, 멕시코 등 자원 수출국들도 위기를 맞았다.

불확실성의 시대가 도래하다

이번 위기의 가장 두려운 점은 '불확실성'이 커졌다는 사실이다. 10년 전 아시아 금융 위기와 비교해 보면 당시에는 IMF 구제 금융을 받는 조건으로 국가의 재정, 산업 등 경제 전 분야에 걸친 구조 개혁의 과제와 일정을 제시받았다. 따라서 어떤 방식으로 얼마나 노력하고 고생해야 하는지에 대해 대강은 예상할 수 있었다. 그리고 미국 등 큰손들이 건재했기 때문에 완전히 무너지지는 않을 것이라는 추측 또한 가능했다.

그러나 지금의 위기는 앞서 설명한 대로 그 양상이 다르다. 너나 할 것 없이 어려운 상황이고, 누가 누구를 도와줄 수 있는 형편도 아니다. 한마디로 기댈 언덕이 없다 보니 이 위기가 언제 끝날지 도무지 예측이 안 되는 상황이 된 것이다. 그 유명한 IMF도 금융 위기 이후 평균 한 달에 한 번씩 세계 경제 전망을 수정하기 바쁘고, 금융 위기가 발발하기 전 그토록 많은 말들을 쏟아 내던 경제연구소들도 쉽사리 미래에 대한 전망이나 예측을 내놓지 못하고 있다. 불확실성이 경제의 모든 것을 지배하기 시작했다.

월가의 전문 투자자 출신인 뉴욕대학교의 나심 니콜라스 탈레브(Nassim Nicholas Taleb) 교수는 2007년 그의 저서 『블랙 스완*Black Swan*』을 통해 예측 불가능한 극단적 현상이 전체 질서를 파괴하거나 바꿀 수 있는 엄청난 효과를 발휘할 것이라며, 아무도 예상하지 못한 금융 위기를 1년 전부터 예언한 바 있다. 이와 더불어 기존 경제 모델을 기초로 하는 경제 전망으로는 미래를 예측할 수 없다고 지적하면서 글로벌 경제는 언제 어디서 나타날지 모르는 검은 백조, 즉 예상치 못한 엄청난 불확실성에 둘러싸여 있다고 경고했다.

또한 '마케팅의 아버지'라 불리는 필립 코틀러(Philip Kotler)도 그의 저서 『카오틱스*Chaotics*』에서 앞으로는 과거와 같이 어느 정도 예측 가능하고 주기적인 경제 흐름이 반복되기보다는 현재와 가까운 미래조차도 여러 가지 요인들로 인해 예측하지 못하는 극심한 격동(turbulence)의 시대가 더 보편적인 현상이 될 것이라고 주장했다. 더 나아가 시장의 격동으로 인한 혼돈이 최고에 달하는 전략적 변곡점을 간파하고, 그에 맞는 새로운 비즈니스 모델을 구축할 수 있는 기업이 위기를 극복하고 기회를 맞을 것이라고 강조하고 있다.

누가 망하고, 누가 흥할 것인가

국제 사회에서는 앞으로 어느 나라가 패권을 잡느냐에 대한 불확실성이 커졌다. 이빨 빠진 호랑이 신세가 된 미국이 당분간 국제 사회에서 큰소리치기 어렵게 된 상황이라 누가 그 자리를 대신하느냐에 관심이 쏠리고 있다.

가장 먼저 이 자리에 대한 욕심을 드러낸 중국은 미국 달러화의 기축통화론에 제동을 걸면서 목소리를 높이고 있고, 미국과 오랜 숙원관계인 러시아도 때를 놓칠세라 금융 위기를 불러온 미국의 신자유주의를 공격하고 나섰다. 일본과 유럽도 국제 공조를 빌미로 자신들의 지위를 격상시키기 위한 속마음을 서슴없이 드러내고 있는 상황이다.

그러나 아무리 지금 미국이 할 말을 하지 못하고 있는 입장이라 해도 미국을 결코 만만하게 보아서는 안 된다. 세계 제일의 무역적자 대국이지만 여전히 유일한 기축통화인 달러화를 찍을 권한을 가진 나라이기 때문이다.

나는 아직까지는 달러가 세계 기축통화의 지위를 잃는다는 것은 불가능한 일이라고 본다. 그리고 미국이 기축통화를 가지고 있는 한, 앞으로도 세계 경제의 법칙을 형성하고 주도할 수밖에 없다. 미국의 저력은 그뿐만이 아니다. 미국은 인류의 근본적인 생활을 바꿀 수 있는 기초과학이 매우 탄탄한 나라다. 게다가 엄청난 규모의 소비력을 가지고 있으며, 위기 상황에서도 충분히 경기 부양을 해 나갈 수 있을 만큼 금융의 힘 역시 강한 나라다. 이런 나라가 쉽사리 자신의 자리를 내어 주는 종이호랑이로 전락하겠는가?

불확실한 세계 경제의 흐름 앞에서 주도권을 차지하기 위한 나라들의 두뇌 싸움이 치열한 가운데 비즈니스 분야에서도 비슷한 양상이 나타나고 있다. 우선 100년을 이어 온 명문 기업들의 사활 여부가 가장 큰 관심사다.

세계 최대 자동차 제조 업체인 미국의 GM이 파산 보호 신청을 하고 정부의 처분만을 기다리는 굴욕적인 상황에 처했다. 한때 미국 경제의 상징처럼 여겨지던 GM이 전 세계인들의 조롱을 받으며, 그나마 살아남는 것을 목표로 발버둥을 치고 있는 것이다. BMW, 폭스바겐 등 유럽의 명품 기업들 역시 대대적인 감원에 사업 매각 등의 수순을 밟고 있으며, 세계 최강을 자랑하던 일본의 전자 업체들은 연일 사상 최악의 매출 기록을 쏟아 내고 있다.

2009년에 접어들자 시티그룹, AIG 등 월가의 거인들이 차례로 국유화의 수순을 밟기 시작했고, 미국의 노어플래시메모리(NOR flash memory) 1위 업체인 스팬션(Spansion)이 파산 보호 신청을 했다. 유럽의 히든 챔피언 중소기업들도 이 한파를 피해 가지 못하고 금융 위기 1년 만에 총 20만 개의 기업이 사라져 갔다.

여기서 눈여겨보아야 할 점은 중국 기업들의 행보다. GM이 매물로 내놓은 상용차 부문을 인수하겠다고 나선 텅중(騰中), 오펠(Opel) 인수에 나선 베이징 자동차의 움직임이 매우 적극적이기 때문이다. '짝퉁 차이나'가 '명품 차이나'로 거듭나겠다는 의지의 표현이랄까. 여기에 중국 정부도 직간접적으로 지원 사격에 나섰다.

지난 2005년 중국해양공사가 미국의 정유회사 유노칼(Unocal)을

185억 달러에 인수하려 했다가 미국 정부의 반대로 실패한 사례가 있듯이, '그래도 중국에는 안 판다'는 미국인들의 자존심이 오히려 더 초라해 보일 지경이다. 앞으로는 서양 기업들은 명문 기업이고, 아시아 기업들은 후발 기업이라는 과거의 인식이 사라지게 될지도 모른다. 미국이나 유럽의 글로벌 기업들의 실제 주인이 중국의 전통 제조 업체가 될 수도 있고, 이런 중국인 주인의 마음을 사로잡기 위해 이들 거대 기업들이 움직이는 때가 올 수도 있다.

이미 중국은 미국과 더불어 세계 2대 패권국가 G2로 떠올랐다. 이를 두고 세계는 '차이메리카(Chimerica)'라 칭하며, 중국의 부상을 인정하는 분위기다. 그도 그럴 것이 중국은 엄청난 규모의 미국 국채를 보유하고 있다. 자칫 심사가 뒤틀려 이를 일시에 매각하고 상환을 요구한다면 최악의 경우 미국은 디폴트 선언을 통해 공식적인 국가 파산 선고를 해야 할지도 모른다. 이러한 막강한 자본 능력을 바탕으로 미국과 대등한 지위를 누리며 국제 사회에서 영향력을 키워 나가고 있는 것이 현재 중국의 모습인 것이다.

그렇다면 이와 반대로 고통스러운 시간을 보낸 미국의 GM이 다시 부활하는 날이 오지는 않을까? 이를 예측할 수 없다는 것이 또 하나의 불확실성이다. 다시 부활한 '뉴GM'이 한국, 중국, 일본의 모든 자동차 산업을 다시 집어삼키는 때가 올 수도 있을 테니 말이다.

위기가 경제 지형을 바꾸다

미국이나 유럽의 최대 소비 시즌은 크리스마스가 끼어 있는 연말이다. 연간 소비의 절반 이상이 이 시기에 이루어진다는 말이 있을 정도로 연말 소비 시즌은 기업, 소비자 모두에게 있어 매우 중요한 시기임이 틀림없다.

그런데 2008년 연말은 '소비 시즌'이라는 말이 무색할 정도로 그야말로 잠잠했다. 금융 위기가 실물경제에 그림자를 드리우기 시작하더니 소비가 미덕이라 여기며 빚을 내어서라도 소비를 하던 미국인들이 달라지기 시작했다.

미국은 소비 지출이 전체 GDP의 70퍼센트를 차지할 만큼 소비가 중요한 역할을 하는 나라다. 금융 위기가 발생하기 전 10여 년은 인류 역사상 최고의 호황기로 평가된다. 이는 중국을 비롯한 신흥 국가들의 대량 생산과 미국을 비롯한 유럽 선진국의 대량 소비가 만들어 낸 합작품이었다고 해도 과언이 아니다. 그런 미국의 소비자들이 지갑을 닫아 버렸으니 충격을 받는 건 비단 미국 경제뿐만이 아니었다.

아끼는 것이 최대의 미덕 - 실용적 소비

금융 위기가 터지고 돈줄이 말라 가면서 나타난 가장 큰 변화는 아무래도 지갑을 닫는 현상이 아니었을까 싶다. 소비자들이 좀처럼 지갑을 열지 않았다. 언제 일자리가 없어질지 모르고, 언제 실업자가 될지 모르는 판에 연말연시를 즐기자고 무작정 돈을 쓸 수는 없었던 것이다. 한 푼이라도 아끼기 위해 꼭 필요한 지출이 아니면 지갑을 열지 않으려는 분위기가 대세를 이루었고, 기업들이 연말을 겨냥해 지난 여름부터 준비해 출시한 제품들은 소비자들의 아이쇼핑 거리가 되는 데 만족해야 했다. 이대로 가다가는 '소비 시즌'이라는 말조차 아예 사라지고 말 판국이었다.

당황한 기업들이 서둘러 가격 할인에 나섰다. 통상 연말 소비 시즌이 거의 끝나 갈 무렵에야 재고 정리 차원에서 대폭 할인을 실시해 왔지만 2008년 연말에는 팔리지 않는 물건들을 어떻게든 더 팔기 위해 가격 할인을 미리부터 앞당겨 시작하는 분위기였다. 그러나 그렇다고 해서 달라지는 것은 별반 없었다. 그저 생필품을 중심으로 조금씩 매출이 늘었을 뿐이다.

결국 미국의 대표 백화점인 메이시(Macy), 전자제품 대형 유통점

서킷시티 등이 흔들리기 시작했다. 이들은 몇 달 전만 해도 신용카드를 마구 긁어 대던 고객들이 갑자기 사라진 매장을 우울하게 바라보아야만 했다. 이런 위태로운 상황이 거듭되는 가운데 불필요한 지출을 하게 될까 봐 쇼핑 자체를 기피하는 현상은 어쩌면 너무도 당연한 일이었다.

꼭 필요한 물건에만 지출을 하고, 필요한 물건일지라도 여러 가지를 꼼꼼히 따져 더 유용한 제품을 고르는 소비자가 늘어났다. 비용 절감을 위해 비슷한 품질이면 좀 더 가격이 싼 제품을 찾기 시작했고, 그러는 사이 브랜드 때문에 가격만 비싼 제품보다는 품질도 좋고 가격도 좋은, 합리적인 제품을 고르려는 시각도 자리를 잡았다. 한마디로 소비자가 점점 똑똑해지기 시작한 것이다.

우리는 이를 계기로 다시 실물경제를 살리는 방향을 모색해 나가야 한다. 월스트리트로 대표되는 금융 자본주의의 르네상스가 종지부를 찍게 되면서 세계 경제를 지속 가능하게 하는 원동력은 탄탄한 실물경제라는 교훈을 재확인할 수 있었다. 그렇다면 이러한 위기를 이겨 낼 수 있는 힘은 실물경제를 다시 일으키는 일뿐이다. 아무리 너나 할 것 없이 지갑을 닫고 허리띠를 졸라매는 상황이라 해도 먹고살기 위한 최소한의 소비는 이루어질 수밖에 없으므로 이 기회를 노려야 한다.

경제 위기는 어찌 보면 세계 각국의 상품 경쟁력을 보다 확실하게 보여 주는 계기가 되었는지도 모른다. 작은 소모품부터 생활필수품, 그 어떤 것이라도 좋다. 세계 시장 어디에 내놓아도 밀리지 않는 제품 경쟁력을 갖추어야 한다. 기업, 소비자 할 것 없이 합리적이고 실용적인 소비가 필요해졌음을 절감하기 시작했고, 전 세계가 다시 초심으로 돌아가 기본적인 실물경제부터 하나씩 바로 세워 나가는 일이 중요함을 깨닫고 있다. 이러한 깨달음이 바로 위기가 가져온 변화의 출발점이다.

시장에 등장한 정부 - 보호주의와 죄수의 딜레마

2009년 9월, 미국과 중국 간에 통상 분쟁이 터졌다. 중국산 타이어가 너무 많이 수입되고 있다면서 미국 정부가 특별 세이프가드를 발동하자, 중국이 미국산 가금류와 자동차에 대해 반덤핑 관세나 상계관세를 부과하기 위한 조사를 시작하겠다고 맞불을 놓은 것이다. 미국과 중국의 통상 마찰은 어제 오늘의 일이 아니지만, 이번 사안은 금융 위기 이후 침체를 벗어나기 시작한 즈음에 자동차 등 주요 산업이 주인공으로 등장했다는 점에서 이목을 끌었다. 물론 그 이면에는 오바마 행정부의 의료보험 개혁 추진 등 정치적 목적도 있었지만, 자칫 간신히 회복의 물살을 타기 시작한 세계 경제에 찬물을 끼얹는 일이 되지는 않을까 걱정하는 시선도 적지 않았다.

금융 위기가 터지자 국제 사회에서 가장 먼저 터져 나온 소리는 "정부가 나서라" 였다. 미국 정부는 우여곡절 끝에 총 7,000억 달러 규모의 구제 금융을 월가에 쏟아부으며, 자유주의 경제의 상징이었던 월가의 은행들을 국유화하는 작업에 돌입했다. 이어 7,870억 달러 규모의 경기 부양책을 필두로 정부의 시장 개입이 본격화되기 시작했다. 정부가 많은 돈을 들여 부실 기업을 인수하는 대신 제시했던 구조 조정안이 혹독하다는 평을 들을 정도로 강도 높은 것이었음은 물론이다.

이러한 가운데 한 가지 예기치 못한 상황이 벌어졌다. 미국 정부가 어려움에 빠진 자동차 산업을 구제해야 실업자를 줄이고, 경기 회복의 전기를 마련한다며 막대한 구제 자금을 쏟아부었지만 밖으로는 보호주의 장막을 친다는 우려의 목소리가 나오기 시작한 것이다. 가장 대표적인 사례가 정부의 경기 부양책에 따른 각종 공공 프로젝트에는 미국산 철강 제품만 사용한다는 이른바 '바이 아메리칸(Buy American)' 적용 방침이었다.

미국 정부의 경기 부양책에 잔뜩 기대를 걸고 있던 세계 각국은 이러한 미국의 발표를 즉각 비난하고 나섰다. 금융·경제 위기 타파를 위해 국제 공조체제를 강조한 미국이 오히려 보호주의를 강화함에 따라 자유무역을 훼손하고 있다고 강도 높게 비판했다. 다행히 우리나라는 WTO의 정부조달협정에 가입되어 있어 바이 아메리칸 조항을 적용받지 않는 것으로 밝혀져 이 조항이 적용되는 중국이나 인도에 비해 오히려 유리한 입장에 놓이기도 했지만, 이후 이 조항은 각국의 보호주의 강화에 실마리를 제공하고 말았다.

그나마 다행스러운 것은 미국에는 국가적 의사결정의 시스템에서 극단적인 보호주의로 치닫는 것을 막는 장치가 마련되어 있다는 점이다. 행정부와 의회가 서로를 견제할 수 있는 제도가 확립되어 있기 때문에 어느 한쪽의 일방적인 의사결정이 불가능한 것이다. 만약 행정부가 바이 아메리칸과 같은 제조업 보호주의를 들고 나올 경우, 통상 의회에서 쇠고기 등 농업 생산이 주를 이루는 지역 출신 의원들이 반기를 들게 된다. 자신의 지역구에서 생산된 농산물을 전 세계에 수출하기 위해서라도 필요 이상으로 수출 대상국을 자극해서는 안 되기 때문이다.

이렇게 의회가 반대를 하고 나서면 아무리 강력한 행정부라 해도 일방적으로 강행할 수는 없다. 바이 아메리칸 소동 역시 미국 의회 내의 이러한 일련의 움직임에 의해 초기의 강성 톤이 많이 가라앉은 상태로 그 파급 효과가 최소화된 경우다.

하지만 이후 세계 각국은 대외적 자제 움직임에도 불구하고 보호주의 확대에 대한 유혹을 뿌리치지 못하고 있다. 2008년 말 개최된 G20 회의와 APEC 정상회담에서 이명박 대통령은 보호주의 강화는 세계 경기 회복에 도움이 될 수 없다며 보호주의 동결(stand still, 현재 존재하는 조치 이외에 새로운 조치를 도입하지 말자는 원칙)을 유도, 이 원칙의 합의를 이끌어 내기도 했다. 그럼에도 불구하고 부실 산업 지원을 명분으로 각 나라별 보호주의는 사라지지 않고 있다. 오히려 종종 보호주의 확산이 현실화되어 가고 있는 모습을 볼 수 있다. 프랑스가 덩달아 국산품 구매 원칙을 강요하는 '바이 프랑스(Buy France)'를 슬쩍 꺼냈다가 비난의 화살이 집중되자 철회하는가 하면, 2009년 6월에는 갑자기 중국이 '바이 차이나(Buy China)'를 들고 나타나 국제 사회로 하여금 그 저의가 무엇인지 한참 들끓게 만들기도 했다.

결국 이 조항은 이미 있었던 규정을 재확인하는 것에 불과했다는 점이 알려지면서 유야무야되었다. 그러나 중국이 무려 4조 위안이나 되는 경기 부양책을 집행하며, 갑자기 국산 제품만 쓰겠다고 나서니 중국 시장을 노리고 있던 세계 각국의 속이 부글거렸을 만도 하다. 이 밖에 인도, 브라질, 아르헨티나, 인도네시아 등도 수입허가제 도입, 인증제 강화, 세이프가드(safeguard, 특정 상품의 수입이 늘어나는 것에 대해 국내 산업을 보호하려는 목적으로 취해지는 긴급 수입 제한 조치) 발동 등 각종 비관세 장벽을 높여 수입을 억제하는 방법을 동원하고 있다.

그러나 우리는 1920년대 대공황 당시 보호주의라는 부작용을 경험했던 사실을 잊어서는 안 된다. 당시 미국을 비롯한 각국은 자국 산업을 보호한다는 명분 아래 수입 관세를 높이는 등 강력한 보호주의를 도입했다. 그러나 결과는 참담했다. 세계 교역이 급격히 위축되면서 오히려 세계 경제를 엄청난 침체의 늪에 빠지게 만들었던 것이다. 이는 마치 격리되어 있는 두 죄수가 자백을 하느냐 마느냐를 결정할 때 둘 다에게 좋은 결과를 가져오는 선택을 하지 못하고, 자신에게 유리할 것이라고 믿는 선택을 하게 됨으로써 결국은 모두에게 나쁜 결과를 초래하는 '죄수의 딜레마'와도 같다. 자국의 이익만을 생각해 시장을 막아 버리는 보호주의가 당장은 유리하게 느껴질지 몰라도, 이는 결국 상대 국가뿐 아니라 자국에도 치명적인 부메랑이 되어 돌아오기 때문이다.

국가가 돈을 들여 자국의 산업을 보호하는 것이 왜 나쁘냐고 반문할지 모르지만, 아무리 정부가 보호해 준다고 해도 기업은 장사를 해야 살아남는다. 꽁꽁 닫힌 세계 시장에서는 더 이상 물건을 팔 수도 없고, 제품을 만들어 낼 원자재도 구할 수가 없다.

위기 상황에서는 정부의 적절한 시장 개입이 분명 필요하다. 하지만 자칫 잘못 개입된 보호주의 정책은 장기적으로 볼 때 경제를 자멸의 길로 들어서게 할 수 있음을 기억해야 할 것이다.

돈이 제구실을 하다 - 살아나는 기업 M&A 활동

2008년 말 세계를 휩쓴 금융 위기 쓰나미는 너무 많은 돈이 도는 상황에서, 더 많은 이익을 얻기 위해서라면 물불을 가리지 않는 행태를 일삼은 결과였다.

최근 몇 년 동안은 그야말로 뜬구름 잡기의 연속이었다. 하루가 다르게 치솟는 부동산과 원자재에만 투자해도 쉽게 큰 이익을 얻을 수 있었기에 기업 활동과 생산에는 투자할 필요가 전혀 없었다. 그러나 이번 금융 위기는 이 같은 탐욕에 따른 재앙의 대가가 무엇인지를 톡톡히 보여 주었다.

이 같은 교훈을 얻은 만큼 앞으로는 돈이 제구실을 해 나갈 것으로 기대한다. 과거 금융 투자에 집중되던 양상이 제조업 기반의 안정적인 수익성을 보장받을 수 있는 실물 투자로 변화되고 있고, 이로써 기업의 M&A가 활발해질 것으로 보인다. 게다가 불행인지 다행인지 금융 위기 여파로 기업 매물이 대량으로 시장에 쏟아질 전망이다. 여기에는 저평가된 우량 기업들도 상당수 포함될 것으로 예상된다. 이는 곧 잘하면, 소위 '체리 피킹(Cherry Picking, 가치에 비해 과도하게 떨어진 기업의 주식이나 상품을 골라 투자하는 행위)' 효과로 좋은 기업을 좋은 조건에 인수할 수 있는 기회가 될 수도 있다는 것이다.

다른 기업과의 협력과 제휴 방법 중에는 흔히 말하는 'M&A(인수합병)'가 있다. 이제 M&A를 하지 않는 기업은 도태될 것이라는 이야기가 나올 정도로 세계 M&A 시장 규모는 점점 급증하고 있는 추세다. IT 업계의 경우 M&A가 신기술 획득, 영업 시너지 등을 통해 기업의 본질적인 가치를 높이는 목적으로 활발히 이용되고 있다.

특히 불황기는 M&A를 자사의 경쟁력 제고에 활용할 수 있는 좋은 기회가 될 수 있다. 경기 위축으로 저평가된 우량 기업 매물이 증가하여 기술이나 마케팅 능력이 우수한 기업을 인수할 수 있기 때문이다. 이미 시장에서 상당한 기반을 확보한 기업을 인수하거나 전략적으로 제휴할 경우 이를 빠르게 성장하는 신시장 또는 새로운 분야로의 진출 수단으로 활용할 수 있다. 비핵심 사업은 매각할 수 있는 반면, 단기간 내 유통망, 고객, 브랜드 인지도 확보 수단으로도 활용할 수 있다. 나아가 기존 사업과의 시너지 효과는 물론 자사 핵심 역량의 고부가가치화도 가능해진다.

인도의 철강회사 미탈(Mittal)은 M&A의 신화로 자주 언급된다. 트리니다드 토바고, 카자흐스탄 등 개도국 기업의 인수를 통해 덩치를 키워 나가다가 2004년 미국의 ISG, 2006년 프랑스의 아르셀로(Arcelo) 등 대형 업체를 인수하며 세계 1위로 도약했다.

이 밖에 미국의 기계 부품 제조사, 허니웰(Honeywell)은 향후 청정 에너지 사업 확대를 위해 최근 독일의 RMG사를 인수해 천연가스 운송 및 저장 관련 전문 기술을 확보했다. 프랑스의 물류업체 올라노(Olano)는 극심한 불황에도 2009년 들어 경쟁사 인수 및 직접투자를 통해 해외 영업망을 대폭 확충하고 나섰다. 1월 벨기에 Y-Frost 냉동 창고를 인수한 데 이어, 3월에는 수입 육류 유통사 비바레(Vivarais)와 지분 참여 방식으로 제휴했고, 4월에는 스틸(Still) 인수, 6월에는 각각 스페인 및 프랑스 북부 물류 창고를 인수하는 등 적극적으로 몸집 불리기에 나서고 있다.

서구의 기업들은 M&A를 협력과 제휴의 방안으로 매우 긍정적인 인식을 가지고 활발하게 활용하는 데 반해 우리 기업들은 이를 꺼리는 경향이 있다. M&A를 통해 회사의 지분을 다른 기업, 특히 외국 기업에 파는 것은 회사가 망하는 것이나 다름 없다고 생각하는 모양이다.

이는 특히 지난 1990년대 말, IMF 사태 때의 경험에 기인한다. 많은 기업들이 도산을 피하기 위해 울며 겨자먹기로 외국 기업들에 팔리는 과정에서 정리해고를 당하는 등 부작용이 심했기 때문이다. 또한 이때 삼성 등 대기업이 해외 기업 M&A에 나섰다가 몇 차례 실패를 한 후 우리나라의 해외 기업 M&A는 매우 소극적인 자세로 변했다.

물론 악의적인 목적의 적대적 M&A가 적지 않은 것도 현실이지만, 건전한 목적의 M&A는 기업의 역량을 더 강화하고 가치를 높이는 전략으로서 적극 권장할 만한 일이며, 한편으로는 꼭 필요한 일이다.

최근 세계 M&A 시장에서 가장 두드러진 특징은 중국, 인도 등 신흥 국가 기업들의 움직임이 매우 활발하다는 점이다. 이들은 주로 선진 기술과 브랜드 파워, 경영 노하우를 쉽고 빠르게 습득하기 위한 방법으로서 M&A를 활용하고 있으며, 에너지 및 자원을 확보하기 위한 M&A도 늘어나고 있다. 우리 기업의 해외 투자 중 M&A 비중이 13퍼센트에 불과한 반면, 중국은 90퍼센트에 이른다. 세계 시장에서 중국이 맹추격을 벌일 수 있는 원천이라고 할 수 있다.

이러한 중국 기업들의 활발한 '기업 쇼핑' 활동은 시사하는 바가 크다. 2003년 이후 중국 기업의 해외 기업 M&A가 크게 증가하고 있는데, 2008년에는 중국 기업의 해외 직접투자 중 89퍼센트가 기업 M&A에 의한 것이라는 통계가 나왔다. 이는 기술, 브랜드, 경영 노하우 등을 빠른 시간 내에 외부로부터 흡수하고자 하는 전략으로 통한다.

중국이 어떤 나라인가. 세계 최고의 외환 보유고를 자랑하는 나라다. 풍부한 자금력에 의지만 있다면 무엇인들 못하겠는가. 레노보(Lenovo)가 IBM의 PC사업을 인수하자, 전 세계는 "중국이 미국을 먹었다"면서 놀라움과 두려움을 동시에 드러냈다. 이후 난징 자동차가 영국의 MG로버를 인수, TCL가 프랑스 톰슨 TV 사업부를 인수하는 등, 서구의 터줏대감 제조업을 인수하는 중국의 '해외 기업 쇼핑'이 계속 이어졌다. 2008년부터는 자원 및 에너지 기업 인수를 활발히 추진, 자원 확보에도 열을 올리고 있다.

최근 중국이 위안화 강세를 배경으로 우리 기업을 인수하는 사례도 증가하고 있다. 아쉬운 결말을 보였던 중국 상하이자동차의 쌍용자동차 인수, 하이닉스의 LCD 제조 자회사인 하이디스가 중국 비오이 그룹에 팔려 간판을 비오이하이디스로 바꿔 단 사례가 대표적이다. 얼마 전에는 LG전자의 PC 사업 부문을 중국의 레노버가 인수할 것이라는 '설'이 나돌아 주목을 끌기도 했다. IT 부문을 중심으로 중국의 한국 중소기업 인수합병의 움직임은 더욱 활발해지고 있다. 우수 기술을 보유했으나 자금난 등으로 기업 매물로 나온 강소기업들이 늘어나고 있기 때문이다.

하지만 이것은 비단 중국에만 국한된 이야기는 아닐 것이다. 중국과 마찬가지로 이번 위기는 우리 한국 기업들에게도 매우 좋은 기회로 작용할 수 있다. 외국의 우수 기업을 인수함으로써 기술을 습득하거나 해외 투자 진출을 모색할 수 있을 뿐 아니라 외국인 투자를 유치하는 채널도 확보할 수 있기 때문이다.

사실 아쉽게도 그동안 우리 기업들은 해외 기업 M&A에서 그다지 큰 재미를 보지 못한 편이다. 1995년 삼성전자의 AST 인수는 구조 조정 지연 및 신제품 적기 출시 실패로 이어졌다. 당시 삼성전자는 세계 6위의 PC업체였던 AST의 인수를 통해 해외 PC시장 진출을 모색하고 있었다. 하지만 결국 15억 달러 이상의 비용만 손해 본 채 1999년 손을 떼고야 말았다.

그러나 이러한 시도가 결국 실패로만 끝나지 않는다면 우리 기업들에게 좋은 약이 될 수 있다. 명확한 동기와 목표를 가지고 기업의 미래를 위한 투자 관점을 유지한다면 우리 기업들이 글로벌 M&A 시장에서 반드시 모범 사례로 기억되는 날이 있을 것이다. 지금이 바로 이를 실천해 나가기 위한 적기이다.

모든 것은 녹색으로 통한다 - 그린 이코노미

이번 금융 위기는 그린 이코노미(Green economy) 시대를 앞당기는 효과도 가져왔다. 이미 기후변화협약 등에 의해 선진국에서는 탄소 배출권 거래, 대체에너지 개발 등에 주력해 왔지만 사실 그동안은 지금처럼 전 세계가 그린 이슈에 관심을 집중하지 못했다. 먹고살기 바쁜 터라 환경 문제는 자연스레 뒷전이었기 때문이다.

그린 이코노미가 본격적으로 세계 시장의 화두로 등장하게 된 것은 각국이 금융 위기 이후 추락하는 경제를 되살릴 수 있는 돌파구로 '녹색 성장'을 채택하면서부터였다. 이미 산업화가 최고 수준에 달한 선진국은 대대적인 경기 진작을 위한 새로운 분야를 찾아야 했다. 그렇게 대규모 사회 인프라 확충 공사를 통한 고용 창출, 장기간에 걸쳐 대량 납품이 이루어질 수 있는 분야로 점찍은 것이 바로 녹색 성장이었다.

유엔환경계획(UNEP)에 의하면 2009년 세계 각국이 녹색 산업에 대한 공공투자를 통해 경제 회복을 도모하고 녹색 산업을 차세대 성장 동력으로 삼고자 하는 경기 부양책인 그린 뉴딜에 대한 투자 규모로 7,500억 달러에 이르는 비용을 설정했다고 한다. 이는 전 세계 경기 부양책의 3분의 1, 세계 GDP의 약 1.2퍼센트에 해당한다.

그린 빌딩(Green Building), 지능형 전력망 등 에너지 효율 분야, 수처리 및 쓰레기 처리 분야가 주된 투자처이고 경기 회복을 가속화하기 위해 2009~2010년 사이 자금을 조기 집행할 예정이어서, 이 분야는 여러 경기 회복 조치 가운데 효과가 가장 빠르고 강하게 나타나는 부문이 될 전망이다.

미국의 오바마 대통령은 취임 일성으로 향후 10년간 1,500억 달러 규모의 투자를 통해 그린 잡(green job) 500만 개를 창출하겠다고 발표했다. 아울러 녹색 산업 위주의 성장을 제시, 미국을 '신녹색 경제의 글로벌 리더'로 탈바꿈시키겠다는 야심과 비전을 담은 프로젝트를 만들었다. 그러면서 컴퓨터 과학과 디지털 통신의 진보로 미국 경제를 과거 수십 년간 다른 선진국들이 넘볼 수 없게 만들었던 '아폴로 프로그램(Apollo Program)'에서 아이디어를 따 그 이름을 '뉴아폴로 프로그램(New Apollo Program)'이라 명명하는 적극성을 보였다.

이에 유럽, 일본, 아시아 등에서도 일명 녹색 산업에 대한 지원책을 잇따라 내놓으며 기업들을 독려했다. 기업들은 과거 10년이 'IT 시대'였다면 향후 10년은 'GT시대'가 될 것이라고 예측하며, 적어도 앞으로 10년간은 돈벌이가 될 수 있는 녹색 분야에 주목하기 시작했다.

중국 정부는 2006년부터 2010년간 무려 2,000억 달러를 환경 프로젝트에 투자하고 있다. 일본 기업들도 녹색 분야의 선점에 적극적이다. 산요와 신닛폰 석유는 합작으로 태양전지 사업에 가세하여 차세대 박막형 태양전지 제품을 2010년 양산화를 목표로 하고 있으며, 일본 최대 전구 생산 업체인 도시바 라이테크는 백열등 생산을 포기하고 그린 전구 사업에 전념하겠다고 밝힌 바 있다.

우리나라도 이러한 흐름에 동참하려는 노력을 기울이고 있다. 이명박 대통령은 2008년 8·15 광복절 축사에서 '저탄소 녹색 성장'을 선언하며 우리나라의 차세대 먹거리로 녹색 산업을 제시하였다. 정부 역시 과거 IT 산업이 그러했듯이, 미래의 신수종, 신성장 동력을 '녹색 산업'으로 보고 해외 진출 분야의 새로운 대안으로 제시하고 나선 것이다.

사실 그동안 우리에게 있어 그린 분야는 그 중요성은 인식하고 있었지만 해외 진출까지 모색되는 분야는 아니었다. 그러나 그 옛날 제조업이 취약했을 때도 수출로 세계 시장에서의 기반을 잡았듯, 녹색 산업도 수출로 활로를 찾는 방안이 마련되어야 할 때라고 보는 것이다.

우리 편에 서기 시작한 기회

소위 '샌드위치 신세'라는 말은 지난 수년간 우리의 발목을 잡는 족쇄였다. 삼성의 이건희 전 회장이 일본과의 기술 격차는 좁혀지지 않고, 중국이 저가 공세로 쫓아오는 상황에서 우리나라의 입지를 비유하여 처음 제시한 이래, 이 표현은 어느덧 우리의 불안한 경쟁력을 대변하는 말이 되어 가고 있었다.

게다가 2000년대 들어 한국이 일본과 기술 격차를 줄이는 속도보다 중국이 한국을 추격하는 속도가 더 빨라지면서 그 우려는 더욱 증폭되었다. 임금 상승 및 환율 요인으로 우리나라의 원가 경쟁력이 크게 약화되고 있던 것이 가장 큰 원인이었다.

가격이 유리한 경쟁력이 되다

2008년 10월 말 무렵이었다. 독일 프랑크푸르트 근교에 있는 GM 오펠 본사에서는 매우 중요한 행사가 열렸다. 'GM 오펠 오토파츠 플라자 2008(GM-Opel Autoparts Plaza 2008)'이라는 이름으로 개최되는 부품 구매 상담회였다. 우리 중소기업이 세계 자동차 대기업에 부품을 공급할 수 있도록 KOTRA가 정례적으로 마련하는 비즈니스 상담회로, 한국의 부품 업체 27개사가 독일로 날아와 자사 제품을 홍보하는 전시 부스를 차리고 GM 오펠 구매 담당자 및 엔지니어들과 구매 상담을 하는 자리였다. 금융 위기 발발 이후 실물경기 침체가 끝을 모르고 이어지고 있던 때라 기대와 조바심, 우려와 희망이 뒤섞인 상황이었다.

구매 담당자는 물론 엔지니어, 최고 의사결정권자까지 모두 우리 기업의 경쟁력을 확인하는 자리로 모이게 하자는 뜻으로 GM 오펠의 독일 본사 로비에서 전시 상담회를 개최하겠다고 했을 때, 당연히 처음 돌아온 대답은 단호한 거절이었다.

기술이나 신제품, 디자인의 외부 유출에 민감한 자동차 회사의 특성상 자신들의 심장부에 외국 기업들이 들어와서 전시 부스를 만드는 것을 쉽게 용납할 리 없었다. 나중에 알고 보니 GM 오펠 내부에서조차 자동차 경쟁국인 한국에 자신들의 본거지를 개방할 수 없다는 반대 여론이 만만치 않았다고 한다.

그러나 우리는 포기하지 않았다. 그 필요성과 효과를 꾸준히 설명하고, 참가를 희망하는 우리 기업들의 기술, A/S 등의 경쟁력을 설득한 결과, 마침내 독일 헤센 주(州) 뤼셀스하임 시에 위치한 GM 오펠의 본사 건물 아담오펠 하우스에 우리는 당당히 '코리아'의 간판을 달 수 있었다.

그러나 그것으로 모든 문제가 해결된 것은 아니었다. 일단 행사 개최는 허가를 받았으나 진행 과정이 만만치 않았다. 어찌나 보안에 철저한지 전시 상담회가 열리는 로비 출입을 일일이 통제하고, 전시장 부스 도면은 사전에 승인을 받아야 했다. 또 사진 촬영은 금지하는 대신 GM 오펠이 제공하는 공식 사진 자료만 쓰도록 하는 등 까다로운 요구 조건이 이어졌다. 이러다가 행여 시작도 하기 전에 비위를 거스르게 될까 노심초사한 순간도 여러 번이었다.

하지만 본격적인 상담이 진행되면서 분위기가 바뀌었다. 전시 부스를 찾는 바이어들, 그들을 맞는 우리 기업들 사이에 공감대가 형성되면서 분위기가 호전되기 시작했다.

이미 미국발 금융 위기로 인해 글로벌 기업들이건, 1차 벤더들이건 비용 절감은 절대 절명의 과제였다. 독일의 1차 벤더 타이코(Tyco)의 구매 담당관 슈미트 씨는 국내 중소기업 S사의 부스에 들어서는 순간부터 '가격 조건'을 얘기하기 시작했다. 금융 위기로 구매력이 낮아지면 자동차가 잘 안 팔릴 것이고, 그러면 기업들은 일제히 몸집 줄이기에 나설 것이다, 그러니 조금이라도 싼 가격으로 납품을 해야 당신이나 나나 먹고살 수 있는 것 아니겠느냐는 것이 그들의 주장이었다.

처음부터 '가격'이라는 말이 나오자 타이코에 납품하기 위해 3~4년간 공을 들여 왔던 S사 김 사장의 얼굴에는 실망하는 기색이 역력했다. 슈미트 씨의 태도가 중국산 저가품에 비교해 가격을 낮추려는 흔한 수법이겠거니 생각하는 것처럼 보였기 때문이다.

하지만 슈미트 씨의 핵심은 이제부터였다. 요점인즉, 가격 조건이 좋아 중국 제품을 수입해 보려고 오랫동안 품질 테스트를 해보았으나 안전성을 최우선으로 하는 자동차 부품의 성격상 도저히 안 될 것 같아 오늘 당신을 만나러 여기까지 왔다는 것이다. 순간 김 사장의 얼굴에 묘한 떨림이 느껴졌다. 품질이라면 자신 있는데, 가격을 어떻게 맞춘다?

슈미트 씨는 '환율'을 체크해 보았느냐며 의미 심장한 눈짓을 보냈다. 마침내 거래가 이루어지는 순간이었다. 2008년 하반기부터 원화 약세 현상이 두드러지고 있는 반면 일본 엔화, 중국 위안화, 유로화는 모두 강세를 보이고 있었다. 특히, 일본 엔화와 중국 위안화는 원화 대비 연초에 비해 50퍼센트 이상씩 환율이 오르는 등 초강세를 보이고 있는 상황이었다. 수출 가격을 유리하게 가져가기에는 더없이 좋은 조건이 형성되고 있었던 것이다.

환율 변화가 만들어준 기회

2008년 10월 이후 우리 환율은 급격하게 상승했다. 2008년 초 1달러당 943원 내외를 기록했던 것이 12월이 되자 1,370원 정도까지 올라갔다. 무려 45퍼센트나 오른 것이다. 이는 연초와 비교할 때 달러화로 표시하는 수출품의 가격에 45퍼센트의 여유를 갖게 됨을 의미했다.

수출 기업은 이 여유분을 가격 인하에 반영하거나 수출 마진으로 챙길 수도 있다. 또한 바이어와 마진을 나누면서 장기적인 신뢰를 구축하는 무기로 사용할 수도 있다. 수출을 하는 기업이라면 가격 협상에서 1센트라도 더 유리하게 가져가기 위해 얼마나 많은 노력을 기울여야 하고, 얼마나 많은 입씨름을 벌여야 하는지 잘 알 것이다. 그런데 환율이 이렇게 오르게 되자 불과 몇 달 만에 100달러짜리 수출품에 30달러가 넘는 여유가 생긴 것이다.

환율에 의한 이점은 여기서 끝나지 않았다. 일본 엔화와 중국 위안화는 우리와 달리 초강세 현상을 이어가고 있었기 때문이다. 일본 엔화는 2008년 초 1달러당 108엔 정도였으나 12월이 되자 91엔까지 떨어졌다. 15퍼센트 가량 화폐 가치가 상승한 것으로, 달러로 표시된 일본 제품의 가격이 15퍼센트 올랐음을 의미한다. 중국 위안화도 2008년 초 1달러당 7.2위안이었던 것이 12월에는 6.8위안으로 내려갔다. 약 6퍼센트 내려감으로써 달러 표시 중국 수출품의 가격이 그만큼 올라가는 현상을 가져왔다.

일본 엔화와 중국 위안화는 우리 원화에 대해서는 더욱 강세를 보였다. 2008년 초 100엔당 873원이었던 환율은 12월이 되자 1,400원 가까이 치솟았다. 두 배 가까이 오른 것이다. 이는 일본과 우리가 동일한 조건에서 수출을 했을 때 일본보다 우리 제품의 가격 경쟁력이 두 배는 높다는 것을 의미했다. 중국 위안화도 마찬가지였다. 2008년 초 대비 2008년 말 위안화에 대한 원화 환율은 130원에서 200원으로 50퍼센트 이상 상승했다. 마찬가지로 중국과의 가격 경쟁에서도 그만큼 여유가 생긴 것이다.

이러한 현상은 2009년 들어 환율이 1,500원대, 1,600원대로 뛰어오르면서 더욱 심화되었다. 그러던 것이 2009년 3월 이후 우리 환율이 안정을 찾기 시작하면서 다소 양상이 달라지긴 했으나, 일본과 중국의 통화 강세가 여전한 반면 우리 환율은 꾸준히 약세를 유지하고 있어 이 같은 경쟁력은 앞으로도 당분간 이어질 전망이다.

완제품 시장에서 부각되는 경쟁력

한중일의 엇갈린 환율 변동은 한중일 기업 비즈니스에도 변화를 가져왔다. 우선, 일본 기업들이 우리 기업에 러브콜을 보내기 시작했다. 외국 제품을 사용하지 않기로 유명한 일본의 대기업 T사는 2009년부터 한국으로부터 주문을 늘리겠다며 구매 상담을 의뢰해 왔다. 일본 부품과 비교하여 평균적으로 20퍼센트의 가격 이점이 발생한다는 것이 그 이유였다.

또한 자국 전자 제품에 대한 자부심이 너무 강한 나머지 외국 가전제품은 모두 수준 낮은 것으로 치부하던 일본 소비자들 사이에서도 유례없는 한국산 세탁기 열풍이 불기도 했다. 2007년에 2만 9,800엔에 판매하던 한국산 세탁기를 환율에 힘입어 2008년 하반기부터 2만 2,800엔에 내놓기 시작하자 차츰 한국산 제품에 눈을 돌리는 소비자가 생겨났다. 당시 일본 경쟁사 세탁기의 가격은 3만 4,800엔이었다. 아무리 자국 제품을 선호하는 일본 소비자라 하더라도 무려 1

만 엔 이상의 가격 차이를 당해 내지는 못했다.

환율의 변동은 저가 경쟁력의 대명사로 불리는 중국과의 관계에도 역전 현상을 불러왔다. 중국에 유압기기를 수출해 온 우리나라의 한 중소기업은 지난 2007년 대당 가격이 1만 500위안이었던 제품을 2008년 말이 되면서 8,900위안으로 낮춰 팔 수 있었다. 이때 우리와 경쟁 관계였던 일본 K사의 가격은 1만 1,000위안으로, 2007년을 기준으로 불과 500위안에 불과했던 가격 차이가 2008년 말부터는 2,000위안이 넘게 벌어졌다. 당시 중국산 제품의 가격이 8,300위안이었으니, 그보다 품질이 월등한 우리나라 제품이 중국 시장에서 품질과 가격 경쟁력에서 우위를 점한 것은 두말할 필요도 없었다.

더욱 중요한 변화는 한국 제품의 품질 수준이 부각되기 시작한 것이었다. 처음에 가격이 저렴해서 한국산 세탁기를 구매했던 일본 소비자들은 차츰 다른 제품에서도 한국산을 찾기 시작했다. 한국 세탁기를 사용해 보니 가격만 싼 것이 아니라, 성능도 일본 제품과 비교해 손색이 없다는 점을 알게 된 것이다. 일본 제품 외에는 거들떠보지 않던 일본 소비자들이 한국의 전자제품, 한국의 소비 제품에 관심을 돌리고, 급기야는 이른바 '한국 제품 광팬들'이 등장하게 되었다. 이는 단지 가격이 저렴했기 때문만은 아니었다.

중국에서도 마찬가지다. 가격은 중국산과 크게 차이가 나지 않는데, 성능이 일본산에 못지않았으니, 바이어와 소비자들의 선택은 불 보듯 뻔했다.

이런 상황이 지속되다 보니 중국에 진출한 다국적 기업들마저 한국에 눈을 돌리는 현상이 벌어졌다. 가격 조건도 좋아졌을 뿐 아니라 지리적으로도 가깝고 품질도 좋은 한국 제품을 사고 싶다는 움직임이 생기는 건 당연지사였다. 2008년 11월 KOTRA가 개최한 프리미엄 차이나(Premium China) 상담회에 참가한 세계 2위 홈제품 유통 업체 로우스(Lowe' s), 세계 3위 자동차부품 제조 업체 마그나(Magna), 미국 3위 공업용 공구 유통 업체 그레인저(Grainger)의 중국 법인은 한결같이 "중국 내 구매 원가 상승으로 소싱 다원화를 추진 중이며, 그 대상으로 한국 기업에 상당히 관심이 높다"는 의사를 밝혔다.

2009년 초 미국 라스베이거스에서 열린 세계 최대 가전 전시회 'CES 2009'는 한국 제품에 대한 세계 시장의 관심을 단적으로 보여준 현장이었다. 일본과 중국 기업관은 미국의 대중 스타들을 잔뜩 동원한 홍보 이벤트로 열을 올렸지만 비즈니스 현장의 뜨거운 반응은 뛰어난 기술력과 합리적인 가격을 앞세운 한국 기업들에게 집중되었다.

전 세계 모든 기업들이 그해에 맞는 콘셉트를 선보이고 유치 경쟁을 하는 자리에서 한국 기업이 차지하는 비중은 5~7퍼센트에 불과했다. 그러나 트렌드에 맞는 독창성과 기술력만큼은 이들을 압도하고도 남았다. 양적으로 우위를 점하고는 있지만 카피 위주인 중국과 이미 몇 년 전부터 기술, 가격 면에서 경쟁에 뒤처지고 있는 일본에 비할 바가 못 되었다. CES에서 선전하고 있는 한국 기업들의 제품에 대해서는 "다른 사람이 생각지도 못했던 것, 기존의 것을 뛰어넘는 무언가가 한 가지씩 더 있다"는 평가가 들려올 정도였다. 글로벌 기업들의 생존 전략이 한국 기업들에게는 틈새시장의 기회로 작용하기 시작한 것이다.

세계 다국적 기업의 러브콜 현상

불황이 깊어지면서 일본이나 중국 기업뿐 아니라 외국 대기업들의 구매 유형도 바뀌기 시작했다. 한 푼이라도 비용을 절감하고, 재고를 하나라도 줄이기 위해서는 한가하게 의리 운운하며 기존 거래 기업을 챙길 때가 아니라는 판단이었다. 보다 저렴하면서도 실용적인 구매가 우선순위가 되어 버린 상황에서 기업들은 부품 공급체계부터 변화를 주기 시작했다.

세계 경제에 암운이 가득했던 2008년 말, 다음 해를 준비하는 글로벌 기업들의 경영 전략은 한결같이 '비용 절감'이었고, 그 실천 대안으로 나오게 된 것은 '글로벌 아웃소싱(global outsourcing)'이었다. 세계 3대 국제 금융 중심지인 영국 런던도 예외일 수 없었다. 2008년 10월 초, 연일 감원, 도산 소식이 뉴스의 첫머리를 장식하던 어느 날, 런던의 KBC(Korea Business Center) 사무실에 한 통의 전화가 걸려 왔다. BAA(영국공항공사)사에서 "2012년 런던올림픽을 준비하기 위해 향후 5년간 진행될 히드로(Heathrow) 공항 개보수 프로젝트에 공항 기자재를 납품할 한국 기업을 소개해 줄 수 있느냐"는 문의였다.

KBC 직원은 자신의 귀를 의심했다. BAA사가 어떤 곳인가. 런던 히드로 공항을 비롯한 영국 내 7개 주요 공항을 독점적으로 운영하고 있는 민간 항공사로서, 이제까지 한국과는 단 한 번도 거래 관계를 맺어 본 적이 없는 난공불락의 성 아니던가. 그로부터 며칠 후 런던 KBC 회의실, BAA사의 특별 프로젝트 매니저인 데이빗 브릭넬 씨와 마주 앉았을 때까지만 해도 KBC 센터장과 직원들은 반신반의

한 상태였다.

먼저 말문을 연 쪽은 BAA사였다. 18개월 전에 스페인 페로비알(Ferrovial) 사가 BAA사를 인수한 후 회사 경영 개선 작업의 일환으로 기존의 거래 관행을 개선하고자 한다며 실용적 구매를 앞세운 한국을 비롯한 극동아시아 기업 제품에 대한 관심을 피력했다. 그때서야 2008년 3월, 히드로 공항 여객 터미널이 화물 처리 시스템 문제로 정상 가동을 못했던 사건이 떠올랐다. 어쩌면 우리로서는 신규 시장을 개척할 수 있는 천재일우의 기회가 아닐 수 없었다.

런던 KBC 센터장은 BAA사의 구매 담당 이사와 매니저를 한국에 초청해 구매 정책 설명회와 함께 개별 기업 상담을 하자는 제안을 했다. 그 후 수차례 미팅과 전화를 통해 세부 추진 방안을 확정해 나가는 한편, 금융 위기 극복 프로젝트인 바이 코리아 2009 행사와 연계하는 것으로 일정을 조정하는 등 순조로운 진행을 이어갔다. 2009년 새해 아침, 국내 업체 상담 신청서와 초청 바이어의 일정표가 BAA사에 전달될 때만 해도 상황은 낙관적이었다.

그런데 갑자기 예기치 못한 난관에 부딪혔다. 3개월에 걸친 우리의 준비 과정에 칭찬을 아끼지 않던 BAA사가 실질 구매력을 행사하는 구매 담당 이사의 방문이 불가능할 것 같다는 연락을 해 온 것이다. 신시장 개척이라는 단꿈에 젖어 있던 우리로서는 청천벽력과도 같은 소식이었다.

급기야 런던 KBC 센터장이 BAA사의 일방적인 결정에 강하게 문제 제기를 했다. 어차피 이판사판이었다. 여태껏 단 한 번도 한국과의 납품 사례가 없다는 전례로 미루어 볼 때, 한국 기업의 능력을 직접 눈으로 확인하고 확신을 갖지 않으면 끝장날 프로젝트였기 때문이었다. 강한 어필 때문이었는지 BAA사 측에서 여지를 보이기 시작했다. 마지막이라는 절박한 심정으로 다시 한 번 방안을 강구해 달라며 간곡히 당부를 반복하는 것 외에는 다른 방법이 없었다.

피를 말리는 밤이 지나고 드디어 BAA사에서 연락이 왔다. 하루 늦게 방문하고 싶다며, 그나마도 이사진들과 얼굴을 붉혀 가며 격론을 벌인 끝에 얻어 낸 합의라는 양해를 구해 왔다.

우여곡절 끝에 BAA사 일행이 방문하기로 한 1월 13일, KOTRA 본사에서는 사전에 선정된 국내 기업들의 열띤 관심 속에서 구매 설명회가 치러졌다. 이어 인천공항의 적극적인 협조 아래, 직접 현장을 확인해 볼 수 있는 시찰 행사도 진행되었다. 인천국제공항의 운영 시스템을 직접 눈으로 확인한 BAA사의 책임이사는 그 탁월한 위용과 깔끔한 관리, 효율적인 운영에 놀라워하며 연신 감탄사를 연발했다. 설비 공급자로서 한국 기업의 능력과 제품의 품질, 가격 경쟁력에 큰 매력을 느꼈던 것이다. 이것이 훗날 세계적인 명성을 자랑하는 히드로 공항이 인천 공항을 벤치마킹하는 현상으로 이어진 계기가 되었다.

바이 코리아 행사 중 BAA사의 진행 프로그램은 그야말로 하이라이트라 해도 과언이 아닐 만큼 집중적인 관심 세례를 받았다. 무엇보다 철저한 준비와 지원이 바이어들의 만족도를 이끌어 내는 데 크게 기여했다.

한국 방문 이후 BAA사는 한국산 탑승교와 엘리베이터 구매를 보다 적극적으로 검토하기 시작했다. 그때까지만 해도 한국산 탑승교는 단 한 번도 유럽 공항에 수출을 한 적이 없는 인지도가 낮은 품목이었다. 그러나 국내 기업, 현대로템은 영국에 지사가 없다는 약점에도 불구하고, 탑승교 설치 후 A/S를 위해 삼성물산 런던 현지법인과 컨소시엄을 구성하는 등 적극적인 열성을 보였고, 이는 다행히 기술력 평가에서 높은 점수로 이어졌다. 그렇게 등을 돌렸던 행운의 여신이 다시 우리 편으로 돌아서는 듯했다. 그러나 이것이 끝이 아니었다.

다시 BAA사로부터 들려온 소식은 그간 납품을 해 오던 기존 공급 업체인 독일의 T사가 거센 항의를 하고, 회사 내부 이사진들도 왜 검증되지도 않은 한국산 제품을 써야 하느냐고 반론을 제기해 쉽사리 결정을 내릴 수 없다는 것이었다. 그동안 유럽 지역 탑승교를 독점해 오던 독일의 T사에 비해 우리 제품의 가격 경쟁력이 그다지 높지 않은 것이 문제였다.

이에 런던 KBC가 나섰다. 우리 기업 측에는 이번 납품이 유럽 시장 진출을 모색할 수 있다는 차원에서 단기간의 이익보다는 장기적인 앞날을 내다보자며 가격 조정을 제안했고, BAA 측에는 그동안의 독점력을 해소함으로써 향후 안정적인 거래선 확보에 도움이 될 것이라며 설득을 병행해 나갔다.

그리고 마침내 2009년 7월 9일, 또 하나의 새로운 역사가 기록되었다. 그간의 노력에 힘입어 우리 기업 삼성물산과 현대로템 컨소시엄과 BAA사 사이에 향후 4년간 2,700만 달러 규모의 공항 탑승교 90대를 공급하기로 하는 계약이 체결된 것이다. 어려운 시기 민·관이 협력하여 8개월간의 노력과 정성을 기울인 끝에 얻어 낸 기적 같은 행운의 결과였다. 한국을 직접 방문한 것을 계기로 기존 거래선과 내부 압력을 이겨 낸 BAA사 책임이사의 결단력도 주효했다.

이로써 유럽 시장에 처녀 진출한 한국산 탑승교는 세계의 어떤 공항에도 당당히 진출할 수 있는 보증수표를 받게 되었다. 벌써부터 프랑스 샤를드골 공항, 네덜란드 스키폴 공항, 독일 프랑크푸르트 공항 등의 러브콜이 잇따르고 있는 것만 보아도 세계 시장 공략 가능성이 열린 셈이었다. 아무리 어려워도 우리가 기회로 만들 수 있는 틈새시장은 분명히 존재함을 여실히 보여 준 사례가 아닐 수 없다.

우리에게 우호적인 시선을 보낸 곳은 이뿐만이 아니었다. 외부에 문호를 개방하지 않는 일본의 자존심 도요타와 히타치도 한국산 부품을 공급받기 원했다. 히타치는 글로벌 아웃소싱을 위해 2009년 6월 직접 방한하여 우리 부품 기업들과 구매 상담회를 벌였다. 2009년 9월에는 일본 나고야 시 도요타 본사에서 한국 기업들만을 위한 부품 구매 상담회가 열리기도 했다.

이처럼 글로벌 아웃소싱이란 자사의 생산에 필요한 부품 등을 기존 협력 업체가 아닌 외부 업체로부터 공급받는 전략으로, 특히 글로벌 시장에서 최적의 공급 업체를 선택하는 것을 뜻한다. 이는 다국적 기업들의 글로벌 시장에서의 파워를 의미하는 것이기도 하지만, 역으로 생각해 보면 소규모의 인지도 낮은 중소기업들에게 매우 좋은 기회로 작용하기도 한다.

그동안 글로벌 기업들은 대개 자사에 납품하는 협력 업체들과 오랫동안 폐쇄적인 네트워크를 유지해 왔다. 자사만을 위한 독특한 사양의 부품을 공급받음과 동시에 신제품이나 신기술 유출을 피할 수 있었기 때문에 그 외에 다른 업체들에 대해서는 배타적인 태도를 고수해 왔던 것이다.

때문에 기존 공급 업체들만을 대상으로 했던 공급체계를 신규 업체가 뚫는다는 것은 그야말로 하늘의 별따기였다. 네트워크로 들어서는 데만도 많은 시간과 노력을 필요로 할 뿐만 아니라, 다행히 운좋게 진입을 한다 해도 무엇을 준비해야 하는지, 무엇을 더 보강해야 하는지에 대한 정보 자체가 차단되어 있기 때문에 아무리 시간과 노력을 들인다 해도 성공으로 이어지리라는 보장이 없었다.

그런데 금융 위기 이후 원가 절감에 대한 부담이 커지자 기업들이 네트워크 자체를 바꾸기 시작했다. 네트워크를 글로벌 시장에 개방해 그동안 진행시켜 온 부품 표준화와 모듈화를 바탕으로 공급 체계에 글로벌 자유경쟁 시스템을 도입한 것이다. 이는 30년 이상 거래하던 협력 업체라 할지라도 더 이상 무한대 보증수표가 될 수 없음을 뜻했다. 품질과 가격 면에서 조금이라도 더 경쟁력을 갖춘 공급자가 각광받는 환경이 조성된 것이다.

이제는 시장에서 구매처가 요구하는 기술, 사양, 조건 등만 갖추면 무명의 중소기업일지라도 글로벌 아웃소싱에 도전해 볼 수 있게 되었다. 물론 구매처가 원하는 기술 수준이나 조건들은 결코 녹록지 않을 것이다. 하지만 자유경쟁 체제인 데다 요구사항에 대한 정보 또한 공개될 것이므로 하고자 하는 의욕과 의지만 있다면 충분히 가능한 일이다. 납품의향서 한 번 제출해 보지 못했던 과거와는 비교할 수 없는 기회가 주어진 것이다.

KOTRA가 주최한 어느 글로벌 기업의 부품 공급 상담회에 참가했던 한 중소기업 사장의 표정을 나는 지금도 잊을 수가 없다. 상담회가 끝나고 막바지 정리로 분주한 와중에 한 기업인이 들뜬 표정으로 나를 찾아왔다. 내수 시장이 하도 어려워져 해외 시장으로 눈을 돌려 보자는 생각에 처음으로 외국 바이어와의 상담회에 참가했다는 그는 내게 연신 고맙다는 인사를 했다. 납품 계약이라도 했느냐고 물었더니 의외의 대답이 돌아왔다. 자사 제품을 담당하는 구매 담당자와 엔지니어의 명함을 얻었다는 것이다.

글로벌 기업의 구매 담당자들이 누구인가? 전화번호는 물론 이메일도 제대로 공개하지 않아 자신의 제품을 담당하는 사람이 누구인지 알아보는 데만도 몇 달이 걸리고, 막상 찾아내면 10분 정도의 미팅 약속을 잡기 위해 또 수개월 공을 들여야 했던 사람들이 아닌가?

그는 이제 2~3년만 줄기차게 이메일을 보내고, 찾아가 우리 부품에 대한 경쟁력을 어필하면 뭔가 터질 것 같다며 기뻐했다. 상담회 준비로 쌓인 피로를 한순간에 날려 주는 청량제 같은 말이었다.

이렇게 글로벌 아웃소싱 시장은 우리나라 중소기업들의 해외 시장 진출 외에도 또 하나의 특별한 의미를 갖게 한다. 우리 중소기업들은 대개 대기업과 공급 업체의 사슬로 엮여 있어 납품처인 대기업의 예속에서 벗어나기 어려운 구조였다. 지난 외환 위기 당시 중소기업의 도산이 이어졌던 것도 이들의 유일한 납품처였던 대기업들이 일시에 구매를 줄이거나 일방적인 납품 가격 인하 압박을 가했기 때문이었다.

하지만 이제는 상황이 다르다. 글로벌 아웃소싱 추세를 활용한 해외 시장 진출은 우리 중소기업의 사업 기반을 다변화할 수 있는 기회이며, 외부 환경의 변화에도 스스로 대처할 수 있는 체력을 다질 수 있는 기회로 작용할 수 있다. 나아가 글로벌 시장에서의 인지도를 바탕으로 대기업과의 협상 레버리지를 키워 나갈 수 있는 원천이기도 하다.

금융 위기 이후 세계의 다국적 기업들은 글로벌 아웃소싱을 확대하기 시작하면서 한국 기업들에 주목하기 시작했다. 선진국 품질에 크게 뒤질 것이 없고, 환율 효과로 가격 경쟁력마저 높아진 한국산 제품이 매력적으로 다가오기 때문이다. 선진국의 고가 제품들을 대체할 제품으로 한국산이 가장 유력한 대안으로 떠오른 셈이다.

이제는 다시 기회를 준비할 때

지금이 어려운 때인 것만은 분명한 현실이다. 따라서 현재 닥친 위기를 잘 극복해 내는 일도 중요하지만 위기 이후를 대비하여 미리 준비하는 것 역시 중요하다.

어떤 이들은 "현재의 위기는 과거와 달라서 극복해 나가기가 쉽지 않고, 전 세계가 모두 어려움을 겪고 있기 때문에 수출을 통한 경기 회복에는 한계가 있다"고 말하기도 한다. 하지만 과거에 우리가 경험했던 수많은 위기들 역시 그 당시에는 생전 처음 경험해 보는 위기였지만 그때마다 모두 슬기롭게 극복해 왔다.

지금까지 이루어 낸 우리의 업적을 스스로 평가절하할 필요는 없다. 힘들고 어려운 때일수록 자신감을 가져야 한다. '한강의 기적'을 또 한 번 믿어야 한다. 최근 미국의 오바마 대통령조차도 여러 나라를 다니면서 한국에서 배우자는 메시지를 전하고 있다지 않은가?

세계적으로 유명한 다국적 기업들이 함께 글로벌 아웃소싱하자는 러브콜을 보내고 있고, 전 세계 소비자들이 한국 상품에 눈을 돌리고 있다. 지금이야말로 위기를 넘어 위기 이후의 기회를 준비할 때이다. 우리 수출이 새로운 시장을 개척하고 그로 인해 우리 경제가 다시금 활활 타오를 수 있도록 세계 경제 흐름을 재빠르게 파악하고, 새롭게 바뀌는 경쟁 구도에 대처할 수 있는 힘을 모아야 할 것이다.

역(逆)샌드위치가 역전의 발판으로

우리나라를 둘러싼 세계 시장의 환경은 늘 변하고 있다. 나는 오랫동안 경제 현장에 있으면서 이러한 변화를 겪을 때마다 수없이 많은 용어들을 만들어 냈다. 정부의 정책이나 기업의 전략도 대중에게 편안히 다가갈 수 있도록 이해하기 쉽게 가공되고 상품화되어야 그 효과가 크게 발휘될 수 있다고 믿어 왔기 때문이다. 특히나 지금처럼 어려운 상황을 타개하기 위한 길을 모색할 때는 더더욱 그에 들어맞는 함축적이고 희망적인 용어를 찾으려고 애쓰는 편이다. 이제 이야기하고자 하는 '역(逆)샌드위치'라는 말도 이 같은 맥락에서 나오게 된 것이다.

샌드위치에 대해서는 이미 앞서 이야기한 바 있다. 이 시대에 희망적인 키워드가 절실히 필요하다고 생각한 때에 이 샌드위치 개념을 뒤집어서 생각해 보자는 의미로 탄생하게 된 용어가 바로 역샌드위치였다.

역샌드위치는 과거 샌드위치의 반대 개념인 동시에 영원히 따라잡을 수 없을 것 같았던 일본 제품을 이제는 기술과 품질로 따라잡을 수 있다는 것을 뜻하는 말이다. 또한 영원히 경쟁이 안 될 것이라 여겼던 중국 제품의 저가 공세를 이번 경제 위기로 충분히 극복할 수 있게 되었음을 의미하는 말이기도 하다. 즉 과거 일본과 중국 사이에 끼어 우리의 입지를 찾지 못하던 상황에서 벗어나 이제는 일본과 중국을 뛰어넘고, 더 나아가 세계 시장에도 활용될 수 있는 현상이 역샌드위치인 셈이다.

암울했던 지난해 11월, 한 경제 단체가 주관한 포럼에서 나는 이 역샌드위치라는 용어를 최초로 사용했다. 이 역샌드위치론은 앞서 강연했던 세계적인 미래학자 앨빈 토플러(Alvin Toffler)의 이야기보다 더 많은 관심과 집중 세례를 받았다. 얼마 지나지 않아 놀랍게도 이 발상은 현실로 나타났다. 우리 제품이 경쟁국인 일본, 중국 제품보다 더 낫다는 평가를 받기 시작한 것이다.

이제 이 말은 각종 언론뿐만 아니라 경제 교과서에도 실릴 만큼 보편적인 용어가 되었다. '역샌드위치 주가', '역샌드위치 펀드', '역샌드위치 마케팅' 등과 같은 신조어들이 마구 생겨날 정도로 널리 일반화되고 있다. 이는 이 용어가 현재의 시대를 가장 긍정적으로 표현하고 있으며 희망적인 메시지를 담고 있기 때문이라고 생각한다.

같은 맥락에서 나는 2009년을 나타내는 사자성어로 '절도봉주(絶渡逢舟)'라는 말을 찾아냈다. 연초와 같은 막막한 상황에서 희망을 줄 수 있는 상징적인 용어를 고민하던 중 발견한 말이었다.

이는 청나라 소설가인 샤징취의 소설 『야수폭언野叟曝言』에 나오는 사자성어다. "길이 끊어진 곳에서 출로(出路), 즉 배를 만난다"는 뜻으로 절망적인 상황에서도 길이 있음을, 위기 속에서도 기회와 희망이 있음을 이야기하고 있다.

나는 할 수만 있다면 무슨 일이든 되는 쪽으로, 낙관적으로 생각해야 한다고 믿는 편이다. 절망적인 위기 상황에 직면했을 때조차 정부나 기업이 어떤 태도를 가지느냐에 따라 상황은 얼마든지 달라질 수 있다고 확신한다.

힘들고 어렵다는 이유로 우왕좌왕하며 비관적인 태도로만 일관한다면 위기 상황을 효과적으로 극복할 수 없을 뿐만 아니라 어둠의 터널은 길어지고 고통의 강도도 더 높아지게 된다. 이런 때일수록 그 어떤 절체절명의 위기라 할지라도 반드시 극복하고야 말겠다는 희망을 가지고 진취적인 자세로 도전하고 노력해야 한다. 다른 사람들이 비관만 하고 있을 때, 다른 사람들이 힘들다고 포기하려 할 때 배의 노력을 기울여 위기를 기회로 바꾸어야 한다. 수동적으로 당하기만 있는 샌드위치 신세가 아님을 만천하에 보여 줄 필요가 있다.

역샌드위치는 필연적 경쟁력이다

그렇다면 어떠한 상황에 희망을 걸어야 할까? 환율에 편승한 가격 우위 현상만을 놓고 이를 과연 우리의 경쟁력이라고 볼 수 있을까? 싼 제품을 찾는다면 중국이나 베트남 등 저임금 국가 제품이 우리보다 훨씬 유리하다. 환율 변동으로 수출 가격에 여유가 생겼다고 하지만 이들 나라 제품에 비하면 아직도 우리 제품은 비싼 편이기 때문이다.

하지만 해외 시장이 우리를 주목한 것은 단순히 우리 제품이 일시적으로 저렴해졌기 때문만은 아니다. 품질 대비 가격, 기술 대비 가격이 유리해진 덕분이다. 품질과 기술 수준이 높으면서도 가격 조건이 좋아졌기 때문에 해외 시장에서 우리 제품이 기회를 맞게 된 것이다.

일반적으로 자동차 회사의 부품 구매는 구매 부서와 조립 부서의 엔지니어들이 함께 결정하게 되는데, 이때 구매 부서가 원가 절감에 우선순위를 두고 품질 대비 가격 조건이 좋은 한국 제품을 선택해도, 안전성을 더 우선시하는 엔지니어들은 기존 제품을 쉽게 바꾸려 하지 않는 경향이 있다. 이 문제를 해결하려면 구매 담당자와 엔지니어가 함께 우리 기업과 상담하도록 만들어야 하고, 그 해결책은 직접 이들이 있는 곳으로 가는 것뿐이었다.

나는 지금도 가끔 해외의 어떤 부품 전시 상담회에서 만났던 한 구매처 엔지니어의 모습을 떠올리며 웃곤 한다. 그의 첫인상은 매우 고집스럽고 깐깐해 보였다. 못마땅한 표정으로 전시회장에 들어서는 것으로 보아 아무래도 상관의 지시에 따라 마지못해 상담장을 찾은 듯했다. 건성건성 부스를 둘러보던 그의 표정이 조금씩 달라진 것은 한국 제품에 대한 설명을 듣고 난 후였다. 점차 한국 부품에 관심을 갖기 시작하더니 급기야 자신의 동료들까지 불러내 본격적으로 제품의 기술 사양에 대해 의논을 하는 것이 아닌가. 나중에는 한국 부품을 한 수 아래로 보던 그가 한국의 기술 수준에 깜짝 놀라 감탄을 연발했다는 후문이 들려왔다. 우리나라 제품의 경쟁력 약화와 구조적 위기라는 샌드위치 상황이 정반대의 상황으로 역전되고 있음을 보여 주는 사례가 아닐 수 없었다.

이러한 변화는 해외 시장 곳곳에서 나타났다. 경제 침체가 깊어지던 2008년 10월 이후, 오히려 우리 제품은 더욱 그 진가를 발휘하고 있었다. KOTRA가 미국의 섬유 바이어들을 대상으로 조사해 보니, 그들은 중국산 제품의 대미 수출 섬유 쿼터가 폐지됨에도 불구하고, 중국산 대신 한국산 제품을 더 많이 구입하겠다고 했다. 품질 차이가 현격한 데다 원달러 환율까지 유리하니 굳이 중국산을 택할 이유가 없다는 것이다.

일본에서도 긍정적인 신호를 보내왔다. 일본의 부품 소재 바이어들이 한국산 제품에 좋은 점수를 매긴 것이다. KOTRA가 2년에 한 번씩 조사하는 일본 바이어 대상 설문조사에서 우리 부품 소재에 대한 만족도가 크게 개선된 것으로 나타났다. 세계 최고의 부품 소재 경쟁력을 갖춘 일본이 한국산 부품 소재를 인정해 준 것은 매우 의미 있는 일이다.

우리의 사기를 북돋아 주는 소식은 호주에서도 들려왔다. 호주 자동차 부품 바이어 300명 중 한국 제품의 수입을 더 늘리겠다는 응답이 60퍼센트 가까이 되었다. 이들은 하나같이 지금처럼 어려운 때 한국산과 같은 좋은 품질의 제품을 예전보다 유리한 가격으로 구입할 수 있다는 점을 최대 매력으로 꼽았다. 우수한 품질은 물론, 환율 변동에 따른 가격 매력도가 돋보였던 것이다.

이는 우리나라 제품이 중국산에 비해 품질은 우수하고 일본산에 비해 가격 경쟁력은 뛰어난 것으로 인식되면서, 기존의 샌드위치가 역샌드위치로 전환되기 시작했음을 의미했다. 전 세계 모든 나라들이 경제 위기라는 공포 속에서 떨고 있을 때 해외 시장에서 우리 상품이 어떤 대접을 받고 있나를 면밀히 주시한 결과 새롭게 포착해 낼 수 있었던 값진 발견이었다. 특히 역샌드위치론이 더욱 의미가 있었던 것은 이 말의 등장에 힘입어 우리 수출업계가 보다 더 적극적으로 해외 시장을 노크할 수 있는 자신감과 희망을 가지게 되었다는 점일 것이다.

최근 삼성전자, LG전자, 현대자동차 등 우리나라 대표 기업들이 국내 시장은 물론 글로벌 시장에서도 일대 약진을 거듭하면서 여타 선진 기업들을 제치고 시장 점유율을 끌어올리는 역샌드위치 현상을 주도하고 있는 것만 보아도 그렇다. 실제로 우리 기업들이 기술 수준을 마음껏 뽐낼 수 있을 만큼 좋은 품질의 상품을 만들어 내고 있고, 거기에 당초 기대하지 못했던 가격 매력도까지 갖추어 가면서, 세계 시장에서 당당한 사업 파트너로 자리매김할 수 있었다.

이런 점에서 볼 때 역샌드위치는 단순히 환율을 통한 우연한 효과가 결코 아니다. 그것은 신용부터 기술 개발, 품질 경쟁력까지 모든 부분에 바탕을 둔 새로운 가격 경쟁력을 의미한다. 금융 위기 이후 전개된 세계 시장의 여건, 우리 기업이 그동안 축적해 놓은 내재적 경쟁력, 위기 속에서도 의기소침하지 않았던 도전적 자세가 함께 어우러져 만들어 낸 분명한 필연이자 노력의 결과인 것이다. 이는 불황임에도 불구하고 한국을 직접 찾아오기를 마다하지 않는 전 세계의 바이어들이 증명해 주고 있다.

바이 코리아의 열기가 보여 준 가능성

2009년 1월 서울에서 개최된 바이 코리아 수출 상담회에는 1,200명의 해외 바이어가 대거 몰렸다.

2009년 1월 14일 코엑스 전시장을 가득 메운 700명의 바이어들은 그야말로 각양각색이었다. 묵직한 검은 모자에 검은 수염을 기른 유대인 랍비 기업인, 미국 정부조달시장에 참여하는 미국 장애인협회 기업인, 한국산 송유관을 공급받고 싶다는 쿠웨이트 석유공사의 아랍 기업인들, 여기에 물품을 구매하려는 영국 교도소까지 그야말로 세계 각국의 모든 인종이 다 모인 듯했다. 이들은 연초부터 세계 최대 제조업 중심지인 중국과 최고 기술을 보유한 일본을 외면하고 우리나라를 찾았다. 일본의 기술과 중국의 가격을 따라잡는 우리 수출의 역샌드위치 기회를 단적으로 입증한 셈이다.

이번 행사에 일본 기업이 대거 참가했다는 것도 이 같은 사실을 뒷받침해 준다. 한국산 부품을 거들떠보지도 않던 일본의 대기업 전자 회사들도 한국의 실력 있는 중소 부품 기업을 찾기 위해 상담장을 돌아다녔다. 하루 동안의 수출 계약 액수가 3억 8,000만 달러에 달했고, 앞으로 실제 계약으로 이어질 가능성까지 따지면 그 액수가 몇 배는 더 커질 것으로 기대되는 상황이다.

KOTRA가 '바이 코리아 2009'를 2009년 1월 14일에 개최하겠다고 결정한 시기는 행사를 두 달 남짓 남겨둔 2008년 10월 말이었다. 마침 금융 위기의 먹구름이 실물경제를 덮치기 시작하던 시기였기에 기대보다는 우려가 컸다. 당장 오늘이 살얼음판인데 내년을 위해 한국에까지 물건을 사러 올 바이어가 과연 얼마나 될지 확신이 서지 않았다. 행사를 담당하는 KOTRA의 실무 부서와 바이어를 모아서 한국으로 보내 주어야 하는 해외 조직망에서는 주저하는 모습이 역력했다. 그러나 무슨 수를 써서라도 눈덩이처럼 커져가는 위기감을 떨쳐버릴 돌파구를 찾아야 했다.

일단 시동을 걸었다. 우리에게 가격 경쟁력이 있다는 것을 보여 주기 위한 시장이 절실하다는 생각에서였다. 하지만 무엇보다도 시간이 없었다. 바이어들의 구매 상담 스케줄은 연간 단위로 빽빽하게 짜여져 있어 며칠 일정으로 해외에 나가는 일은 보통 6개월 전에 미리 결정되어 있게 마련이다. 그런데 불과 두 달을 앞두고 한국 행사에 방문하라고 하면 한마디로 거절당할 확률이 높아 보였다.

처음에는 바이어 500명 초청을 목표로 하고 내심 300명만 와도 대성공이라는 생각을 했다. 한 명이라도 더 불러 모으기 위해 방한 바이어의 체재비 일부를 우리 쪽에서 부담하기로 했지만 그것만으로는 바이어들을 한국에 불러들일 수 없었다. 중요한 것은 바이어들 스스로가 한국에 가야겠다는 필요성을 느끼게 만드는 것이었다. 한국의 제조업 기반을 비롯해 세계적 글로벌 기업들이 인정한 기술력, 게다가 환율 효과까지 더해진 유리한 상황을 집중적으로 설명하고 설득했다.

그렇게 얼마쯤 지나자 반응이 나타났다. 재고 처리하기도 바쁜데 어떻게 새로운 제품을 구입하겠느냐는 시큰둥한 반응에 변화가 일기 시작한 것이다. 11월 중순에 접어들면서 방한 바이어 유치 목표를 달성할 수 있다는 보고가 들어왔다. 그러나 이것이 끝이 아니었다. 며칠 뒤 연이어 목표 초과라는 보고가 들어오더니 급기야 오겠다는 바이어를 더 이상 받아들일 수가 없는 상태에 이르게 되었다.

고민 끝에 12월 초 방한을 희망하는 바이어 모집을 마감했다. 당초 500명으로 예상했던 초청 바이어 수가 700명, 800명을 훌쩍 넘기더니 1,700명에 육박하고 있었다. 해외 바이어들의 직업적 프로 의식과 본능적 감각이 한국 시장을 주시하기 시작했음을 보여 주는 단적인 증거였다. 우리로서는 그야말로 예상 외의 대박이었다.

KOTRA의 바이 코리아 준비 팀은 더 많은 바이어를 유치하기 위한 기존의 임무 대신 방한을 희망하는 바이어 중 절반의 옥석을 가려내는 임무를 맡는 초유의 사태를 맞이했다. 본사의 담당자들은 선택과 탈락의 기준을 마련하느라 애를 먹었고, 해외 조직망에서는 자신들이 유치한 바이어를 한 명이라도 더 보내기 위해 힘썼다. 그렇게 예산, 장소, 시간이 허락하는 한 최대한의 바이어를 수용하고 나니 정해진 인원은 700명이었다. 나머지 600명 가량은 사이버 상담으로 대체키로 했다. 정부도 해외 시장이 보내는 긍정적인 신호에 고무되어 최대한의 지원을 약속했고, 20억 원에 이르는 예산도 내주었다. 전쟁으로 치면 군사도 충원되었고, 총알도 든든히 마련된 셈이다. 이제 우리에게 유리한 전략을 짜서 최고의 효과를 보는 일만 남았다.

바이어를 초청했다고 해서 모든 일이 끝난 것은 아니었다. 어렵게 한국으로 발걸음을 한 바이어들이 체류하는 1박 2일 동안 최고의 효과적인 상담이 이루어져야 하기 때문이다. 방한한 바이어들의 구미에 맞는 기업을 찾아내고, 이 중에 옥석을 가려야 한다. 행여나 수준에 못 미치는 몇몇 소수의 기업들 때문에 한국 기업 전체의 신뢰도에 금이 가서는 절대 안 된다. 중매를 잘하면 술이 석 잔이고, 잘못하면 뺨이 석 대라고 하지만, 이 중매는 잘해도 술 석 잔은 없고 잘못하면 뺨을 열 대쯤 맞아야 하는 일이다.

마침내 바이어와 우리 기업 간의 피 말리는 매치 메이킹(match making) 작업이 시작되었다. 우선, 700명의 바이어 명단을 우리 수출기업에 공개하고 상담을 희망하는 기업을 신청토록 했다. 이른바 '공개 구혼'이 진행된 셈인데, 이 역시 접수를 개시하고 며칠 안 되어 경쟁률이 3:1을 넘어섰다. 바이어 한 명당 우리 기업 8개사를 상담하도록 계획했는데, 평균 25개사가 신청을 했다. 이번에는 상담 희망 국내 업체 명단을 각각의 바이어들에게 통보하고 상담하고 싶은 국내 기업을 선별토록 했다. 물론 판단의 기준이 될 수 있는 기업 정보도 충분히 제공했다.

이 과정에서 나는 우리나라 IT 산업 기반을 새삼 실감했다. 바이어 700명에 각각 8개사 상담이라면 5,000건이 넘는 상담 일정을 짜야 한다. 상상만 해도 엄청난 작업이다. 의욕이 넘쳐 여러 군데에 상담 신청을 해 상담 시간이 중복되는 업체가 없는지부터 면밀히 체크해야 했고, 상담 후 다음 예정된 바이어를 찾아가는 데 너무 많은 시간을 낭비하지 않도록 동선도 고려해야 했다. 무엇보다 바이어들이 불편함이나 무료함을 느끼지 않도록 조직적인 설계가 필요했다.

이 모든 고민을 우리의 IT 기술이 한방에 해결해 주었다. 인터넷을 활용한 웹 프로그램은 상담 신청을 위해 일일이 전화를 걸거나 팩스를 보내는 번거로움 없이 클릭 하나로 이루어졌다. 해외에 있는 바이어들도 해당 홈페이지에 접속만 하면 자신들이 어떤 한국 기업을 만나게 되는지를 자세히 알 수 있었다. 실무자들에게 전해 들은 바에 따르면 이 프로그램을 우리 체질에 맞게 최적화시키는 데 무려 10년이라는 시간을 투자하며 시행착오를 거듭했다고 한다.

이 상담회에 참가했던 미국 포드 자동차의 구매 담당관은 "한국산 부품은 품질, 가격, 기술 지원 3박자를 모두 갖추었기 때문에 앞으로 구매 경쟁력이 무척 커질 것"이라는 말로 우리 부품 산업을 보는 시각이 달라졌음을 시사했다.

BAA사뿐만 아니라 캐나다 항공기 제조사 봄바르디에(Bombardier), 태양에너지 세계 1위 업체 큐셀(Q-Cell), 풍력발전 세계 1위 베스타스(Vestas) 등도 참가해 하루 종일 상담을 벌였다. 그저 본사에 가만히 앉아 있어도 납품 상담을 원하는 기업들이 전 세계에서 날아와 진을 칠 텐데도 일부러 시간을 내서 한국까지 날아온 기업들이었다. 그만큼 우리 기술과 경쟁력에 주목하고 있음을 뜻했다.

이후 9월에 다시 개최된 바이 코리아 가을 상담회에는 전 세계적으로 퍼지는 신종 플루 불안에도 불구하고 지금까지 한국 제품에 관심도 없었던 스페인 통신사 텔레포니카(Telefonica), BMW 등을 포함해 다시 700여 명의 바이어들이 찾아왔다. 아마 경쟁 기업들이 한국과의 협력으로 재미를 보고 있다는 소문을 들었으리라 짐작한다.

아예 한국 기업들과의 계약서에 도장을 찍기로 결심하고 참가한 기업들도 꽤 있었다. 실제 현장에서 1,300만 달러 규모의 소방 예인선을 쿠웨이트에 납품하기로 계약한 중소 조선사도 있었으니 말이다. 이 계약은 쿠웨이트의 알붐이라는 회사가 쿠웨이트 소방청에 납품하기 위해 발주한 것으로, 우리 조선 산업의 우수성을 익히 알고 있다며 규모도 크지 않고 이름도 별로 알려지지 않은 시뮬레이션 테크사에 주문을 낸 것으로, 세계 시장에서의 우리 경쟁력을 단적으로 보여 주는 사례였다.

바이 코리아 상담회가 성황리에 끝났다는 소문을 듣고 대만의 무역진흥기관 TAITRA가 벤치마킹을 하겠다며 찾아온 일도 있었다. 대만의 수출 기업을 위해 'Sourcing Taiwan'을 기획하고 있다며 며칠 동안 열심히 귀동냥을 해 갔지만 우리처럼 체계적인 상담 일정을 짜는 일은 아마 불가능했을 것이다. 그리고 무엇보다 한국 기업들만큼의 경쟁력으로 세계 최고의 바이어들을 불러 모으는 일은 더욱 어려웠을 것이라 짐작한다.

한국 제품이 세계를 설레게 하고 있다

2009년 5월, 회사가 날아가느냐 마느냐를 놓고 온 세계의 이목이 집중되던 미국 디트로이트의 GM 본사 근처에서 GM과의 자동차 부품 구매 상담회가 열렸다. 하루하루 호흡기를 달고 연명해 가는 GM의 운명이 어찌될지를 알 수 없는 상황에서 이런 상담회가 무슨 의미가 있겠느냐는 지적도 있었지만 그럼에도 불구하고 미국 자동차 산업의 심장부로 뛰어들겠다는 우리 기업들의 의지를 막을 수는 없었다.

우리의 의욕을 더욱 자극시킨 것은 오히려 GM 측의 반응이었다. GM의 구매 담당 부사장 보 앤더슨(Bo Andersson)이 지난 수년간 한국은 GM의 가장 중요한 파트너였다고 강조하면서 "GM의 회생 노력에 한국 파트너들의 도움이 필요하다. 한국산 제품으로 GM이 위기를 넘길 수 있도록 도와달라"는 이야기를 했다.

이렇게 내로라하는 세계 굴지의 자동차 업체가 위기의 순간 한국산 부품을 찾게 된 이유는 과연 무엇일까? 이는 바로 우리 수출의 역샌드위치의 힘, 우리 제품의 경쟁력 때문이다.

구미 기업뿐 아니라 아시아의 기업들도 우리에게 주목했다. 2009년 2월 태국에서 한국 상품전이 개최되었을 때였다. 당초 이 전시회는 2008년 12월에 개최될 예정이었는데, 당시 태국 공항이 봉쇄되는 시위 사태로 무기한 연기된 것이다. 해외 시장의 반응이 심상치 않음을 확인하고, 우리는 서둘러 행사 재개를 계획했다. 원래 계획에서 2개월밖에 지나지 않은 시점으로 준비할 시간이 턱없이 부족했고, 특히 전시회의 생명이라 할 수 있는 홍보는 더더욱 불충분했다. 내색하지는 않았지만 태국 정부 고위층까지 초청해 놓은 그 넓은 전시장에 사람 하나 없이 파리만 날리면 어떡하나 걱정이 이만저만이 아니었다. 더구나 2009년 초에는 그야말로 최악이라는 표현이 부족할 정도로 실물경제가 곤두박질치고 있던 때였다.

그러나 상품전이 개최되자 예상치 못한 광경이 펼쳐졌다. 태국뿐 아니라 베트남, 미얀마, 말레이시아, 싱가포르 등 인근 지역의 바이어들까지 소문을 듣고 나타났고, 이들의 숫자는 모두 300명이나 되었다. 이들의 활약에 힘입어 당초 예상했던 상담액이나 바이어 및 관람자 수가 50퍼센트나 증가하는 성황을 이루었다. 그러나 무엇보다 값진 성과는 이제 한국 제품이 전 세계 바이어들이 스스로 찾아오게 만드는 경쟁력을 가지게 되었음을 입증한 것이었다.

물론 이러한 현상이 우리 수출 전체를 주도한다고는 말할 수 없다. 한국 수출 경쟁력 약화의 구조적 문제로 언급되고 있던 제조업 분야의 샌드위치 상황이 금융 위기를 거치면서 역샌드위치 상황으로 변화된 것은 환율 변화가 우호적인 요인으로 작용한 측면이 크기 때문이다.

이러한 교역 조건의 변화는 상황에 따라 언제든 변화될 수 있는 일시적 변수 요인으로 항구적인 경쟁력이 될 수 없다는 것 또한 현실이다. 따라서 현재의 경제 위기 상황을 잘 극복하는 것과 동시에, 위기 이후를 대비해 항구적인 경쟁력을 키워야 한다. 얼어붙은 수출 전선에 불을 붙일 수 있도록 우리에게 주어진 여건을 충분히 활용해 역샌드위치의 기회를 잡는 한편, 내재되어 있던 잠재력을 일깨워야 한다.

바로 지금, 품질과 가격 경쟁력이 높은 상품이 대접받는 옥석 가리기가 진행되고 있다. 우리 수출의 미래는 단지 중국과의 경쟁에 있지 않다. 우리 제품의 부가가치를 높여서 일본, 미국과 같은 선진국 제품을 따라잡는 데서 찾아야 한다. 현 시점에서 전 세계적으로 확산되는 글로벌 기업들의 비용 절감 욕구야말로 우리가 이 목표를 달성하는 데 절호의 기회로 작용할 수 있다. 분명 끊어진 길에도 배는 있음을 잊지 말아야 한다.

2

한국인도 몰랐던 한국 경제의 저력

■ ■ ■

얼마 전 바이 코리아 가을 상담회에서 만난 어느 캐나다 기업인이 나에게 한국 기업들에게는 '다섯 개의 에프(Five F)'가 있다고 말을 꺼냈다. 즉, 한국 기업은 빠르고(Fast), 집중력이 있고(Focus), 유연하며(Flexible), 친절하고(Friendly), 재미있다(Fun)는 것이다. 이 기발한 상찬에 나는 파안대소하지 않을 수 없었다. 그러나 다른 한편으로 나는 왜 요즘 들어 해외 기업인들이 우리 기업들에 대해 새삼스럽게 후한 평가를 내리는 것일까 자문해 봤다. 그 원인을 강해진 우리 기업의 체질에서 찾을 수 있다는 것이 나의 결론이다. 특히 혹독한 IMF 위기를 겪으면서 우리도 모르는 사이에 한국 경제의 체질은 강해져 있었다. 그 어려운 시기가 있었기에 살벌한 경쟁에서 살아남고 오히려 시장을 넓혀갈 수 있는 체력이 만들어진 것이다.

위기를 밀어낸 신뢰와 뚝심

21세기를 전후하여 세계 무역에서 가장 크게 나타난 주목할 만한 추세를 꼽으라면 단연 '중국'이다. 본격적인 개혁과 개방 정책이 시행되면서 세계무역기구(WTO)에도 가입하는 등 중국은 세계 시장을 향해 눈을 돌리기 시작했다. 중국의 WTO 가입을 두고 당시 미국, 유럽을 비롯한 선진국들은 10억 인구의 거대 시장이 열린다며 흥분을 감추지 못했다. 물론 우리나라도 마찬가지였다. '10억 명이 양말 한 켤레씩만 사도 10억 켤레'라면서 이웃에 있는 대박 시장이 하루라도 빨리 열리기를 바랐다. 실제로 중국은 지난 10년간 우리 같이 수출로 먹고사는 나라에 엄청난 시장 기회를 선사해 준 것이 사실이다.

그러나 그것이 상황의 전부는 아니었다. 우리에게는 커다란 수출

시장이기도 했던 중국이 상상할 수 없을 만큼 싼 가격을 무기로 세계 시장에서 우리 제품들을 거세게 몰아붙이기 시작한 것이다. 2005년 이후부터 세계 시장 점유율 1위 품목 중 약 1,000개가 중국에서 생산되는 제품으로 채워졌다.

중국산 제품들이 약진하면서 우리뿐 아니라 독일, 미국, 일본 등 선진국 제품들이 세계 시장 점유율 1위 품목 리스트에서 빠른 속도로 사라져 갔다. 세계 시장 장난감의 70퍼센트, 칫솔의 70퍼센트, 컬러 TV의 45퍼센트, 에어컨의 30퍼센트, 섬유의류의 24퍼센트가 중국산이라는 통계가 나오기도 했다. 어느 날 문득 돌아보니 주변에 있는 모든 제품이 '메이드 인 차이나(Made in China)'를 달고 있더라는 말이 나올 정도였다. 오죽하면 일상생활에서 중국산 제품을 쓰지 않고 버텨 보는 실험을 하는 『메이드 인 차이나 없이 살아보기*A Year Without Made in China*』라는 책과 TV프로그램이 히트를 쳤을까.

중국 제품에 대한 불신이 싹 트다

그렇게 저가 물량 공세를 펼치던 중국 제품이 철퇴를 맞는 사건이 일어났다. 2007년 중순 무렵, 중국에서 생산된 미국 유명 기업의 완구에 납 등 유해 성분이 들어 있어, 이를 가지고 노는 어린이들에게 치명적인 질병을 유발할 수 있다는 보도가 터졌다. 파장은 일파만파 전 세계로 퍼졌고, 세계 곳곳에서 이 기업 제품의 불매운동이 벌어졌다. 급기야 이 완구업체는 해당 제품을 전면 리콜 조치하고, 관련 중국 공장을 모두 폐쇄했다.

그러나 이 사건은 이후 두고두고 중국 제품에 대한 세계 시장의 불신을 표현하는 상징적인 일이 되고 말았다. 중국산 제품이 순식간에 세계 시장을 잠식해 나가는 동안 그에 따른 반작용으로 반(反) 중국 제품 정서도 함께 확산되어 가고 있었던 것이다. 각국의 세관에서는 중국산 수입품을 믿지 못하겠다며 각종 유해성 여부 심사를 한층 강화하기도 했다. 미국, EU, 캐나다에서는 중국산 공산품에 대한 리콜 비중이 절반 이상을 차지할 정도였다. 특히, 식품류의 경우 중국산의 통관 보류 사례가 더욱 많았다.

중국산 유해 성분 완구 파동 이후 세계 소비자들이 중국산을 '싼 게 비지떡'이라는 인식으로 바라보기 시작했다. 설상가상으로 2008년 터진 중국산 분유의 멜라민 파동은 이 같은 인식을 분명한 사실로 받아들이게 만드는 결정적인 계기가 되었다. 중국의 한 분유 제품에 멜라민이 기준치 이상 함유되어 이 분유를 먹은 아기들이 집단으로 신장 결석에 걸리는 사태가 발발한 것이다. 이 분유는 다른 제품에 비해 가격이 저렴하여 중국에서뿐 아니라 다른 나라에서도 많이 팔리는 제품이었다. 1세 미만 영유아들을 무서운 질병으로 몰아넣은 이 사태로 중국은 전 세계로부터 거센 비난을 받았다. 이 일을 계기로 그동안 브레이크 없이 질주하던 중국산 제품에 대한 소비자의 신뢰는 다시금 한 단계 떨어지고 말았다.

멜라민 파동 이후 중국 내수 시장에도 변화가 나타났다. 중국인들 스스로 수입 식품을 더 많이 찾기 시작한 것이다. 소득이 높아진 대도시의 소비자들이 아예 장바구니 전체를 일본, 유럽산 수입품으로 채우기 시작했다. 이에 우리나라 관련 업계 역시 발 빠르게 움직였음은 물론이다.

서울우유, 중국 시장 개척의 선봉장으로

우리나라 서울우유의 생우유 중국 수출은 이 시점에서 시작되었다. 물론 처음부터 마음먹은 대로 된 것은 아니었다. 문제는 중국의 세관에서 수입품을 통관하는 데 시간이 많이 지체된다는 것이었다. 중국에서는 보통 통관에 4일, 상품 검사에 9일이 소요돼 제품을 넘겨받는 데 아무리 빨라도 13일 이상 걸린다. 이 같은 속도라면 유통기한이 최장 9일 가량인 신선 우유는 통관도 마치기 전에 폐기해야 할 판이었다.

방법을 찾던 서울우유는 KOTRA의 칭다오 물류지원센터에 직접 도움을 요청해 왔다. KOTRA는 약 2개월간 현지 해관(海關, 세관)과 상품검사국 등을 찾아다니며 방법을 모색하던 중 거의 있으나마나한 규정처럼 사문화된 '집중통관 신고제도'라는 것을 발견했다. 부패하기 쉽거나 긴급을 요하는 품목은 우선 통관이 가능하다는 규정이었다.

그러나 법적 제도가 구비되었다고 하더라도 실제 현장은 또 다른 문제였다. 무엇보다 중국 세관은 세관원의 권한이 매우 막강하다. 법 규정의 해석이나 적용이 세관원의 판단에 달려 있다 해도 과언이 아니다. 중국 정부가 일일통관 시스템을 만들어 주어도 세관원이 트집을 잡거나 문제를 제기하면 아무런 소용이 없다.

KOTRA 칭다오 KBC는 우선 세관과 안면을 트기로 했다. 외부 민원인을 만나 주지 않기로 정평이 난 중국 세관에 식사나 한 번 하자는 말을 수십 번도 넘게 건넨 결과 겨우 날짜를 잡을 수 있었다.

그날 저녁 식사에 참석하는 칭다오 KBC 센터장을 비롯한 직원들은 자못 비장한 각오로 임했다고 한다. 중국인들은 술이 센 사람을 높이 평가하는 성향이 강하다. 때문에 술을 마셔도 뻗어 버릴 때까지 마시는 것을 좋아한다. 이것을 모를 리 없는 우리 직원들은 아예 거기서 드러눕자는 심정으로 사전에 위장 달래는 약까지 먹고 갔다고 한다. 물론 우리 직원들이 70도가 넘는 독한 중국 술을 호기 있는 척 마시다 장렬히 전사(?)한 것은 당연한 일이었다. 이후부터 세관과의 관계는 매우 유연하게 바뀌었다. 그 유명한 중국 '꽌시(關係)'의 벽을 그야말로 온몸으로 뚫은 셈이다.

이후 진행된 항구에서의 통관도 우여곡절이 많았다. 날씨가 나빠서 배가 입항하는 시간이 지연되자, 세관 근무원들이 퇴근한 썰렁한 부두에서 우리 물류센터 직원들이 자동차 헤드라이트 불빛에 의지해 제품을 날랐던 적도 있다. 때로는 베이징은 물론 저 멀리 내륙 도시 우한까지 제품을 운송하기 위해 밤새 냉장 운반차로 우유 옮기는 일까지 떠맡기도 했다. 퇴근하는 세관원을 붙잡고 오늘 내로 통관 수속을 마쳐야 한다고 사정하는 일도 한두 번이 아니었다.

지금도 서울우유는 종종 중국 멜라민 파동이 낳은 어부지리의 대명사로 회자되곤 한다. 하지만 단순히 어부지리만이었을까?

나는 인간관계를 중시하는 중국의 문화적 풍토를 최대한 활용한 시장 개척 활동, 중국산보다 훨씬 뛰어난 서울우유의 품질, 더불어

KOTRA 직원들의 노력이 만들어 낸 이 사례야말로 우리나라 수출업계의 경쟁력의 본질이 무엇인가를 상징적으로 보여 준 대표적인 사례라고 생각한다.

이 일을 계기로 서울우유가 중국 내에서 인지도를 인정받기 시작하면서 그간 알려지지 않았던 한국의 다른 업체들까지 중국의 내수시장을 공략할 수 있게 되었다. 여러모로 좋은 선례가 된 셈이다. 생각해 보라. 중국의 10억 인구에 한국산 우유를 마시게 할 수 있다는 것만으로도 얼마나 가슴 뛰는 일인가.

한국 제품에 대한 신뢰도가 살아나다

앞서 지적했듯이 최근 세계 시장이 한국 제품에 더 많은 관심을 갖게 된 것을 두고 중국 제품의 신뢰도 하락이 한국산 대체품을 찾게 만들었다는 식으로 설명하는 이들이 있다. 그러나 이는 그야말로 지극히 작은 현상만을 놓고 본 해석이다. 특히 세계적인 자동차 업계의 반응만 보아도 잘 알 수 있다. 세계 명품 자동차 제조 업체들은 단순히 값이 싸다고만 해서 부품을 쉽게 구입하는 사람들이 아니다. 세계 최고를 만들어 낸다는 자부심으로 똘똘 뭉친 이들이 고객의 안전 문제와 직결되는 부품을 가격만으로 결정한다는 것은 있을 수 없는 일이다.

최근 들어서는 엄격한 생산 관리와 품질의 대명사로, 외국 부품을 안 쓰기로 유명한 일본 자동차 선두주자 도요타까지 우리에게 러브콜을 보내고 있다. 도요타에 부품을 공급할 수 있다는 것은 선진 시스템을 그대로 추진할 수 있는 역량을 갖추게 된다는 것을 의미한다. 더불어 우리 기술과 경쟁력이 그만큼 높아졌다는 뜻이기도 하다. 한국산 부품이 그저 대체품에 불과했다면 결코 이루어질 수 없는 제의였다.

그간 우리나라의 부품 수출만을 놓고 볼 때 일본은 아무리 두드려도 열리지 않는 시장이었다. 대신 우리 기업들이 들여와야 하는 일본산 부품은 해마다 늘어나는 실정이어서 2001년에는 100억 달러 남짓하던 대일 무역수지 적자가 2008년에는 300억 달러까지 늘어났다.

상황이 이렇다 보니 일본의 경제학자, 오마에 겐이치는 어느 순간 일본이 핵심 부품을 수출하지 않으면 한국 기업은 주저앉게 될 것이라는 내용의 거의 악의적 주술이나 다름없는 말을 했다. 그의 논지는 취약한 부품 산업 때문에 한국이 절대 일본을 넘어설 수 없다는 것으로 요약된다.

우리와 달리 일본이 도통 우리 부품을 사지 않았던 이유는 무엇보다도 우리의 기술 수준이 낮았기 때문이다. 게다가 완성도, 납기 준수 등이 가격 이외 조건에서도 그들이 원하는 요구 수준에 못 미쳤다는 점도 우리가 외면할 수 없는 사실이다. 더욱 뼈아픈 일은 이것이 한국에 대해 세계 시장에서 굳어지고 있는 선입견이라는 것이다. 우리가 항상 일본과 비교당하며 들어 오던 말, "한국은 생산만 할 줄 알았지 R&D를 안 한다, 일본에 비해 기술력이 떨어진다"는 인식이 그것이었다.

일본은 옛날부터 꾸준하게 연간 GDP의 3퍼센트가 넘는 비용을 기업의 R&D에 투입해 왔다. 이 같은 투자 수준으로 볼 때 일본이 세계 최고의 기술력을 자랑하는 것은 너무도 당연했다. 물론 이 같은 사정은 다른 선진국들도 마찬가지였다.

우리 기업과 정부도 뒤늦게나마 산업 경쟁력의 제고 방안으로 R&D가 지속적으로 이루어져야 함을 인식하고, IMF 위기를 벗어나자마자 R&D 쪽에 많은 노력과 투자를 집중하기 시작했다. 그 결과 2008년에는 우리나라의 GDP 중 R&D 투자 비중이 세계 4위 수준에 이르렀다. 그동안 기업의 기술력이 향상될 수 있는 기반을 꾸준히 축척해 왔다는 증거였다.

이 숫자들의 의미는 시장에서 바로 나타났다. KOTRA가 2년에 한 번씩 일본 바이어들을 대상으로 하는 한국산 부품 소재 만족도 조사에서 놀라운 개선을 보인 것이다. 지난 2006년 한국산 부품 소재에 대한 만족도가 66.9점이었던 데 반해 2008년에는 82.4점으로 껑충 뛰어올랐다. 품질, 가격, 신뢰성, 완성도, 납기 등 모든 면에서 고루 향상된 결과였다. 기술이나 품질에서 자국산 외에는 후한 점수를 주지 않기로 유명한 깐깐한 일본 바이어들이 보여 준 이 같은 평가는 우리가 그동안 꾸준히 기술 개발에서 성과를 거두어 왔음을 보여 준다.

'우물 안의 고래' 제조업에 주목하라

2000년대는 금융, 서비스업 등이 더 많은 관심을 받은 시대였다. 그러나 금융 위기 이후부터는 그간 상대적으로 홀대를 받았던 제조업이 국가 경쟁력을 가늠하는 잣대로 재인식되고 있다. 한마디로 금융 산업의 거품에 크게 놀란 전 세계 경제가 이제라도 정신을 차리고 탄탄한 제조업을 바탕으로 한 펀더멘털이 있는 경제 운영을 해야 한다며 자성의 목소리를 높이기 시작한 것이다. 이 같은 인식 뒤에는 경제를 금융 서비스 위주로 구성했던 영국 및 아이슬란드와 같은 나라들이 이번 위기로 호된 곤경을 겪었다는 현실이 있다. 이에 반해 반도체, 디스플레이, 조선 등 이미 세계 최고의 제조업 기반을 보유하고 있는 우리나라는 이번 위기를 기회로 국가 전체의 경쟁력을 향상시키는 계기를 마련할 수 있었다.

이런 이유 때문이었을까? 전 세계적으로 투자 심리가 크게 위축됐음에도 불구하고 지난 2009년 7월까지 우리나라는 전년도 같은 기간에 비해 오히려 외국인 투자 유치 규모가 금액 기준 32.4퍼센트 증가하는 놀라운 성과를 거두었다. 올해 다른 나라의 외국인 투자 동향을 볼 것 같으면 프랑스와 같은 선진국뿐만 아니라 중국, 베트남 등 근래 외국인 투자가들에게서 인기가 높았던 후발 개도국들조차도 전 세계적인 경제 위기의 여파로 해외 직접 투자가 크게 줄어들었다.

우리나라의 경우 투자의 내용 면에서 서비스업도 크게 늘고 있지만 그린 산업 등 첨단 제조업, 일본으로부터의 부품 산업 등의 방면에서도 외국인 투자가 지속되고 있다. 이러한 점이 바로 한국 제조업의 매력도를 그대로 드러내는 증거가 아니고 무엇이겠는가?

물론 일각에서는 수출 위주의 경제 구조 대신 내수 위주의 구조로 전환해야 외부 충격에 노출이 덜 될 것이라 말하기도 하고, 제조업 대신 부가가치가 높은 서비스 산업 위주로 경제가 개편되어야 한다

2009년 상반기 주요국 외국인 투자 유입 동향

	중국	베트남	일본	대만	프랑스	브라질	한국
FDI 유입액 (억불)	483.7	54.0	180.2	18.1	367.1	126.5	67.9
전년대비증감률 (퍼센트)	△20.3	△89.0	△63.2	△51.3	△29.5	△24.0	32.4

* 2009.1~6월간의 실적(단, 중국, 베트남, 한국은 1~7월 실적)

** 프랑스는 순유입액(유입액-회수액) 기준

자료원 : KOTRA

고도 말한다. 그러나 겨우 인구 5,000만의 국내 시장만을 상대하기에는 우리 제조업의 수준이 너무 높다.

산업자원부 시절 내가 상사로 모시던 어느 분은 우리 제조업 수준을 '우물 안의 고래'라 표현하기도 했다. 세계 시장을 호령하고도 남을 잠재력을 보유하고 있음에도 내수 시장만 바라보는 것은 너무나 아까운 일이 아닌가. 게다가 글로벌 경제의 통합화로 내수 시장과 해외 시장의 구분이 무의미해지는 시대가 되고 있다는 점도 잊어서는 안 된다.

서비스업을 육성해야 한다는 주장에는 나 역시 기꺼이 동의한다. 앞서, 이번 경제 위기로 인해 금융 서비스업을 경제의 근간을 삼았던 나라들이 크게 어려움을 겪었다는 말을 언급했지만 순수한 생산기지 제조업으로 경제를 운영했던 헝가리 역시 경제난을 겪었던 사실을 상기할 필요가 있다. 제조업과 서비스업의 균형 있는 발전이 국가 발전을 위해서는 반드시 필요하다는 이야기다. 더 나아가 지식기반 경제로 이행되어 가려면 고부가 서비스업이 경쟁력을 가져야 한다는 것은 두말할 필요도 없다.

그러나 세계 어느 나라가 제조업 기반 없이 서비스업에서 경쟁력을 가질 수 있었단 말인가? 서비스업은 애초에 제조업의 생산 활동을 보다 효율화하기 위해 탄생한 산업이고, 그 근본적인 목적은 지금도 변함이 없다. 튼튼한 제조업을 기반으로 경제 전체가 탄탄하게 돌아갈 수 있어야 후방 산업인 서비스 산업에서도 부가가치가 발생할 수 있다.

전 세계 제조업이 불황으로 인해 타격을 입고 크게 위축되었지만 한국의 제조업은 가장 먼저 불황 극복의 돌파구를 만들어 가고 있다. 이것이 세계 시장이 제조업 강국 한국에 감탄을 보내는 이유이다. 그야말로 우리 제조업은 위기 때 더욱 부각되는 것이다. 워런 버핏은 어느 자리에서 "썰물이 빠지면 누가 수영복을 벗고 있는지 알게 된다"고 말한 적이 있다. 이번 위기를 통해 우리는 분명 제조업이라는 수영복을 입고 있었던 것으로 드러났다.

치킨 게임에 돌입한 기업들

위기 때 왜 진정한 강자가 드러나는가? 수요 감소와 재고 누적으로 허덕이는 기업들이 사활을 건 생존 경쟁을 벌이기 때문이다. 이번 위기에서도 유명 대기업이든, 이름 없는 중소기업이든 비상 경영 체제에 들어가는 것은 더 이상 선택의 문제가 아니었다.

매출이 뚝뚝 떨어지고 새로운 수요가 거의 생겨나지 않는 상황에서 우선 가장 시급한 것이 재고 처리였다. 기업들이 울며 겨자먹기로 할 수 있는 것은 가격 낮추기 경쟁뿐이었다. 그러나 가격을 인하했다고 해도 당장 판매량이 눈에 띄게 늘지도 않았을 뿐더러 판매량이 늘어나도 가격 인하로 인해 수익성이 나빠지는 전형적인 불황 구조가 오히려 더욱 깊어지기만 했다.

휴렛패커드는 2009년 1분기 매출이 그 전분기보다 11퍼센트 늘었지만 순이익은 더 하락했다고 발표했다. 대당 1,500달러 이상의 고가품에 주력했던 애플은 판매 부진에 몰리자 전략을 바꾸어 999달러짜리 염가 노트북 컴퓨터에 집중하겠다고 했다. 시장은 이미 넷북과 같은 기능의 다운사이징(downsizing, 일의 양과 규모를 줄이는 것)을 통한 저가형 제품 시장에만 관심을 기울이는 형국이었다. 자존심 강한 일본의 전자 업계도 더 이상 버텨 낼 재간이 없었던지 LCD TV, 디지털 카메라, PC 등 주력 제품의 가격을 일제히 인하하기 시작했다. 이제 기업의 생존 여부는 매출과 수익성이 동반 악화되는 상황에서 누가 더 오래 버티느냐에 달린 상황이 되었다.

이쯤에서 아련한 추억의 영화 한 편을 떠올려 볼까 한다. 1955년, 당시 전 세계 젊은이들의 최고 우상이었던 제임스 딘이 출연했던 영화 〈이유 없는 반항*Rebel without a cause*〉을 보면 매우 인상적인 장면이 나온다.

한밤중에 서로 라이벌이었던 두 청년이 각각 얼마 정도 떨어진 도로의 양쪽 끝에서 자동차를 몰고 서로를 향해 돌진하는 게임을 벌이는데, 이때 먼저 피하거나 뛰어내리는 사람이 '겁쟁이', 즉 '치킨(chicken)'으로 놀림을 받고 게임에 지게 되는 것이다. 결국 영화는 한 사람이 절벽 아래로 떨어져 죽는 비극적인 결말로 끝나게 되는데, 이처럼 경쟁 상대가 완전히 쓰러질 때까지 어느 한쪽도 양보하지 않는 치열한 경쟁을 펼쳐야 하는 상황을 '치킨 게임(Chicken Game)'이라고 한다.

그런데 이 영화에 나오는 치킨 게임이 2008년 말, 세계 시장을 지배하기 시작했다. 불황기에 고객과 시장을 지키기 위한 경쟁은 이처럼 누구 하나가 포기하고 쓰러질 때까지 싸워야 하는 상황을 만들었고, 이 게임의 결과로 시장은 일대 재편이 이루어지고 있다.

가장 먼저 신호탄이 터진 것은 세계 반도체 업계였다. 2008년 말까지 세계 D램 시장의 점유율 순위는 한국의 삼성, 하이닉스, 일본의 엘피다 메모리, 미국의 마이크론, 독일의 키몬다 순이었다. 이어 대만의 난야, 파워칩, 프로모스가 나란히 6위, 7위, 8위를 기록하고 있었다.

그런데 2009년 초 5위 업체인 독일의 키몬다가 파산 보호 신청을 했다. 키몬다는 그동안 세계 반도체 업계에서 가장 적극적으로 가격 인하 공세를 펼치면서 점유율 확대에 열을 올리던 기업이다. 개인적으로도 산업자원부 동료이자 현재 하이닉스를 이끌고 있는 김종갑 사장으로부터 키몬다가 덤핑을 치고 들어오는 바람에 애를 먹고 있다는 이야기를 여러 번 들은 적이 있다. 바로 그 기업이 결국 불황 때문에 제 풀에 파산을 하자 다른 관련 기업들 간에는 거의 10퍼센트에 달했던 점유율을 가져가기 위한 각축전이 벌어졌다. 한국을 이길 기회를 노려 왔던 대만은 정부 주도로 3개 D램 생산 업체를 통합하여 몸집을 키우고 시장을 장악하겠다는 야심찬 계획을 발표했다. 일

D램 세계 시장 점유율 상위 기업(2008)

순위	기업명	점유율	국적
1	삼성전자	30.1퍼센트	한국
2	하이닉스	19.2퍼센트	한국
3	엘피다 메모리	15.8퍼센트	일본
4	마이크론	10.2퍼센트	미국
5	키몬다	9.7퍼센트	독일
6	난야	5.0퍼센트	대만
7	파워칩	4.1퍼센트	대만
8	프로모스	3.0퍼센트	대만

자료원 : Hoovers

본과도 막후 교섭을 하고 있다는 소문이 퍼지기도 했다.

하지만 결국 대만의 이 원대한 꿈은 정부 주도에 대한 업계의 반발과 관련 기업 간의 이해관계가 충돌하면서 무산되고 말았다. 오히려 정부 지원을 더 따내기 위해 대만 업계 내에서의 경쟁만 치열해지는 엉뚱한 결과를 초래하기도 했다. 게다가 이들을 내심 응원했던 일본의 엘피다 메모리가 뜻하지 않은 자금 사정 악화로 경영이 위축되기 시작했다.

남은 승자는 당연히 우리 기업들이었다. 경기 침체로 인해 세계 반도체 시장은 위축되었지만 우리 기업들은 오히려 시장 지배력을 강화해 나갔다. 2009년 1분기가 되자 삼성전자의 점유율은 34.3퍼센트, 하이닉스는 21.6퍼센트로 합계 50퍼센트를 훌쩍 넘어섰다. 이제 시장에서의 생산량, 가격, 제품 사양 등의 결정권이 한국 반도체 산업에 떨어졌다. 결국 치열한 혈투나 다름 없었던 치킨 게임의 승자는 튼튼한 내실 구조로 오래 버티기에 성공한 우리 기업이었다.

한국 기업의 버티는 힘

이러한 추세는 반도체 산업에만 국한되지 않았다. 휴대전화 분야에서는 LG전자가 굴지의 모토로라를 누르고 세계 3위로 올라섰다. 세계 1위인 우리나라 조선 산업의 경우 전 세계 선박 주문이 급감하는 가운데에도 이미 받아 낸 수주 재고로 경제 위기 파고를 넘어서고 있다. 내일의 주력 산업으로 부각되는 2차 전지 시장에서도 우리 기업(삼성SDI, LG화학)들이 10년이나 늦게 시작했음에도 2009년 상반기 한때 일본의 시장 점유율을 추월하는 등 일본 기업(산요, 소니)들과 대등한 경쟁을 벌이고 있다.

LCD TV 시장에서도 우리 기업들이 나란히 수위를 차지하면서 세계 시장의 3분의 1을 장악했다는 소식이 들려 왔다. 특히 LCD TV 시장은 앞으로 고수익을 보장해 주는 분야이기 때문에 대만과 일본, 심지어 중국도 한국 기업을 견제하고 나섰다. 그러나 이들의 연합 전선도 우리 기업들보다 강하지는 못했다. 오히려 일본 기업들이 해상도 경쟁으로 몰아가고 있던 LCD TV 시장의 구도를 우리 기업들이 대(大) 화면 경쟁으로 유도, 게임의 룰을 선점하면서 마침내 우위를 점하게 되었다. 소니, 샤프 등이 엔고 현상으로 가격 인상 압박에 시달리고 있는 반면, 우리 기업들은 점유율 확대를 위한 대대적인 마케팅을 진행 중이었다.

포스코 역시 불황 여파로 세계 철강업계의 가동률이 하락했음에도 불구하고 일본 도요타와 공급 계약을 체결하는 등 좋은 성과를 냈다. 그뿐 아니라 그동안 축적해 둔 자금력을 바탕으로 어느 나라 업체를 인수할 것인가를 고민하고 있다는 소문도 들린다.

이처럼 불황 속에서도 우리 기업들이 흔들림 없이 버텨 나가고 있는 이유는 과연 무엇일까? 그 원인은 강해진 우리 기업들의 체력에서 찾을 수 있다. 10년 전 혹독한 IMF 위기의 시련을 겪으면서 우리는 배운 것이 있었다. 그것은 기업에 빚이 많으면 언제든 위태로워질 수 있다는 사실이었다.

외환 위기 때의 어려웠던 상황으로 되돌아가지 않기 위해 우리 기업들은 각고의 노력을 기울였다. 어찌 보면 미련하다 싶을 정도로 이익이 날 때마다 빚을 갚는 일에 힘써 왔다. 그렇게 스스로 내성과 극복력을 기른 덕에 우리 기업들은 세계에서 가장 낮은 부채 비율을 자랑할 수 있게 되었다.

현재 우리나라 대기업들의 내부 유보(retained earning, 기업이 유출되는 금액을 제한 다음 내부에 적립하는 금액)는 70조 원에 달한다. 세계적인 글로벌 기업들이 현금이 모자라 정부에 돈을 빌리는 처지가 된 것과는 매우 대조적인 양상이다. 글로벌 불황 속에서도 미래를 내다보고 철강, 자동차, 반도체 등 각 분야에서 예정된 투자를 진행할 수 있었던 힘이 바로 여기서 나온 것이다.

어디 그뿐인가. 다른 나라 기업들이 몇만 명씩을 감원하는 상황에서도 우리 기업들은 비교적 잘 버티고 있다. 일본이 샤프, 소니, 도요타 등 대표 기업들이 직원을 수천 명 감원하고, 자산과 일부 사업 부문을 매각하며 현금 모으기에 사활을 걸고 있는 것과는 분명 다른 모습이 아닐 수 없다. 부채 없는 내실 경영으로 재무 구조가 건전하다 보니 당장 영업 적자가 나더라도 얼마간의 생산 감축만 있을 뿐, 문을 닫거나 사람을 내보내고 하청 대금을 주지 못하는 상황까지는 가지 않는 것이다. 외국의 그 어떤 기업도 따라오지 못할 만큼 재무 경제가 튼튼한 기업, 그것은 분명 우리가 자랑할 만한 또 다른 경쟁력이었다.

강력한 체력의 근원은 무엇인가

우리는 분명 달라졌다. 우리의 이러한 변화와 경쟁력을 단지 우리에게 유리한 기회를 가져다준 환율 덕분이라고만 일축할 수 있을까? 나는 그렇게 보지 않는다.

IMF 위기 이후 10년 동안 우리 경제와 산업에는 근본적인 변화가 있었다고 생각한다. 그리고 그 변화는 우리나라 대기업에만 국한된 것이 아니었다. 우리 경제의 저변을 움직이는 중소기업들도 변화의 중심에 서 있었다.

미국의 저명한 경제학자인 밀턴 프리드먼(Milton Friedman)은 국가의 부를 결정하는 진정한 요소들로 시민의 '역량(capacities)', '근면(industry)', '창발성(ingenuity)'과 '보유 자원(resources at command)' 등을 꼽았다. 나는 이 말에 전적으로 동감한다. 모두가 인정하듯 우리나라는 부존자원이 없는 나라다. 그러므로 우리 업계의 경쟁력을 측정하는 가늠자는 기업, 특히 중소기업들의 역량, 근면 그리고 창발성에서 찾을 수밖에 없다. 나는 이와 관련해 우리나라 중소기업들의 역량도 지난 10년 동안 중대한 도약을 이루었다고 믿는다.

당초 우리나라가 수출입국을 모토로 경제 성장 드라이브의 시동을 걸었을 때 국제 분업상 우리나라 기업들이 자임한 역할은 가공무역이었다. 제품 기획, R&D, 부품 및 원자재 조달, 조립 가공, 마케팅, 세일즈에 이르는 글로벌 공급 사슬의 전 과정 중 우리가 점유한 위치는 조립 가공 단계였다. 예컨대 나이키가 현지의 소비 성향을 파악하여 디자인을 선정해 하청을 주면, 우리 신발 업체가 원단과 부속을 조달해 납품까지 해 주는 구조였다. 한마디로, 다른 사람이 만들어 놓은 틀 속에서, 남이 만든 부품을 조립하고 수출하는 부분을 담당해 왔던 것이다.

하지만 그럼에도 이는 당시 우리에게는 하나의 큰 사업 모델로 통했다. 공급 사슬 전반을 아우르는 비즈니스 창출력은 서구의 선진기업들이 독차지하는 가운데 말단 사업만 맡아서 처리하는 들러리 신세에 불과했지만 저임 노동력으로 먹고살아가는 저개발 국가였던 우리에게는 그것마저도 유일한 희망의 산업이었다.

그러나 점차 동남아시아, 중남미, 특히 중국이 경제를 개방하고 외국인 투자를 적극 유치하면서 이 같은 사업 방식은 도전을 받았다. 나이키 등과 같이 과거 우리나라를 공급 기지로 삼았던 다수 업체들이 꽃을 찾아 떠나는 나비처럼 임금과 생산비가 더 저렴한 다른 나라들로 떠나가면서 산업화 초기 우리 경제를 먹여 살렸던 섬유,

한국 업계 역량의 확장 경로

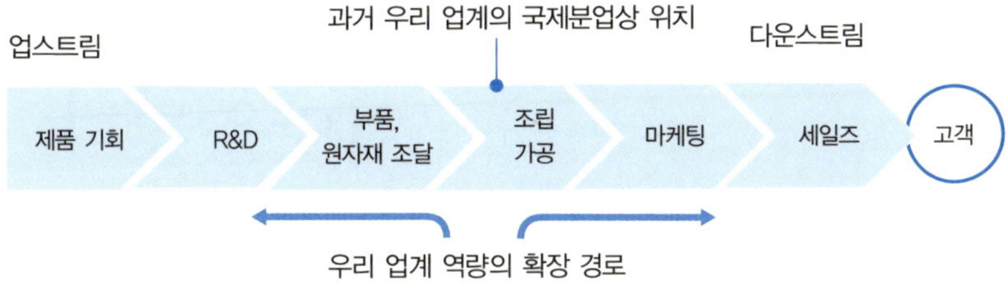

신발 등 경공업 분야는 극심한 압박에 직면했다. 새로운 국제 분업 질서가 형성되는 동안 우리 또한 새로운 역할을 찾아야 하는 위기 상황에 처한 것이다.

나는 이러한 과정에서 우리 업계가 글로벌 공급 사슬 내에서 활동 영역을 본격적으로 넓혀 나가기 시작했다고 본다. 우리가 내다볼 수 있는 방향은 오로지 두 가지밖에 없었다. 글로벌 공급 사슬의 업스트림(upstream)으로 나아가 부품 공급, R&D 역량을 확충하든지, 아니면 다운스트림(downstream)으로 나아가 소비자들에게 더 가까이 접근해 그들의 취향과 기호에 딱 들어맞는 상품을 만들어 내야 했다.

둘 중 어느 쪽으로 접근해 역량을 확장시킬 것인가? 업계 전체의 움직임이 바빠지기 시작했다. 그리고 이러한 과정은 우리 중소기업들이 급성장할 수 있었던 발판이 되었다. 우리가 새삼 확인한 체력의 저변에는 이와 같은 업계 역량의 확대가 뒷받침되어 있었던 것이다.

글로벌 기업의 입맛을 찾다

앞에서도 이야기했듯이, 해외 주요 기업들은 위기 타개책으로 글로벌 아웃소싱의 강화를 선택하고 있다.

최근에는 이들 기업의 글로벌 아웃소싱 패턴이 변화하는 양상을 보이고 있는데, 그 움직임을 살펴보면 각 사업 단위별 소싱 전략을 구사하거나 생산 기지 현지 소싱을 늘리는 형태로 나타나고 있음을 알 수 있다. 예전에는 본사가 전적으로 구매 결정을 했지만 최근에는 각 사업 부문별, 가령, 휴대전화 사업부, 엔진 사업부 단위로 구매 결정을 할 수 있도록 권한을 세분화하여 위임하고 있다. 또한 해외 생산 기지별로 현지 소싱 비중을 높임으로써 물류 및 운송비를 절감하는 한편, 현지 시장에 가장 적합한 제품을 생산할 수 있도록 효율성을 높이는 추세다.

글로벌 시장으로 가는 관문

세계화로 인해 글로벌 소싱 관행이 요원의 불길처럼 진행된 지도 벌써 수십 년이 지났다. 이 같은 상황에서 일반인들이 가지기 쉬운 환상은 글로벌 소싱이 유행이 된 만큼 우리 업계가 이 같은 기회를 쉽게 획득할 수 있으리라 여기는 것이다. 물론 글로벌 소싱으로 인해 우리 기업들에게 이전까지는 쉽게 찾아볼 수 없었던 새로운 사업 기회가 확충된 것만은 사실이다. 그러나 일반 기업들이 글로벌 소싱에 참여하는 것은 말처럼 그리 쉬운 일이 아니다.

수많은 글로벌 다국적 기업들은 현지 직접 투자 등을 통해 이미 부품 공급선을 확보하고 있다. 전 세계 무역에서 기업 간 거래(inter-firm trade)보다 기업 내 거래(intra-firm trade)가 많다는 것이 이러한 점을 방증한다. 한 예로 도요타 등 일본 자동차 업계의 미국 내 제조 시설은 오로지 조립 공장의 역할만을 수행한다. 일본 완성차 업체가 공급하는 부품을 조립하는 일만 하고 있다는 말이다. 왜 이런 일이 발생할까? 이는 부품이 완성차의 품질과도 직결되기 때문이다.

이들은 부품 공급선을 결정할 때 가격뿐 아니라 업체의 품질, 신용도, 커뮤니케이션 능력, 혁신 의지, 재무 건전성 등을 종합적으로 고려한다. 때문에 생판 모르는 해외 업체를 믿고 일을 맡기기보다는 아예 직접 투자를 하는 경향이 생긴 것이다.

특히 1990년대 이후의 추세는 다수의 공급자들을 경쟁적으로 활용하는 것보다는 소수의 믿을 만한 업체들과 장기적인 관계를 형성하는 방향으로 나아가고 있었다. 이쯤 되면 글로벌 소싱 참여는 원청 업체와 하청 업체 간의 개별 거래라기보다 미인대회와 같은 선발 과정을 거쳐 나오는 비즈니스 결과물이라 보아도 무방할 듯하다.

그런 면에서 우리 자동차 부품 업계의 해외 진출은 거저 얻어진 것이 아니다. 겉보기에는 글로벌 소싱이라는 세계적인 추세에 올라탄 것처럼 보이지만, 사실 이는 오랜 세월에 걸친 장기적 분투의 결과물이라고 보는 것이 옳다.

우리 부품 업계의 출발점

당초 IMF 위기 전까지 우리나라 자동차 부품 업계의 해외 진출 의지는 거의 제로에 가까웠다. 무엇보다도 국내 자동차 시장이 빠르게 성장하고 있었던 데다 해외 완성차 업계와의 경쟁으로부터 거의 완벽한 보호를 받고 있었기 때문이다. 물론 자동차 부품 수출이 아주 없었던 것은 아니다. 그러나 대부분 우리 업계의 수출 타깃은 교체용 부품 시장(애프터 마켓)을 중심으로 형성되어 있었다. 오히려 품질 통제가 이루어지지 않은 상황에서 해외에 수출된 부품이 우리 완성차에 사용되면서 완성차의 성능에 악영향을 끼친 경우가 많았다. 우리 자동차 부품 수출이 오히려 국산 완성차를 조악한 이미지로 고착화하는 데 부분적인 역할을 하기도 했던 것이다.

그러던 업계의 기본 판도가 외환 위기를 맞으면서 근본적으로 변화하기 시작했다. 기아자동차와 대우자동차 등 국내 완성차 업체가 부도에 내몰리면서 우리 부품 공급 업체의 발등에 불이 떨어진 것이다. 다수의 부품 업체들이 망해 나가는 가운데 일부 업체들이 해외 완성차 업체와의 OEM(Original Equipment Manufacturer, 주문자 상표 부착 생산) 공급에 착안하게 되었다.

그러나 해외 완성차 업계에 대한 부품 공급은 당분간 이루어질 수 없는 꿈처럼 보였다. 무엇보다 당시 우리 업체들 중에는 해외 완성차 업계가 요구하는 품질 표준(ISO14001, QS9000, 지금은 ISO/TS16949로 통합)을 획득한 기업이 거의 없었다. 게다가 그때만 해도 해외에서 우리 자동차의 품질에 대한 인식이 그리 높지 않았다. 객관적인 품질 인증을 받지 못한 데다 인지도까지 낮은 우리 업계를 믿어 줄 메이저 회사는 거의 없는 상황이나 다름 없었다.

하나같이 생소한 글로벌 다국적 기업들의 비즈니스 방식 또한 우리에게는 걸림돌이었다. 종업원 1,000명 이하의 중소기업이 전체 자동차 부품 업계의 95퍼센트를 차지하고 있는 가운데, 전자 데이터 상호 교환(EDI), 적시 공급(JIT), 기업 간 커뮤니케이션 능력 등과 관련하여 우리 업계가 갖추고 있던 역량은 거의 전무한 형편이라 해도 과언이 아니었다.

특명, 자동차 업계를 공략하라

KOTRA가 자동차 부품 해외 OEM 시장 진출에 관심을 가진 것은 IMF 위기가 발생한 지 얼마 안 된 2000년부터였다. 진출 타깃은 당시 세계 최대 자동차 업체인 GM이었다. 조사 사업에서부터 시작해 본격적으로 문을 두드린 지 어언 3년 만인 2003년이 되어서야 GM 본사가 있는 디트로이트에서 한국 자동차 부품전을 개최할 수 있었다.

2003년 당시만 하더라도 GM이 중국으로부터 공급받는 부품 규모는 연간 10억 달러에 달한 데 비해 한국과의 거래는 거의 전무했다. 그러나 공동 사업이 시작된 이래 해마다 우리 업계에 대한 GM의 문호는 차츰 확대되기 시작했다. 우리 업계도 이들이 요구하는 품질 기준을 적극적으로 충족했을 뿐만 아니라 EDI, JIT 등 선진 공급 사슬 편입 요건에 놀랍도록 신속한 속도로 적응해 나가기 시작했다.

한편 우리 업계의 역량이 이처럼 고도화되면서, GM 외에도 한국 자동차 부품과의 거래 가능성을 타진하는 글로벌 업체들이 조금씩 늘어나기 시작했다. 2004년에는 포드 호주 공장 등에서 우리 업계 진출 의사를 타진하기 시작하더니 자동차 부품전 개최 범위가 오펠, 피아트 등 유럽 전역으로 확대되었다. 글로벌 완성차 업계와의 교류가 점차 활발해지면서 폭스바겐, 포드 등이 국내에서 개최하는 트랜스포테크 전시회에 직접 찾아와 명함을 내밀기 시작했다.

한국으로부터의 부품 구매액을 20억 달러 수준까지 지속적으로 증가시켜 온 GM의 보 앤더슨 구매 총괄 부사장은 나에게 "한국 기업의 전반적인 품질 및 가격, 납기 수준에 만족한다"고 말했다. 뻔한 공치사가 아니었다. 왜냐하면 그 스스로가 "중국은 정부가 중점 육성 중인 스탬핑(stamping, 요철을 만들어 내는 가공법의 일종) 등 일부 분야를 제외하고는 품질뿐 아니라 가격 면에서도 경쟁력이 떨어지며, 여기에 환율 요인으로 한국산이 오히려 중국산 대비 가격 면에서도 우위를 점하고 있다"고 그 이유를 구체적으로 밝혔기 때문이다. 대표적인 역샌드위치현상의 구체적인 증거라 할 수 있겠다.

2009년 올드 GM으로서 마지막으로 개최한 GM-Korea 자동차 부품 전시 상담회(GM-Korea Autoparts Plaza)에서 앤더슨 부사장은 "한국산으로 위기를 극복하겠다"고 밝혔다. 나는 진실로 GM이 한국산 부품을 토대로 뉴GM으로 도약할 수 있게 되기를 바란다.

이 모든 일들이 지난 10년 동안 전개되었다. 세계적인 글로벌 소싱 추세로 인해 우리 기업들에 관심을 가지는 메이저 완성차 업계가 많아졌다는 것은 매우 다행스러운 일이다. 그러나 지금 시점에서 던지고 싶은 질문은 IMF 위기와 같은 급박한 시기를 통해 스스로를 갈고닦는 국내 자동차 부품 업계의 체계적 노력이 없었다면 과연 이 일이 가능했겠는가 하는 것이다. 이미 중국에 뒤진 후발 주자의 입장에서 시작한 우리 자동차 부품 업계의 국제화 노력은 그야말로 눈물겨운 싸움이었다. 노력 없는 결과는 결코 있을 수 없다. 이 때문에 더더욱 오늘의 결과가 값진 것이다.

부품 산업, 한번 해 볼만 하다

어느 기업도 자사 제품의 생산에 필요한 모든 기술을 전부 개발하여 보유할 수는 없다. 그러므로 필요한 기술을 아웃소싱하는 것은 이제 불가피한 일이 되었다. 생산에 필요한 부품 구매를 전 세계를 대상으로 소싱하는 이러한 때에 우리 부품 업계가 해외 시장에 뿌리를 내리고, 공급을 확대해 나가고 있다는 것은 의미하는 바가 크다.

특히 요즘처럼 환율 효과를 등에 업은 수출 호조세는 환율이 하향 안정될 경우 가격 경쟁력에서 밀릴 수 있는데, 이러한 때에 가격만이 아닌 품질이나 전반적인 기업 경영에서 높은 평가를 받고 있다는 점은 매우 고무적인 일이 아닐 수 없다. 우리 기업의 확대된 역량이 국제적으로도 인정을 받고 있다는 확실한 증거가 될 수 있기 때문이다.

최근에 생각지도 못했던 재미있는 일이 있었다. 루마니아의 부큐레슈티(Bucharest)에 있는 자동차 손해 보험 회사 비엔나 인슈어런스 그룹이 별로 관련이 없을 것 같은 한국의 자동차 부품 공급 업체를 수소문해 찾아왔다. 연유를 알아보니 루마니아 자동차 보험 시장에서 최고의 시장 점유율을 보이고 있는 이 기업에서 유럽산에 비해 가격이 저렴하고 품질이 좋은 한국산 자동차 부품에 대해 관심을 갖게 되어 접촉에 나선 것이라고 했다.

그동안 루마니아 자동차 보험 회사들은 차 사고가 났을 때 차주들이 각자 수리를 한 후 비용을 청구하면, 그대로 보험금을 지급해 왔다고 한다. 그러나 앞으로는 비용 절감을 위해 보험 회사가 지정한 서비스센터에서 지정한 부품으로 교체하도록 방침을 변경하기로 했다는 것이다.

이 보험 회사는 단순한 보험 처리 방식의 변경만으로도 최소 500만 유로 이상의 비용을 절감할 수 있다고 밝혔다. 비엔나 인슈어런스 그룹 산하 보험사들이 2008년 한 해 동안 접수한 보험 신청 건수를 한국산 부품으로 대체한다고 가정했을 때 2만 건 이상을 금액으로 환산하면 1,000만 유로에 달하는 규모의 이익이 생길 수 있었다. 품질과 가격 면에서 국제적인 인정을 받다 보니 OEM 시장에서뿐만 아니라 교체용 부품 시장에서도 러브콜이 들어온 것이다. 이는 부품 업계의 해외 진출이 단순히 부품을 판매하는 일에만 그치지 않는다는 것을 보여 주는 사례였다.

이렇게 우리 산업계의 든든한 버팀목 역할을 해 주고 있는 부품 소재 산업은 여러 가지 모습으로 진화하고 있다. 예전에 비해 우리 부품 업계가 해외 시장에서 많은 기회를 만들어 내고 있고, 다방면으로 확대되고 있는 것은 사실이지만 여기에는 미래를 내다보고 대비하는 노력과 의욕이 함께 뒷받침되어야 한다.

오늘날의 자동차 산업만 보아도 그렇다. 지금의 위기가 지나면 분명 세계 자동차 시장의 트렌드는 소형화, 친환경, 연료 절감이 될 것이다. 이에 대비해 연비 향상 및 탄소가스 배출량 감소를 위한 자동차 경량화는 물론 하이브리드와 연료 전지 자동차 개발, 안전성과 편의성을 위한 지능형 기술 도입 등 향후 전개될 자동차 기술 기반의 근본적 변화에 대비해야 한다. 더불어 시장을 선점하고 무한 경쟁 시대에서 살아남기 위해 경쟁사를 압도할 수 있는 핵심 기술을 확보하는 데 전력을 기울여야 한다.

특히 LED 응용이나 그린 수송 시스템, 탄소저감 에너지, IT 융합, 신소재 나노 융합 등 대부분의 신성장 동력 및 녹색 성장은 부품 소재 기술이 뒷받침되어야 발전이 가능한 분야다. 그런 의미에서 전북 소재의 탄소복합 재료 생산업체인 (주)데크의 경우를 눈여겨볼 필요가 있다.

(주)데크 사는 연 매출 100억 원 정도의 중소기업이지만 2006년 하반기부터 보잉 사에 탄소세라믹 브레이크를 공급하고 있다. 탄소세

라믹 브레이크는 기존의 금속 브레이크보다 가격은 비싸지만 50퍼센트나 가벼워 연료 효율이 높고, 수명은 세 배 정도 길어 고가 스포츠카 등에 장착되는 부품이다. 이 회사가 이렇게 누구보다도 먼저 탄소세라믹 브레이크를 수출할 수 있었던 것은 앞으로 변화할 자동차 시장의 키워드를 미리 내다보고, 기술력을 확보하는 노력을 게을리하지 않았기 때문이다. 앞으로 전개될 세계 시장의 생존 경쟁 속에서 국내 부품 산업이 한층 더 도약할 수 있을지, 아니면 도태될 것인지는 우리 부품 업체들의 선택과 노력에 달려 있다. (주)데크사의 사례가 중요한 의미를 갖는 것도 바로 이 때문이다.

이렇듯 기술은 이제 한 분야에만 머물러 있지 않는다. 기술 간 복합화라는 세계적인 트렌드가 자리하기 시작한 것이다. 이에 발맞춰 우리 기업들도 무궁무진한 아이디어를 상용화로 연결시키기 위해 꾸준히 각종 산업계의 기술 개발 및 수요 동향을 파악하는 등 적극적인 관심을 기울이는 것이 필요하다.

이 같은 맥락에서 금년 9월 KOTRA가 처음으로 개최한 도요타 부품 전시 상담회는 우리 자동차 부품 업계의 성취를 보여 주는 또 다른 쾌거였다. 사장으로서 행사를 추진하면서도 은근히 걱정됐던 것은 예의 바르지만 속뜻(혼네)과 겉모습(다테마에)이 다르다는 일본인들이 의례적으로 행사에 응하는 것이 아닌가 하는 것이었다. 도요타는 칸반 시스템(kanban system, 부품에 대한 정보가 모두 담긴 종이표 '칸반'을 가지고 적시에 필요한 수량만큼 제품을 만들어내는 시스템), 카이젠(改善, 지속적인 품질 개선을 추구하는 것), JIT 등 현대 생산 관리의 핵심 개념을 만들어 낸 기업이다. 당연히 품질 관리가 극도로 엄격하다.

때문에 해외 업체들이 뚫기 어려운 업체이기도 하다.

그러나 직접 가서 본 현장의 반응과 열기는 상상 이상이었다. 도요타 측에서는 당초에 참관객이 1,500명 정도 될 것이라고 했다가 나중에 2,000명으로 늘어날 것이라고 통보해 왔다. 도요타 쇼이치로 명예 회장도 직접 전시 현장을 찾았다. 그는 선대 창업자인 도요타 기이치로에 이어 도요타를 세계적 기업으로 끌어올린 장본인이다.

구매 담당인 사사키 신이치 부사장은 이번 전시회에 참가한 한국 업체들 중에는 도요타가 가지지 못한 기술을 보유한 업체들이 다수 있다고 밝혔다. 아니나 다를까 참가 업체 중에서 (주)데크의 브레이크나 부산에 본사를 둔 (주)만호가 개발한 천장재는 모두 친환경 기술을 적용한 것으로 분명 일본에는 없는 기술로 만든 제품이었다.

도요타는 이제 시작일 뿐이었다. 돌아오는 길에 들른 후쿠오카에서도 마쯔다, 닛산 등 완성차 업계와 부품 수출 상담회를 개최했는데, 거기에서는 아예 한·일 자동차 공업의 중심지인 경남 지역과 큐슈를 잇는 초광역 경제권을 구축해야 한다는 이야기까지 나왔다.

나아가 나는 KOTRA 사장으로서 금년 들어 퀄컴(Qualcomm), 보잉(Boeing), 사노피 아벤티스(Sanofi-Aventis) 등 세계적인 기업 CEO들과 만날 기회가 부쩍 많아졌다. 이들 CEO들은 단순히 한국으로부터 부품 아웃소싱만 원하는 것이 아니라 제품 기획에서부터 R&D, 전략적 제휴, 공동 투자에 이르는 영역에서 근본적이고 전방위적인 협력을 원하고 있었다. 우리 업계는 이들 글로벌 대기업과 단순한 부품 공급을 넘어서서 보다 폭넓은 차원의 협력이 이루어지는 방향으로 나아가야 할 것이다.

최종 소비자의 마음까지 훔치다

수출입국의 기치 아래 우리 기업의 해외 시장 진출이 본격화되었을 때 우리 수출 업계의 주된 공략 대상은 바로 바이어였다. 그러다 보니 바이어라는 표현이 무역 업계에서 가장 많이 쓰이는 용어가 됐다. "바이어를 잡아라"라는 말은 업계의 지상 명령이었다. 수입업자가 되었건, 현지 유통상이 되었건, 어떻게 하면 그들이 원하는 품질과 가격에 준하는 물품을 인도할 것인가가 우리 업계의 주요 고민거리가 된 셈이다.

특별히 고품질이 요구되지 않았던 제품을 중심으로 수출하던 1970~1980년대 상황에서는 주로 바이어들이 품질과 가격 조건에서 결정권을 갖게 되었다. 이때 바이어의 구미에 맞게 가격 조건을 맞춰 주기만 하면 그럭저럭 비즈니스가 될 수 있었다. 하지만 이러는 사이, 우리 업계는 바이어들 너머에 있는 현지 소비자 또는 최종 구매자들이 무엇을 원하는지 꿰뚫어 보지 못한 경우가 많았다.

사실 바이어건 최종 구매자건 '꿩 잡는 것이 매' 라고, 어느 쪽이 되었든 물건만 잘 팔면 되는 것이 아니냐는 이야기가 나올 수도 있다. 그러나 비즈니스 세계에서는 그 공략 대상을 누구한테 두느냐에 따라 매우 상이한 결과를 가져올 수 있음을 명심해야 한다.

바이어냐 최종 구매자냐

2000년대 초의 일이다. KOTRA의 한 직원이 세계은행의 자금 지원을 받아 중앙아시아 한 국가 정부에 의료기기를 납품한 한 국내 업체 소식을 듣게 되었다. 어떻게 이렇게 좋은 사업 기회를 찾아낼 수 있었는지를 조사하기 위해 업체 사장에게 연락을 취했다.

그런데 막상 취재를 해 보니 놀랍게도 그 업체는 자사의 제품이 세계은행의 자금으로 구입되었다는 사실을 전혀 모르고 있었다. 그저 현지 바이어인 수입 에이전트를 잘 만난 덕분에 납품을 성사시켰다는 것이 해당 업체의 설명이었다. 그 업체는 세계은행이 그 지역에서 대규모 의료 사업을 벌이고 있었다는 기본적인 정보조차 모르고 있었다. 그저 운 좋게 의료기기를 납품한 것에 지나지 않았던 것이다.

이렇듯 최종 구매자에 대한 정보가 없는 상황에서는 우리 업계의 대응이 뒷북 치기이거나 따라잡기식일 수밖에 없다. 미리 예측하고 내다보는 선제적 대응이 안 된다는 이야기다. 선제적 대응을 할 수 없으면 사업 기회를 능동적으로 창출할 수가 없다. 이러한 상황에서 우리 업계가 취할 수 있는 최선의 방책은 무엇일까? 위의 경우처럼 믿을 만한 똑똑한 바이어를 찾아내는 것이다. 물론 그럴 수만 있다면 정말 천만다행이다.

그러나 만약 우리가 찾아낸 바이어가 비슷한 품질에 더 저렴한 제품을 공급할 수 있는 다른 나라 수출업자를 만나게 된다면 이야기는 완전히 달라진다. 당연히 바이어는 자신에게 유리한 쪽으로 거래선을 전환하고자 할 것이고, 그렇게 될 경우 우리는 속수무책으로 당할 수밖에 없다. 그야말로 눈 뜨고 코 베이는 상황에 놓이게 되는 것이다. 1990년대까지 우리 수출 업계가 직면했던 대다수의 문제가 바로 이런 데서 기인했다.

21세기 벽두, 우리 수출 업계는 과거 바이어 의존적이던 거래 방식을 벗어나 보다 직접적으로 현지 시장에 뿌리를 내리는 마케팅 전략을 고민, 구사하기 시작했다. 이에 따라 타깃 역시 달라졌다. 수출 업계의 준거점이자 공략 지점이 기존 바이어가 아닌 최종 구매자가 되었다.

물론 이 최종 구매자는 한 개인일 수도 있고, 기관(정부 등)일 수도 있다. 중요한 것은 우리가 만들어 낸 물건을 최종적으로 구매하고 소비하는 주체를 우리 스스로 직시하기 시작했다는 점이다. 세계 시장의 최종 소비자들 마음을 손바닥처럼 들여다보는 안목을 기를 수 있게 된다면 그들의 구미에 들어맞는 제품을 만들어 팔 수도 있다는 얘기가 된다. 이제는 대기업뿐만 아니라 중소기업체들도 바이어 손을 거치지 않고 필요로 하는 수요만큼 소비자와 직접 맞닿는 일이 가능해진 것이다.

「뉴욕타임스」의 칼럼니스트인 토머스 프리드먼(Thomas Friedman)은 세계화로 인해 최빈개도국 국민이나 기업들이 선진국 시민, 기업들과 경쟁하고 협력할 수 있는 평평한 세계(flat world)가 조성되었다고 설파한 바 있다. 우리 기업들이 최종 소비자들을 대상으로 현지 밀착형 마케팅을 구사할 수 있게 된 것은 달라진 시대 탓이라고 볼 수도 있다. 그러나 나는 이러한 추세가 우리 기업의 해외 마케팅 역량 강화의 결과라고 본다.

마케팅은 상품을 만들어 낸다고 자동적으로 이루어지는 것이 아니다. 마케팅 활동이야말로 소비자들과 직접적인 커넥션을 만들어 내는 요체다. 많은 기업들이 마케팅을 두고 고심하는 이유가 바로 이것이다.

아예 생산은 물론 R&D까지 아웃소싱을 하고, 마케팅에만 전념하는 선진 기업들도 늘어 가고 있다. 핵심 역량을 마케팅에만 쏟겠다는 뜻이다. 미국에서 소비자들과 밀접한 접점을 형성하는 유통 업체들이 제조 업체들을 압도하고 있는 것도 소비자들의 취향과 입맛을 직접적으로 선점하고 있다는 이유 때문일 것이다.

최근 들어 우리 중소기업들의 해외 투자 진출이 늘어나고 있다. 과거에는 생산비 절감을 위해 해외 진출을 하는 경우가 주류를 이루었다면, 이제는 현지 시장을 공략하기 위해 해외 진출을 하는 사례가 점점 많아지고 있다. 이러한 때 무엇보다 중요한 것은 진출하고자 하는 해외 시장의 공략 대상을 확실히 선정하고 파악하는 일이다. 세계 시장을 선점하고 싶다면 세계 시장의 흐름을 정확하게 읽고, 현지 소비자들과 눈높이를 맞추는 적극적인 소통을 할 수 있어야 한다. 최종 구매자들을 대상으로 한 마케팅에 정력을 쏟아붓고, 노하우를 축적하는 우리 기업들이 점점 많아지는 것도 이 같은 사정이 뒷받침되고 있기 때문이다.

세계 시장을 누비는 한국 제품들

철저한 현지 시장에 대한 분석과 끈끈한 적응력 그리고 아이디어를 바탕으로 세계 시장에서 대박을 터뜨리고 있는 한국 기업들의 사례가 최근 들어 급격히 늘어나고 있다.

한때 도로에서 흔히 눈에 띄던 경차 가운데 현대자동차의 아토즈(Atoz)를 기억할 것이다. 'A에서 Z까지'라는 뜻의 아토즈는 소비자들에게 차명까지 공모해서 붙일 정도로 공을 들였던 현대의 야심작이었다. 그러나 막상 출시되자 소비자들의 반응은 차가웠다. 차고가 높은 디자인이 마음에 들지 않는다는 것이 그 이유였다. 결국 야심차게 출시된 아토즈는 어느덧 국내 시장에서 급격히 모습을 감추고 말았다.

그러나 국내 소비자들이 냉담한 반응을 보인 바로 그 이유 때문에 아토즈가 열렬한 사랑을 받은 곳이 있었으니, 그곳은 다름 아닌 인도였다. 머리 위까지 터번을 두르고 다니는 시크교도가 많은 인도의 특성상 차고의 높이가 높은 차량은 그들의 필요와 절묘하게 맞아떨어졌다. 국내에서 판매된 것보다 더 많은 물량이 인도 시장에서 팔려 나갔고, 이는 인도인들에게 현대차를 강하게 어필하는 계기가 되었다.

철저한 현지 소비 시장 전략으로 톡톡한 재미를 본 또 다른 한국기업으로 LG전자를 빼놓을 수 없다. 대표적인 것이 중동 시장에 특화된 메카폰이었다. 하루에 다섯 번씩 이슬람 성지 메카를 향해 절을 하는 이슬람의 풍습에서 아이디어를 얻어, 휴대전화에 작은 나침반과 기도 시간을 알리는 알람 기능을 탑재했던 것이 주효했다. 휴대전화 하나만 있으면 언제 어디서든 메카가 있는 방향과 기도 시간을 알 수 있다는 이유로 중동에서 메카폰은 불티나게 팔려 나갔다. 현지화에 입각한 간단한 아이디어로 대박을 이루어 낸 놀라운 성과라 하지 않을 수 없다.

물론 협소한 내수 시장을 벗어나 공격적으로 해외 시장을 공략하는 선봉에는 대기업만 있는 것이 아니다. 세계 시장의 주요 부분을 석권하고 있는 중소기업의 우수 강소 제품의 숫자가 해마다 늘어 가고 있음을 주목할 필요가 있다. 히든 챔피언으로 불리는 우리 중소기업들이 수출 산업에 힘을 보태고 있는 것이다.

한경희생활과학은 바닥이 젖지 않는 스팀 살균 청소기를 개발해 미국에서 큰 인기를 모았다. 이는 미국의 일반 주택에 카펫이 일반화되어 있다는 사실에 착안한 제품이었다. 물청소를 할 때마다 카펫이 젖는 데 불편을 느끼던 미국 소비자들은 열렬히 이 제품을 환영했다. 이 상품은 지금도 미국 최대의 홈쇼핑에서 절찬리에 판매되고 있다.

지웰 코리아는 홍콩 시장에서 명성을 날리고 있다. 유명 브랜드의 공기 청정기는 성능은 좋지만 제품이 너무 커서 일반적으로 주거 공간이 좁은 홍콩 중산층들로부터 외면을 당하고 있었다. 지웰 코리아는 이 점에 착안하여 경쟁사 제품의 절반 사이즈에 불과한 공기 청정기를 만들었고, 이는 평균 14평에 그치는 홍콩 중산층의 집안에 그야말로 안성맞춤이었다.

다산기공은 세탁소용 셔츠 드레스 머신 제조 업체다. 이 회사는 일본이 독차지하던 미국 시장에 입성, 성공가도를 달리고 있다. 일본산 대비 25퍼센트 저렴한 가격임에도 기능은 40퍼센트 높은 제품을 개발, 비만 인구가 많은 미국 시장에 맞는 엑스트라 빅 사이즈 셔츠까지 세탁 가능한 기능을 추가하여 미국 시장 연착륙에 성공한 사례다.

이렇게 세계 시장에 밀착된 현지화 마케팅 노력은 해외 투자 진출의 연장선상에서 이루어지고 있다. 필리핀에서 에너지 드링크 시장 3위를 차지한 '박카스'와 말레이시아에서 인기 있는 'BBQ 치킨'의 경우도 이에 해당된다.

박카스는 필리핀 현지인 입맛에 맞도록 원료 배합을 달리하는 노력을 기울여 여성을 위한 박카스인 무설탕 박카스를 출시하였으며, 박카스 배 골프대회를 개최하는 등 각종 이벤트를 기획하여 현지인의 마음을 사로잡았다.

이슬람인들은 돼지고기를 먹지 않기 때문에 닭고기 소비량이 많을 것이라는 점에 착안, 말레이시아 진출을 결정한 BBQ 치킨은 이슬람 교리에 맞춘 음식임을 증명하는 할랄(Halal) 인증을 획득하는 등 현지화에 힘써 성공했다.

한편 중장비와 같은 중공업 제품의 수출은 화장품 같은 소비재보다 어떤 면에서는 더 어렵다. 타깃이 되는 최종 소비자들이 개인이 아니라 정부나 대형 기업들인 경우가 많기 때문이다. 특정 조직이 구매 결정을 내릴 때는 보통 의사결정 과정 자체가 복잡하다. 구입 자체에 대규모의 자본이 소요되기 때문에 구매처의 자금 조달과 금융 방식에도 신경을 써야 한다. 이런 점에서 우리 '로드인터내셔날'의 우즈베키스탄 수출 사례는 더욱 특필할 만하다.

우즈베키스탄은 경공업, 소비재 산업 발달이 아직은 미흡하다 보니 우리 기업들로서는 비즈니스 기회의 땅처럼 보인다. 그러나 막상 한발 다가가서 들여다보면 겹겹의 장벽이 가로막혀 있다는 것을 실감하게 된다. 고율의 관세에다 외환 환전에만 4~6개월이 소요되고, 과실 송금 제한, 통관상의 애로사항 등, 곳곳에 진출을 가로막는 문제들이 산적해 있다. 그럼에도 불구하고 우리의 로드인터내셔날은 까다롭기 그지없는 우즈베키스탄을 상대로 고가인 중장비를 수출하는 데 성공했다. 어떻게 이런 신화를 이루어 낼 수 있었던 걸까?

우즈베키스탄에는 건설 회사 등 실수요자나 리스 회사가 중장비를 수입할 경우 면세 혜택을 부여하는 제도가 있다. 원래 비철금속을 수출하는 작은 무역 회사였던 로드인터내셔날은 KOTRA를 통해 이 같은 정보를 입수했다.

여기서 주목할 만한 점은 바로 KOTRA를 통해 기회를 얻었다는 것이다. 로드인터내셔날은 이 정보를 십분 활용하여 리스 회사, 건설 회사 등과 다양한 협력관계를 구축하는 데 성공했다. 특히 신뢰할 만한 리스 회사에는 장비 구입 신용 제공 방법을 통해 중장비 수출을 늘려 나가는 전략을 구사할 수 있었다.

무엇보다 로드인터내셔날이 착안했던 것은 아시아개발은행(Asian Development Bank, ADB)이 2009~2014년 기간 동안 우즈베크 도로 정비 계획 프로그램을 추진하고 있다는 사실이었다. 국제개발은행까지 끼어들어 안정적 공사 자금이 확보된 이상, 로드인터내셔날은 관련 국제 입찰에 참가하기로 결심했다.

한국의 중소기업이 대규모 국제 입찰에 참가하는 일을 두고 모두가 무모한 도전이라 말했지만, 로드인터내셔날은 뜻을 굽히지 않았다. 결국 중국과 일본의 중장비 제조 업체들이 참가한 입찰에서 로드인터내셔날은 최저 가격 순위 4위를 기록했지만 1~3위까지를 차지한 중국 업체들이 덤핑을 한 것으로 알려져 최종 낙찰자로 뽑히는 성과를 거두었다. 수차례의 입찰 연기 및 재입찰 과정에서 중국 업체의 방해와 보이지 않는 견제로 많은 어려움을 겪었지만, 끝까지 물고 늘어지는 집념으로 승리를 쟁취한 것이다.

이로써 로드인터내셔날은 1차로 15톤 트럭 38대를 선적했으며, 2009년 9월 말까지 170대의 트럭을 공급하기로 했다. 트럭 조달 규모 170대면 금액으로는 1,700만 달러, 그야말로 엄청난 성공이었다. 로드인터내셔날의 이 같은 성공은 치밀한 현지 정보 분석을 통한 수요 예측, 수요를 뒷받침하는 자금원 파악, 현지 협력 관계 구축에 기반하고 있다.

현지 구매자들의 성향과 정보에 밝은 중소기업들이 스스로 저변을 확대하는 것은 우리 경제의 기초 체력 강화에도 직결되고 있다.

최근 해외 시장에서 한국 중소기업이 선전하는 모습은 마치 작지만 강한 글로벌 기업 탄생의 예고편을 보는 듯하다.

반전 드라마를 만든 한국의 창의, 열정, 끈기

해외 시장을 개척하거나 해외 마케팅 역량을 신장하는 일은 말처럼 쉬운 일이 아니다. 무(無)의 상태에서 유(有)를 창조해 낸다는 것은 그만큼 혁신적이고 어려운 일이 아닐 수 없다. 하지만 가만히 들여다보면 결국 이 일을 해내는 것은 '사람' 이다. 아무리 정교한 계획을 갖고 있더라도 그것을 이루려는 인간의 의지와 열정, 창의가 뒷받침되지 않으면 바로 추진력을 잃게 된다.

바로 이 같은 점 때문에 영국의 경제학자 존 케인스(John Maynard Keynes)는 경제 주체로서의 기업인들이 야성적 충동(animal spirit)을 지니고 있음을 설파했고, 미국의 경제학자 조지프 슘페터(Joseph Alois Schumpeter) 역시 창조적 파괴의 기업가 정신(entrepreneurship)을 말한 것이다.

나는 이러한 열정과 창의 면에 있어 우리 민족이 다른 나라에 비해 유별나고 특출한 면을 가지고 있다고 생각한다. 누군가는 우리나라가 '신바람' 또는 '신명의 문화'를 가지고 있다고 이야기한다. 그만큼 열정을 발산할 줄 안다는 뜻으로 받아들일 수 있을 것이다. 그러나 한편에서는 신바람이 제대로 이어지지 않거나 달아올랐던 흥분이 식어 버릴 경우, 워낙 감정의 기복과 온도차가 크게 생긴다는 점에서 '냄비 문화'를 가지고 있다고 한다. 신명의 문화와 냄비 문화, 어느 쪽이 우리가 가진 진짜 면모일까?

해외 진출과 관련해 우리의 행태를 면밀히 살펴보면 금방 달아올랐다가 식는 냄비 문화는 우리의 근본 성향과 무관함을 알게 된다. 오히려 우리 내면에는 끓어오르는 열정을 잘 다스리고 꾸준하게 유지시킴으로써 불가능한 것도 가능케 하는 뚝심이 자리하고 있다는 것을 발견하게 된다.

창의성은 또 어떠한가. 산업화의 후발 주자였던 우리는 선진국들을 비교적 빠른 속도로 따라잡기 위한 일환으로 불리한 상황을 오히려 역이용하는 역발상을 동원, 번번이 난국을 돌파해 내는 지혜를 발휘했다. 우리의 열정과 창의 방식이 어떻게 이런 식으로 발현하게 되었는지에 대해서는 나도 정확히 알 수가 없다. 다만 지난 1990년대 이후의 상황을 돌아볼 때 우리나라만큼 굴곡진 영광과 시련을 겪은 나라도 드물다는 사실에 주목할 필요가 있다.

미국의 경우 이번 경제 위기가 일어나기 전까지 근 20년 동안 사상 최장의 호황, 버블 등을 누리면서 불황을 모르고 지내 왔다. 1990년대 상황을 '잃어버린 10년'에 빗대어 이야기하고 있는 일본도 다른 나라와 비교했을 때 이렇다 할 큰 위기는 없었다. 그 밖에 1990년대 말, 2000년대 초에 우리와 더불어 경제 위기에 빠진 나라들인 러시아, 말레이시아, 인도네시아 등을 살펴보아도 활로를 뚫을 수 있는 부존자원 정도는 가진 나라들이었지, 우리처럼 아무것도 의지할 것 없는 상황은 아니었다. 사면초가의 상황에서 맨주먹으로 살아난 나라는 한국이 유일했다.

1990년대 말 외환 위기 무렵, 해외 시장의 최전선에 나가 있던 우리 기업인들의 이야기는 들을 때마다 가슴이 찡하다. 당시 어려운 상황에서도 우리 기업들은 해외 시장 개척 노력을 접지 않았다. 러시아가 모라토리엄(Moratorium)을 선언하고 시장이 거의 붕괴되자 다국적 기업들은 서둘러 러시아 시장을 빠져나오기 시작했다. 특히 일본 기업들의 움직임은 매우 기민했다. 러시아 정부가 나서서 빠져나가는 외국 자본의 마음을 돌리려고 갖은 방법을 동원했지만 더 이상 먹을 것이 없다고 판단한 그들은 이를 냉정하게 뿌리치고 철수를 감행했다.

그런데 우리 기업들의 생각은 달랐다. 끝까지 남아서 버텨 내기로 한 것이다. 당시 우리 경제도 파산 직전의 위기였으니 본국에서의 지원은 꿈도 꾸지 못할 처지였다. 그렇다고 러시아 현지에서 자금을 구하자니 그곳 사정은 더 어려웠다. 임금, 사무실 운영 비용 등 쥐어짤 수 있는 것은 모두 쥐어짜 내야 했고, 주재원 체재비도 줄이면서 결국 가족들과도 떨어져 지내야 했다. 공항에서 가족들을 서울로 돌려보내며, 마음 같아서는 함께 비행기에 오르고 싶었다는 한 주재원의 회고는 당시의 상황이 어떠했는지를 짐작케 한다. 가족들을 떠나보내고 홀로 남아, 하나라도 제품을 더 팔기 위해 이곳저곳을 누비며 겪은 고생은 그야말로 이루 말할 수 없는 한 편의 드라마였다.

하지만 그렇게 혹독하고 차갑던 땅도 시간이 지나자 얼음이 녹기 시작했다. 전 세계 시장이 호황을 맞게 된 것이다. 유가 등 원자재 가격이 오르면서 러시아는 곧 부자 나라의 대열에 합류했다. 부채를 갚을 길이 없어 드러눕던 모습이 온데간데없이 사라지고, 세계 최고의 백만장자가 돈을 물 쓰듯 써 대는 나라가 되자, 과연 이 나라는 우리에게 의리를 지켰다.

당시 그 시장에 남아 누구보다 추운 겨울을 보내야 했던 우리 기업들이 해마다 러시아 소비자들이 뽑는 '국민 브랜드'에 선정되고 있다. 제품의 품질이 좋은 것은 물론이고, 일본이나 유럽산 제품보다 우리 제품에 더 많은 점수를 주는 것은 아마도 그간 쌓아 온 '신뢰' 덕일 것이다. 자신들이 어려울 때 그 어려움을 함께해 주었던 이방인들에 대한 고마움의 표시라고나 할까. 일본 기업들이 나중에서야 '그대로 있을걸…' 하는 후회를 했다니 반전 드라마의 주인공이 된 우리 기업들의 노력이 통쾌할 따름이다.

이러한 위기 극복 능력을 그저 '의지'라는 두 글자로만 표현하기에는 어딘가 미약하다는 생각이 든다. 오히려 '극성'이라는 표현이 더 어울리지 않을까? 한국인 특유의 못 말리는 극성은 지금 이 순간에도 또 다른 기회를 불러오는 계기가 되고 있다.

여기서 우리가 기억해야 할 것은 반드시 우수한 제품만 수출에 성공하는 것은 아니라는 사실이다. 우리나라에서 수출 통계가 잡히고 있는 나라의 수는 200개가 넘는다. 그중에서 2008년 기준으로 우리가 10억 달러 넘게 수출한 나라는 51개국이며, 1억 달러 이상을 수출한 국가 수도 104개에 달한다. 이들 지구촌 국가들은 소득 수준이 다양하고 소비자 기호도 제각각이다. 이는 비록 지금 한국에서는 안 팔리는 제품일지라도 판매 지역을 전 세계로 확장시켜 보면 분명히 팔 수 있는 곳을 찾을 수 있다는 사실을 의미한다. 사양 산업에 종사하는 기업이라도 수출 마케팅만 뒷받침된다면 공장 문을 닫을 필요가 없는 것이다.

해외 시장 개척 능력은 다른 것이 아니다. 그저 굴하지 않고 의지를 불태우는 것이다. 되고 안 되고를 결정하는 가장 큰 요소로 제품의 우수성 이전에 수출 의지를 높이 사는 이유가 바로 이 때문이다. 하고자 하는 불굴의 의지만 있다면, 그것을 실천하는 적극성만 있다면, 세상에 못할 일이 무엇이 있겠는가.

목숨을 건 극성 마케팅

세계 시장을 뚫기 위한 한국인의 극성 마케팅을 가장 극명하게 보여 준 사례 가운데 하나가 바로 포탄이 난무하는 이스라엘 가자지구의 수출 상담 건이다.

2008년 말 가자지구에서 전쟁이 터졌을 때였다. 통신 설비 납품 추진을 위해 이스라엘을 방문한 한국의 한 중소기업 사장은 상담 약속을 잡기 위해 가자지구 근처에 있는 이스라엘 바이어에게 전화를 했다. 제품을 들고 그쪽으로 가겠다는 한국 사장의 말에 바이어는 기겁을 했다. 어제 여기서 불과 500미터 떨어진 곳에 포탄이 터졌다며, 언제 어디서 공습을 받을지 모르는 위험천만한 상황이니 절대로 오지 말라는 것이었다. 그러면서 전쟁이 끝나고 좀 잠잠해지면 그때 다시 만나자고 했다.

그러나 한국 사장은 여기까지 먼 길을 왔는데 어떻게 그냥 가느냐며 상담을 주선했던 텔아비브 KBC의 만류마저 뿌리쳤다. 결국 그는 위험을 무릅쓰고 가자지구 근처에 있는 바이어의 사무실로 찾아

갔고, 바이어와 상담을 벌여 계약을 따내는 데 성공했다. 그곳까지 목숨을 걸고 찾아온 한국 사장의 과감함과 투지에 놀란 바이어가 두 손 두 발을 다 들고 만 것이다. 이 일을 계기로 그 바이어는 평소 중국이나 일본과만 거래를 해 온 관행을 바꿔 한국의 주력 제품을 주문하기에 이르렀다.

그것 뿐이랴. 직접 팔레스타인 땅까지 뛰어들어가 수출을 성공시킨 사례는 또 있다. 2009년 1월 18일은 2008년 12월 27일 이스라엘의 침공으로 시작된 가자 사태가 이스라엘의 일방적인 선언으로 휴전을 맞은 바로 그 다음날이었다. 팔레스타인 무장단체인 하마스도 이날 휴전에 동의하고 나서긴 했지만 말 그대로 휴전은 휴전일 뿐 언제 또다시 포탄과 총알이 날아들지 알 수 없는 전장의 긴장은 여전했다. 대한민국 국민들로서는 기껏해야 또 기름 값이 오르지나 않을까 걱정을 하는 정도지, 그동안 늘 있어 왔던 일로 여겨졌을 그 즈음, 그 위험천만한 팔레스타인 땅으로 한국의 듀몬사가 진입을 시도하고 있었다.

KOTRA 텔아비브 KBC는 팔레스타인 상공인들이 한국으로부터 중고차 직수입을 희망한다는 정보를 입수하고 이를 국내에 전파했다. 여기에 응했던 것이 바로 듀몬사다. 듀몬은 왜 하필 팔레스타인을 선택했을까? 팔레스타인은 오랜 세월 동안 이스라엘과의 정치적 분규로 신차를 수입할 구매력이 없던 상황이었다. 하마스 등 무장단체가 이스라엘과 잦은 전투를 벌이다 보니 신차를 구입해 거리를 활보하고 다닌다는 것은 있을 수 없는 일이었기 때문이다.

상황이 이러한데도 듀몬이 보기에는 이제껏 버려진 시장이었던 그곳이 만만치 않은 기회의 땅이었다. 이들은 우선 KOTRA 텔아비브 KBC를 활용해 현지 시장 정보를 수집했다. 텔아비브 KBC는 가자, 헤브론, 라말라, 베들레헴 등의 상공회의소 협조를 받아 현지 중고차 수입상 20여 업체의 명단을 확보했고, 궁극적으로 이들의 구매 의지도 확인했다.

문제는 이스라엘과 하마스 간에 벌어지고 있는 전쟁이었다. 물론 자동차 수입 희망 업체는 하마스가 군림하는 가자 지구가 아니라 자치 정부가 지배하는 서안 지구(west bank)에 있었지만 이스라엘과 하마스 간 전쟁의 불똥은 어디로든 튈 수 있었다. 게다가 팔레스타인 지역 안에서도 치안이 제대로 확립되지 않아 외국인들이 외국산 차를 타고 다니다가는 불심검문을 빙자한 노상강도를 당하기 십상이었다. 때문에 업체나 텔아비브 KBC에서도 상담을 진행하기가 여간 부담되는 일이 아니었다.

그러나 결국 이 문제는 텔아비브 KBC가 요로를 통해 접촉한 팔레스타인 자치 정부의 도움으로 해결되었다. 교통부의 자동차 수입 담당자가 역 내에서 업체의 에스코트를 맡아 주기로 한 것이다. 듀몬은 이 같은 여건 아래 상담을 진행시키기로 결정하고 이스라엘로 떠났다.

때마침 이스라엘과 하마스 간의 휴전 소식이 들렸다. 때는 지금이라고 판단한 업체는 텔아비브 KBC의 안내 하에 팔레스타인 지역으로 들어갔다. 이스라엘인은 팔레스타인으로 들어갈 수가 없었기 때문에 차량 운전 역시 텔아비브 KBC 센터장이 직접 했다. 가자 지구 휴전 첫날, 마침내 듀몬은 팔레스타인과 중고차 30만 달러 수출 계약을 체결했다. 전략적인 시장 선택, KOTRA의 빈틈없는 현지 준비, 업체의 집념 등 3박자가 일구어 낸 성공작이었다.

이렇듯 남다른 '극성'을 과연 다른 나라 사람들에게서도 찾을 수 있을까? 나는 이것은 오직 한국인의 피에만 흐르는, 한국인의 DNA에서만 찾을 수 있는 특질이라고 본다. 일단 한번 부딪혀 보자는 과감성, 안 되는 것도 되게 하는 불사조 정신, 한번 시작한 일은 죽기 살기로 매달리는 철저함에서 비롯되는 한국인 특유의 극성이 세계 시장에서도 통한 것이라 믿는다.

알제리의 정정불안으로 모든 기업이 철수를 감행했을 때 끝까지 남아 시장을 지키다가 결국 총격으로 사망한 어느 회사 지사장의 이야기에 코끝이 찡해 오는 것은 그가 남긴 한국인의 강인한 정신 덕에 오늘날 우리가 그 후광 효과를 톡톡히 누리고 있기 때문일 것이다. 우리는 과거 세계 시장 개척에 인생을 걸었던 선배들이 오늘날 우리에게 물려준 훌륭한 자산을 잊지 말아야 한다. 그것은 바로 한국인만이 가진 한국인의 DNA일 것이다.

한국인의 DNA는 김치 맛

그렇다면 한국인의 DNA란 무엇일까? 대체 어떻게 생겼을까? 맛을 본다면 또 어떤 맛일까? 아마도 그 누구도 흉내 낼 수 없는 김치 맛처럼 아주 독특하고 진할 것이라 믿는다.

자원이 부족한 좁은 땅덩어리에서 5,000만이나 되는 인구가 버티고 살려다 보니 자연스럽게 형성된 우리의 치열함인지는 모르겠지만, 우리 경제의 버팀목이라고 부르는 수출 현장에서도 한국인만의 DNA는 그대로 작동하고 있다.

2008년 10월, 김치를 수출하는 한 중소기업이 해외에 김치 수출을 목표로 여러 업체와 함께 시장 개척단을 구성해 호주 멜버른을 방문했다. 그런데 도착해 보니 잘 포장된 김치가 이미 부풀어 오를 기미가 보이기 시작했다. 다음날, 바이어를 만나야 하는 국내 기업 관계자는 걱정이 태산이었다. 염치불구하고 KOTRA 직원에게 도움을 요청할 수밖에 없었다. 그는 김치를 냉장고에 보관했다가 다음날 상담장으로 가져와줄 것을 부탁했다.

그리고 다음날 아침, 상담장을 찾은 기업인은 깜짝 놀랐다. 그를 기다리고 있던 것은 김치만이 아니었다. 바로 김치가 들어 있는 커다란 냉장고까지 떡 하니 그를 기다리고 있었다. 김치의 신선도를 유지하기 위해 KOTRA 직원이 집에서 냉장고를 통째로 상담장까지 가져왔던 것인데, 정작 그는 아무렇지도 않은 얼굴로 "바이어와 상담 잘 하세요"라며 웃고 있더라는 것이다.

이 상황을 어떻게 보아야 할까? 내 일, 남의 일도 구분하지 못하는 후진국형의 과도한 친절 혹은 희생 정신으로 인해 벌어진 해프닝일까, 아니면 그 어떤 곳에서도 찾아볼 수 없는 한국인 특유의 강한 목적의식이 낳은 자랑스러운 광경일까?

쉽게 납득이 되지 않는 상황인 것만은 분명하지만 정답은 자명하다. 정말 남다르다는 말로 외국인들이 가장 궁금해하고 찬탄해 마지않는 현상, 이것이 모두 우리 안에 내재된 한국인의 DNA에서 비롯되는 것은 아닐까.

과감한 역발상 마케팅

나는 무엇이든 늘 진취적인 사고로 도전해 보겠다는 마음으로, 무엇이든 하면 될 것이라는 유연한 사고방식을 갖고 살아가는 편이다. 그렇게 가능성을 열어 두어야 다른 사람이 생각지 못하는 역발상을 하는 창의적인 사람이 될 수 있다고 믿기 때문이다. 역발상은 말 그대로 발상의 전환, 지금의 상황을 반대로 바꿔 생각해 보는 것을 뜻한다. 부정적인 상황을 긍정적으로, 포기해야 할 상황을 가능성으로, 위기의 상황을 희망으로 바꿔 보는 것, 역발상이 중요한 이유는 바로 여기에 있다.

현대자동차는 1998년 말부터 '10년–10만 마일 보장'을 통해 미국인들의 마음을 사로잡기 시작했다. 1990년대 말까지 현대자동차는 미국 현지에서 '저질 싸구려 차'라는 손가락질을 받았다. 광고를 해도 시원치 않을 판에 데이비드 레터맨(David Letterman)이라는 유명 코미디언이 전 국민이 보는 TV 토크쇼에서 현대자동차를 누차에 걸쳐 조롱해대는 일마저 있었다. 현대자동차로서는 과감한 조치 외에는 상황을 반전시킬 카드가 없었다. '2년–2만 4,000마일' 보장이 일반적이던 당시 미국 자동차 업계에서 '10년–10만 마일' 보장이라는 그야말로 파격적인 조치를 취한 이유가 여기에 있었다.

그러나 현대자동차로서도 이와 같은 과감한 마케팅을 시도한 데는 여러 가지 계산이 있었다. 첫째, 이 보장 내용은 최초 구매자에게만 적용되었으나 미국 소비자들의 평균 자동차 교체 주기는 5년이 채 되지 않았다. 둘째, 현대자동차에서는 이 프로그램을 본격 실시한 1999년부터 전사적으로 대대적인 6시그마 운동(모토로라에서 처음 개발한 품질 관리 기법으로서, 100만 개 중 3.4개의 불량품이 나올 정도로 완벽에 가까운 품질을 유지하자는 운동)을 추진했다.

나는 현대자동차의 6시그마 운동이 10년-10만 마일 보장과 거의 동시에 시작되었다는 점에 크게 놀라지 않을 수 없다. 아마 보통 기업들이라면 6시그마 운동이 어느 정도 본 궤도에 오른 다음에서야 이런 판촉 프로그램을 시행했을 것이다. 그러나 현대자동차는 두 가지 프로그램을 거의 동시에 시작했으니, 이는 그야말로 무모한 결정이었을 수도 있다.

그러나 1980년대 한때 한 해 26만 대에 이르던 현대자동차의 미국 시장 판매 실적은 1998년 9만 대까지 줄어든 상황이었다. 현대자동차로서는 6시그마가 제대로 성과를 낼 때까지 기다릴 시간이 없었다. 다만, 일단 일을 저질렀으되, 10년-10만 마일 보장은 6시그마를 추진하는 데 있어 회사의 생존 조건을 충족하기 위한 일종의 배수진으로서 작용했을 것이라고 본다. 어쨌거나 분명한 것은 현대자동차가 이 프로그램을 'America's Best Warranty'로 미국 내에 대대적으로 광고하면서 마침내 미국 소비자들이 한국산 자동차에 관심을 가지기 시작했다는 점이었다.

이같이 미국 시장에 다시금 자리를 잡은 현대자동차는 경제 위기가 한창이던 2009년 초에 이르러 본격적으로 점유율이 늘어나기 시작했다. 2009년 상반기 현대자동차의 미국 시장 점유율은 7.35퍼센트로 업계 6위에 해당하는 성적이었다. 이로써 현대자동차가 일본의 닛산을 제치고 크라이슬러의 점유율(7.94퍼센트)을 바싹 뒤쫓는 업계 판도가 만들어졌다.

유럽에서도 비슷한 상황이 펼쳐졌다. 명품을 자처하던 유명 브랜드 자동차가 줄줄이 매출 급감을 기록하고 있는 데 비해 한국산 자동차는 오히려 인기 가도를 달리고 있는 것이다.

이 같은 호조에는 최근 우리 자동차가 우수 제품으로 선정되는 등 국제적으로 품질과 기술을 인정받고, 인지도가 향상된 것도 큰 몫을 했다. 그러나 뭐니뭐니해도 다른 경쟁사들은 도저히 상상도 하지 못했던 또 다른 파격적인 역발상 마케팅이 현지 소비자들의 마음을 사로잡았으니, 현대자동차가 2009년 1월 도입한 이른바 '어슈어런스 프로그램(Assurance program)'이 그것이다. 불황기에 대량 해고 등으로 불안해 하는 소비자들에게 '실직하면 구입한 차를 다시 사 드립니다'라는 보상 프로그램을 도입한 것이다. 경기 침체에 곧 실직할지도 모른다는 생각에 마음 놓고 지출도 못하고 있던 사람들, 혹은 자동차를 꼭 사야 하는 경우일지라도 GM 등 곧 파산할 위기에 놓인 회사 제품에는 거부감이 생긴 소비자들의 마음을 꿰뚫어 본 전략이었다.

여기에 더해 곧 시행될 예정인 보상금을 미리 지급하는 등 매우 공격적인 마케팅이 추가되었다. 미국에서는 기존 차량보다 연비가 좋은 신차를 구매할 때 정부가 일정 보상금을 주는 제도를 2009년 7월 말부터 시행키로 되어 있었는데, 현대기아차가 이보다 한 달 앞선 시기에 보상금을 선지급하는 프로그램을 과감히 도입, 시장을 선점해 나간 것이다.

그렇다면 현대자동차는 잘못하면 회사에 큰 손실이 날 수도 있는 상황이었음에도 왜 이렇게 파격적인 보상 프로그램을 도입한 것일까? 아마도 현재보다는 미래를, 짧게는 몇 달 후에 다가올 호황기 시장을 노렸기 때문일 것이다. 지금은 시장이 위축되어 있지만 점유율을 높여 놓으면 앞으로의 시장 확대에 큰 밑거름이 될 것이라 확신했던 것이다.

이 같은 역발상 마케팅 사례는 비단 현대자동차 같은 대기업에만 국한된 것은 아니다.

조류독감이 한창 유행이던 2008년 어느 봄날, 하노이 KOTRA 직원이던 김 대리는 당시 임신으로 식사도 제대로 못하던 베트남 여직원이 닭고기가 너무 먹고 싶어 주위의 만류에도 불구하고 닭고기를 듬뿍 썰어 넣은 쌀국수를 두 그릇이나 먹었다는 이야기를 듣게 되었다. 그러고 보니 베트남에서는 닭고기가 소고기보다 선호되는 식품이었고, 그 결과 닭고기의 가격이 돼지고기 가격보다 비싼 경우가 많았다.

이 일을 계기로 김 대리는 닭고기를 베트남에 수출하기로 결심하고 곧바로 작업에 착수하게 된다. 먼저 베트남 사람들의 식성과 기호를 파악하기 위해 시장 조사에 들어간 김 대리는 그동안 한국 업체의 현지 지사 역할을 하면서 친밀해진 바이어들과 현지인을 통해 베트남 사람들이 좋아하는 닭고기의 육질과 맛에 대한 의견을 정리하여 다음과 같은 결론에 이르게 된다.

"다소 질긴 듯하지만 쫄깃쫄깃한 육질과 오래된 듯한 닭 껍질."

이렇게 수집된 정보를 바탕으로 김 대리는 한국에서 이런 닭고기를 공급할 수 있는 기업을 수배하게 된다. 하지만 문제는 가격이었다. 베트남 소비자들이 현재 시장에서 구입하고 있는 닭고기에 비해 뒤지지 않는 가격대의 닭고기를 어떻게 확보할 수 있을까?

한국은 베트남과 비교할 수 없을 정도로 양계장 시설이 잘 발달되어 있는데, 이런 양계장에서 계란 생산용으로 사육되는 닭들은 알을 더 이상 나을 수 없는 노계(老鷄)가 되면 가격이 급격히 떨어진다. 베트남 사람들이 좋아하는 육질의 고기를 베트남 소비자들이 생각하는 합리적인 가격에 공급할 수 있는 해답은 바로 노계였다. 김 대리의 이러한 수출 전략은 최종적으로 바이어와의 수입 가격 협상 테이블에서 그 빛을 더욱 발휘한 결과 지난해에만 12만 달러 상당의 닭고기를 베트남에 수출하게 된다.

조류독감이 만연한 베트남에서 사람들이 닭고기를 꺼릴 때, 역발상을 통해 닭고기를 맛있게 먹을 수 있는 방법을 알아낸 김 대리, 그의 역발상 하나가 해외 시장뿐만 아니라 그동안 한국 축산업계에서 제대로 된 가격을 받을 수 없었던 노계의 수출 길을 열었고, 이로 인해 농가의 소득까지 올라갈 수 있었다.

발상의 전환을 통해 우리 기업의 제품을 해외로 수출할 수 있는 길이 어디 김 대리뿐이고, 베트남뿐이겠는가? 열린 사고를 가지고 있다면 누구나 가능한 일이라고 본다.

창의적 발상은 현재의 문제의식에서 출발한다. 현재의 경제 위기가 많은 사람들에게 불안감을 줄 것이라는 점에 착안, 오히려 아이디어를 창출해 낸 현대자동차처럼 현상에 대한 치밀한 관찰과 꾸준한 관심, 더불어 열린 사고만 있다면 잠재되어 있던 무궁무진한 아이디어는 언제든 툭 튀어나올 수 있다. 무엇보다 할 수 있다는 신념으로 스스로를 믿어야 한다. 우리는 창조적인 DNA를 가진 한국인임을 잊지 말아야 한다.

죽어간다던 산업을 어떻게 살려냈을까?

나는 지금껏 인생의 지침으로 삼고 살아온 좌우명으로 김구 선생이 하셨던 말씀 '음수사원(飮水思源)'을 꼽곤 한다. "물을 마실 때 그 물이 어디서 왔는지 근원을 생각하자"는 뜻으로 오늘의 내 자신이 존재하는 것은 스스로가 잘났기 때문이 아니라 근본 뿌리가 있기 때문이라는 것을 기억하자는 것이다. 오늘날 우리가 편안한 집에서 맛있는 음식을 먹으며 살 수 있는 것 역시 그 근본을 찾아 올라가 보면 이 나라를 있게 만든 분들이 있었기 때문이듯이, 나 자신이 어디서 왔는지, 오늘날 내 위치가 어떻게 확립된 것인지를 거슬러가다 보면 나 자신이 어떤 자세로 살아가는 것이 바람직한가를 깨달을 수 있다.

특히 요즘처럼 기본과 기준을 상실한 현실에서는 더욱 근본 뿌리를 생각하고 원리 원칙을 지키는 일이 중요하다. 그런 점에서 나는 지금이야말로 음수사원의 의미를 돌아볼 때라고 생각한다. 헐벗고 굶주리던 시절, 사력을 다해 물건을 만들고 하나씩 수출을 늘려 온 우리나라가 지금껏 발전해 올 수 있었던 원동력이 무엇인지를 돌아보고, 그 뿌리를 놓쳐서는 안 될 것이다.

오늘의 우리 경제를 만들어 준 대표적인 산업 두 가지를 꼽으라면 단연코 해외 건설과 섬유 산업을 들 수 있다. 1960~1970년대에 걸쳐 이 두 산업은 그야말로 우리 경제에 외환을 벌어다 주는 캐시 카우(Cash Cow) 역할을 수행했다. 그러던 것이 1980년대 고도 성장기를 거치면서 이 두 산업은 해외 개발도상국들의 강한 도전에 밀리면서 도그(Dog)로 변해 버렸다. 캐시 카우와 도그, 모두 유명 컨설팅사인 보스턴 컨설팅 그룹(Boston Consulting Group, BCG)이 만든 개념이다.

BCG는 사업 부문 중에서 현재의 주력 수입원을 캐시 카우로 분류하고 경쟁 열위의 사업을 '도그'로 분류했다. 여기에 하나만 덧붙이자면 BCG는 미래의 수입원이 될 잠재력이 있는 사업을 '스타(Star)'라고 명명했다. BCG의 논지는 도그로 분류된 사업은 과감히 정리하고, 스타 사업을 키워서 내일의 캐시 카우로 만들어야 한다는 것이다. 이 같은 논리는 특히 미국 업계에서 광범위한 호응을 얻었다. 예컨대, GE가 평소가 가지고 있는 지론, "업계에서 1위를 점할 수 없는 사업 부문은 과감히 정리해야 한다"는 것도 바로 이런 개념에 뿌리를 두고 있다.

그러나 정작 미국의 경영학계 일부에서는 이러한 BCG의 철학을 달갑지 않은 시각으로 보고 있다. 이 같은 사고방식에 따라 미국 기업들이 경쟁 열위 사업을 너무 손쉽게 접어 버리다 보니 미국의 제조업 자체가 무너지는 결과를 초래했다는 것이 이들의 생각이다. 이들은 일본이나 한국 기업들이 자신이 선택한 업종에 대한 헌신(commitment)을 통해 경쟁력을 유지해 나가고 있는 점을 높이 평가하고 있다. 즉 경쟁 열위라고 버릴 것이 아니라 이러한 사업을 어떻게 경쟁 우위로 되돌릴 수 있을 것인가에 대한 근본적이 고민이 필요하다는 것이다.

섬유, 더 이상 사양 산업이 아니다

이제 많은 사람들이 가격 경쟁력 악화를 이유로 더 이상 우리 섬유 산업을 성장 동력 산업으로 보지 않는다. 이미 성장의 추동력을 상실했다고 보고 빨리 대체 산업을 육성해야 한다고 보는 견해가 지배적이다. 마치 국가가 살아남기 위해서는 하루라도 빨리 섬유 산업을 포기해야 한다고 생각하는 것처럼 보인다.

물론 중국 등 신흥시장국이 저렴한 노동력과 신규 생산 설비를 앞세워 가격 경쟁력을 확보함에 따라 세계 시장에서 우리나라의 영향력이 크게 축소되고, 미국 등 선진국 시장에서 우리나라의 시장 점유율도 급격히 위축된 것이 사실이다. 게다가 섬유 산업은 노동집약적 산업으로 인건비가 저렴한 후발 개도국이 주력해야 하는 저부가가치 산업이라는 인식 또한 아주 틀린 것은 아니다.

우리나라의 경우, 높아진 생산 비용과 생산 인력 부족 등으로 생산 여건이 나쁘고 해외 직접투자를 통한 대체도 충분히 가능하므로 지금 시점에서는 차라리 저가의 섬유 제품을 수입하는 것이 훨씬 유리하다는 견해도 일면 타당하긴 하다.

그러나 섬유 산업은 지난 시절 우리나라의 경제 발전을 이끌어 온 주력 산업이자 수출 동력 산업이었으며, 오늘날 자동차, 조선, 반도체, 정밀 화학 등 첨단 산업을 성장시킨 밑거름이었다는 사실은 누구도 부정할 수 없다. 이러한 한국의 섬유 산업을, 이제는 호황기도 지났고 신흥 강국들의 도전에 직면해 가격 경쟁력도 떨어진다는 이유를 들어 버린다는 것이 과연 올바른 선택일까?

이 같은 상황에서 우리나라 굴지의 섬유 클러스터인 대구 경북 지역에서 일으킨 섬유 업체들의 신제품 개발 현황은 매우 고무적이다. 효성은 산업용 섬유인 '타이어 코드(tire cord)' 생산에 있어 세계 1위 자리를 지키는 기업이다. 코오롱은 기능성 스포츠웨어용 폴리에스터 원사와 초극세사 등 기능성 섬유의 경쟁력을 인정받고 있으며, 대한방직은 적외선 투시경 차단 기능이 있는 군복을 개발하여 세계 시장의 주목을 받고 있다. 또한 컴텍스의 경우는 반도체 코팅 기술을 융합한 신제품을 개발하여 금사, 은사, 넥타이 등으로 상용화시켰으며, 이 외에도 특수방수코팅 원단을 개발 · 생산하는 영풍필텍스, 축광성 발광 섬유를 개발한 루미텍 등 중소기업의 선전도 눈에 띈다.

한편 매년 2월과 9월 프랑스 파리 빌르빵뜨(Villepinte) 전시장에서는 섬유업계 최정상급 전시회 '프레미에르 비종(Premiere Vision)'이 개최된다. 이는 1973년에 최초로 열린 세계 최고 권위의 직물 전시회로서, 샤넬, 루이뷔통 등 명품 바이어들이 총출동하는, 섬유업체로서는 참가 자체만으로도 세계 시장에서의 경쟁력을 인정받는 그야말로 '꿈의 전시회'이다.

그 명성에 걸맞게 부스 참가업체 선발 과정 또한 매우 엄격한데, 개별 업체가 참가하기 위해서는 1차 서류전형, 2차 서류전형, 3차 프레젠테이션 전형, 4차 심사위원회(committee)까지 비공개 심의로 이어지는 길고 험난한 심사 과정을 모두 통과해야만 한다. 진입 장벽이 워낙 높아 우리나라의 참가 역시 원천 봉쇄되어 있다가 KOTRA가 여러 해에 걸쳐 주최측을 접촉하고 우리 업계를 대표하는 중간다리 역할을 수행하면서 2007년이 되어서야 우리 업체들에게도 문호가 열리기 시작했다.

바로 이 2007년 프레미에르 비종에 처음으로 참가한 우리나라 섬유업체 영텍스타일은 지난 7~8년 동안 유럽에서 가장 대중화된 섬유 전시회 텍스월드(Texworld)를 통해 유럽 시장을 공략해 왔지만 제대로 된 고급 소재 바이어를 만나지 못해 시장 공략에 있어 한계에 직면한 상황이었다. 영텍스타일의 제품 자체에 하자가 있었던 것은 아니다. 이들은 다양한 고급 제품을 개발, 상품화하고 있었지만 이들 제품을 사 줄 만한 적당한 바이어를 만나지 못했을 뿐이었다. 그러던 영텍스타일이 프레미에르 비종에서야 자사가 만든 제품을 알아줄 고객들을 만나게 되었다.

당시 바이어들이 영텍스타일 제품 중에서도 특히 관심을 보였던 것은 70데니아의 스테인리스를 직조한 광택 소재 메탈론이었다. 바이어들은 이 회사 제품이 유럽 제품에 뒤지지 않는 품질을 자랑하면서도 가격대는 그의 절반밖에 되지 않는다는 사실에 감탄했다. 영텍스타일은 그간 경험을 통해 유럽 지역은 면, 울, 실크, 레이온 등에 강한 업체가 많으나 인조합성섬유 분야는 취약하기 때문에 이 분야의 소재라면 충분히 승산이 있다고 보았다. 그리고 그 전략은 적중했다.

이러한 일련의 사례를 접하다 보면 우리가 알고 있던 사양화되고 저부가가치 산업으로 치부되는 섬유 산업에도 분명 가능성이 있음을 확신하게 된다. 후발개도국들의 거센 도전에 그 입지를 잃어 가던 우리 섬유업계는 두 가지 방향에서 활로를 찾는 듯하다. 첫째, R&D 및 기술 개발을 통해 저임 노동력을 앞세운 저개발국가 업계가 생산할 수 없는 첨단 제품을 개발해 내기 시작했다. 둘째, 프레미에르 비종과 같은 고부가가치 전시회 등을 개척하여 최종 소비자들에 대한 직접적인 마케팅을 강화하고, 아울러 이들이 원하는 제품이 무엇인가에 대해 고민하기 시작했다. 이것이 바로 우리 섬유업계가 모색하는 고부가화 경로였다.

또 하나 지적하자면, 한국은 이 같은 섬유 소재 이외에 패션 산업에서도 크게 약진하고 있다는 점이다. 몇 년 전 상하이에서 우리나라 패션 전시회 오프닝을 하러 갔다가 나는 거의 현장 사고가 날 뻔할 정도로 인파가 몰렸던 것을 기억한다. 때마침 한류 붐도 있었지만 한걸음 앞선 우리 패션에 대한 중국의 관심은 그야말로 뜨거웠다. 어느 국가든 1인당 개인소득이 3,000달러를 넘어서면 국민들이 옷차림에 관심을 갖는다는 이야기가 있다. 바로 이러한 시장을 선점하기 위해 우리 패션 기업들이 부지런히 중국을 드나들고 있었다.

그뿐인가. 우리나라의 강점인 IT와의 융합 등 섬유 산업이 나아갈 수 있는 길은 앞으로도 무궁무진하다. 지금도 웨어러블 컴퓨터(wearable computer), 시스템 온 텍스타일(system on textile) 등 다양한 융합 기술을 구현한 상품이 지속적으로 개발되고 있다. 여기에 스스로 인체의 상태 및 환경 조건에 따라 능동적으로 조절되는 '제2의 피부(second skin)' 기능을 갖춘 지능형 기술이 접목될 경우 우리 섬유 산업은 지식집약 첨단 산업으로 탈바꿈하게 될 것이다. 이러한 점을 고려하면 섬유 산업은 우리나라에 있어서는 도그 산업이 아니라 내일의 캐시 카우가 될 스타 산업인 것이 분명하다.

새로운 역사를 쓰고 있는 해외 건설 사업

한국의 해외 건설 사업은 1965년 말 현대건설의 태국 진출을 시작으로 하여 1973년 중동 건설 시장 진출을 계기로 본격화되었다. 특히 1973년은 석유 파동으로 인해 유입이 크게 늘어난 오일 달러로 인해 건설 수요가 폭증하기 시작했다. 당시의 악조건 속에서도 성실한 자세로 일관한 한국 기업 특유의 근면성과 더불어 단순 시공이 주류를 이루던 중동 시장의 특성이 결합되면서 우리의 해외 건설 사업은 비약적으로 늘어나기 시작했다. 그 결과 1973년에는 해외 건설 수주액이 1억 달러에 지나지 않았던 것이 1981년에는 137억 달러까지 늘어났고, 1980년대 초에 들어서는 미국 다음 가는 세계 제2위의 해외 건설 대국으로 급부상하기도 했다.

그러나 1980년대 중반 이후, 저유가 시대가 도래하면서 중동 지역 경기 침체로 인해 우리의 해외 건설 수주도 급격히 감소하여 1980년대 후반까지 침체를 벗어나지 못했다. 게다가 엎친 데 덮친 격으로 국내 건설 노임이 급상승하면서 단순 시공 분야에서의 국제 경쟁력이 급격히 저하되기도 했다. 1990년대 들어서는 아시아 지역의 경제 호황 등에 힘입어 다시 해외 건설 수주 실적이 늘어나기도 했으나, 그것도 1997년 외환 위기의 여파로 다시 감소하고 말았다. 결국 21세기를 앞두고는 수주 실적이 1980년대 초반의 절반 수준에도 못 미치는 수모를 겪기도 했다.

하지만 21세기로 접어든 지금, 우리의 해외 건설 수주 실적은 1980년대 초의 전성기를 능가하고 있다. 2008년에는 수주 실적 476억 달러를 기록, 역대 최고의 실적을 달성함으로써 지난 1965년 처음으로 해외 건설 시장에 진출한 이후 43년 만에 3,000억 달러 수주를 돌파하는 기염을 토하기도 했다. 상황에 따라 굴곡도 있었지만 해외 건설이 우리 수출 시장에 있어서 그야말로 막대한 비중을 차지하고 있는 분야인 것만은 확실하게 입증한 셈이었다.

또한 우리 해외 건설 르네상스의 배경에는 대외적으로 중국을 비롯한 브릭스(BRICs) 국가들의 고도성장에 따른 과잉 유동성과 아시아 및 아프리카 지역을 중심으로 한 세계적인 자원 개발 붐, 그리고 고유가 지속에 따른 산유국의 석유 개발 대형 플랜트 발주 등이 있다. 그러나 본질적으로는 우리나라가 과거 단순 토목 및 건축 공사에서 벗어나 초고층 빌딩 및 담수, 발전, 정유, 석유화학 등 플랜트 공종 중심의 고부가가치 대형 공사 위주로 수주가 이루어졌다는 점을 간과할 수 없다.

때문에 혹자는 현재의 한국 건설의 비약적인 발전의 원인을 한마디로 '기술력'이라고 표현한다. 하늘을 닿을 듯 올라가는 초고층 빌딩에서부터 바다 깊숙한 해저 터널까지 그야말로 세계 곳곳에 대한민국 건설 기술이 안 미치는 곳이 없는 세상, 우리 기업이 지은 담수화 설비로 만든 물을 마시고, 우리 기업이 만든 발전 설비를 통해 생산된 전기를 쓰는 그런 시대가 된 것이다.

해외 건설 분야야말로 수입 유발이 없는 외화 공급원으로서 경제성장의 견인차 역할과 더불어 선진 기술 도입을 통해 국내 산업의 국제화를 선도하는 등 그 특유의 역동성과 기술력으로 국가 경제의 든든한 버팀목이자 확실한 성장 동력이 되어왔다. 그리고 지금도 '세계 초고층 빌딩의 역사를 새로 쓰고 있는 삼성물산의 버즈 두바이(Burj Dubai), 국내 건설사가 수행하고 있는 단일 플랜트로는 최대 규모이자 카타르의 생명수를 공급할 현대건설의 라스라판(Ras Laffan) C 담수발전플랜트(IWPP) 등 우리 건설 기업들의 성공 신화는 지금도 계속되고 있다.

물론 지난 2008년 하반기부터 시작된 글로벌 경기 침체와 부동산 가격 폭락, 관광 사업 부진, 유가 하락 등으로 해외 건설 시장의 여건도 급속히 악화된 것이 사실이다. 이러한 경제 환경 속에서 대규모 프로젝트 발주가 연기되거나 취소되는 등의 사태가 발생, 현재 해외 건설 수주 실적은 전년 동기 대비 50퍼센트나 하락한 133억 달러에 그치고 있다.

그러나 이 같은 침체 속에서도 나는 우리 건설 산업의 해외 비즈니스가 그동안 축적된 기술력을 바탕으로 고부가가치 영역으로 간단없이 진전했다고 생각한다. 특히 산업 설비 플랜트 분야에서 우리 기업이 2000년 이후 성취한 업적은 경기의 흐름이 바뀐다고 해서 쉽게 사라질 성질의 것들이 아니다.

얼마 전 알제리에서 삼성엔지니어링이 20억 달러를 상회하는 초대형 정유 플랜트를 수주한 데 이어, 28억 달러 규모의 사우디 주베일 플랜트 프로젝트를 우리 기업들로 이뤄진 컨소시엄이 수주하는 등 해외에서의 활발한 수주 활동이 계속되고 있다. 이 같은 실적이 다시금 우리 경제의 회복을 앞당기고 있음은 두말할 나위가 없다.

몇 번의 고비를 겪고도 플랜트, 엔지니어링 등으로 거듭 부활해 나가는 우리의 해외 건설 사업은 다른 한편으로는 끈질긴 인내심의 소산이기도 하다. 쿠웨이트, 이란, 이라크 등의 전장지대를 끝까지 지키는 뚝심 등은 우리가 중동 시장에 다시금 자리 잡는 데 있어서 큰 역할을 했다는 평가를 받고 있다. 우리 건설 업계에 대한 현지에서의 신뢰도 견고하다. 더 나아가 프로젝트 파이낸싱(project financing, 금융 기관이 특정 사업의 미래 성과를 판단하고 자금을 지원해 주는 것) 등 해외 사업에 대한 국내 금융 지원이 체계화되어 가면서, 건설 부문의 해외 진출에 커다란 기반이 되고 있다는 점도 간과할 수 없다.

또한 우리 기업의 변화된 위상을 보여 주는 또 다른 사례로 꾸준히 늘고 있는 우리 엔지니어링 업체들의 해외 진출을 꼽고 싶다. 2000년 전까지 엔지니어링 부문에서 우리 기업의 해외 진출 실적은 1년에 10건 남짓에 불과했다. 그러던 것이 2002년 해외 진출 실적이 40건을 기록하더니 비약적으로 늘어나기 시작해 2006년에는 100건을 넘어서고, 2008년에는 243건을 기록했다. 수주 금액상으로도 1,000만 달러 수준에서 2008년에는 거의 10억 달러로 늘어났다.

왜 엔지니어링이 중요한가? 이제 플랜트는 단순히 기계 설치를 넘어 프로젝트의 사업성을 검토하고, 금융을 주선하며, 사후 운영을 위한 기술적인 책임까지 포괄하는 것으로 그 범위가 확대되고 있다. 즉 플랜트 산업은 컨설팅 등 서비스, 제조 기술, 복합 금융 등을 융합한 고부가가치 산업인 것이다.

엔지니어링도 이 같은 맥락으로 보아야 한다. 단순한 설계뿐 아니라 기자재의 구매, 납품, 시설 운영 등을 모두 포함하는 개념으로, 단순히 물품만 수출하는 것보다 부가가치 측면에서 세 배 이상 효과를 가진다는 사실에 주목할 필요가 있다. 따라서 엔지니어링 수주 실적은 단순한 수주 금액을 넘어서는 중요성을 가진다. 엔지니어링 서비스의 전략적 중요성은 근원에서부터 비즈니스를 창출하는, 그 역할에서 비롯된다. 아직도 선진국들이 엔지니어링 서비스 시장에서 비교 우위를 보유하는 것도 바로 이 같은 전략적 중요성 때문이다.

물론 지금 단계에서 우리 엔지니어링 업계의 경쟁력이 세계적인 수준에 이르렀다고는 볼 수 없다. 당장 업계의 수주 현황만 보아도 대부분 국내에 집중되어 있고, 해외는 아직도 초보적인 단계에 지나지 않는다. 우리 업계도 해외 엔지니어링 업계에 비해 기술이나 경험 면에서 경쟁력이 낮다는 것을 충분히 인정하고 있다.

그러나 "천릿길도 한걸음부터"라는 말이 있다. 그런 의미에서 최근 우리 엔지니어링 업계의 해외 진출 기세는 확실한 모멘텀 위에서 있다고 판단된다.

수십 년간의 경험과 노하우를 바탕으로 꾸준히 경쟁자들보다 앞선 기술 개발 및 인재 양성을 위해 노력한다면 우리 플랜트 시장은 결코 뒤처지지 않을 것이다. 제조업과 금융, 서비스업을 총망라하는 미래의 복합 산업이며, 전후방 효과가 탁월한 건설·플랜트 산업의 중요성은 아무리 강조해도 지나치지 않다.

문화 한류를 넘어 경제 한류로

〈대장금〉, 〈가을동화〉, 〈겨울연가〉, 〈풀하우스〉 등 한국 드라마와 가수 '비'로 대표되는 대중음악이 아시아에서 그야말로 돌풍을 일으켰고 지금도 그 돌풍은 계속되고 있다. 1996년 한국 드라마가 처음으로 중국에 수출되고, 그로부터 2년 뒤 가요계 쪽으로까지 확대되면서 중국에서 한국 대중문화에 대한 열풍이 불기 시작했다.

'한류(韓流)'는 1999년 중반 중국 언론이 한국 문화를 지칭하는 표현으로 처음 사용되기 시작했다. 그러다 이를 본 국내 언론에서 2000년 2월, 국내 아이돌 그룹 'H.O.T'의 중국 공연을 계기로 한류라는 용어를 본격적으로 사용하면서 더욱 확산되기 시작했다. 그 후 이 말은 동남아를 비롯한 아세안 국가들로 하여금 중국, 일본보다 훨씬 더 긍정적인 이미지로 한국을 부각시키는 데 크게 공헌했다.

한국 대중문화에 대한 열광에서 시작된 한류가 더 나아가 한국 문화, 한국 상품, 한국인 등 한국 자체를 동경하고 선호하는 현상으로까지 발전하는 기묘한 현상을 낳게 되었다. 그리고 이와 같은 한류 열풍은 현재까지 우리 기업들이 해외 시장에서 브랜드 역량을 발휘하는 데 중요한 기반이 되고 있다.

한류 열풍의 세례를 입은 나라, 한국

한국을 대표하는 식품용 플라스틱 밀폐 용기 제조 업체 '락앤락'은 지난해 태국 시장 점유율 1위를 달성했다. 동남아 중에서도 태국은 한류 열풍이 가장 강한 곳 중 하나다. 특히 〈대장금〉의 경우, 이 드라마를 모르면 대화 자체가 안 될 정도로 선풍적인 인기를 누렸다. 이 드라마를 계기로 태국에서는 한국 문화, 한국 음식에 대한 관심도 폭발적으로 증가했다.

락앤락은 태국 시장을 공략하기 위한 전략으로 드라마 〈대장금〉에서 한상궁 역할로 출연한 배우 양미경 씨를 전속 모델로 채용해 제품 홍보에 적극 활용했다. 그 결과, 태국 현지 슈퍼마켓에는 락앤락 코너가 따로 마련되었고, 태국 전역에서 스크린을 통해 〈대장금〉을 배경으로 한 락앤락의 광고를 볼 수 있게 되었다.

만약 태국에서 드라마 〈대장금〉이 인기를 끌지 않았다면 락앤락은 무엇으로 홍보를 해야 했을까? 아마도 당시 태국에서 인기를 끌던 특정 프로그램의 배우나 다른 유명인을 모델로 기용, 마케팅을 해야 했을 것이다. 그러나 그 파급력은 이만큼 강력하지 못했을 것이다.

이것이 문화의 힘이다. 현지인의 총체적 호의를 불러일으키면서 절대적인 지지를 얻는 데 문화만큼 강력한 기반이 되어 주는 것도 없다. 아무리 우리의 마케팅 역량이 강해졌다고는 하지만 이같이 현지인의 공감대를 만들어 주는 문화적 힘, 한류가 바탕이 되지 않았다면 그 효과는 반감되었을 것이다.

나는 이 시점에서 이와 같은 문화 한류와 더불어 새롭게 발전시켜야 할 경제 한류에 대해 새롭게 짚어 볼 필요가 있다고 본다. 왜 경제 한류인가?

문화 한류는 이제 한국의 잘생긴 남자배우, 여자배우를 알리고, 한국의 드라마와 노래를 알리는 것을 넘어 한국이라는 나라가 전쟁과 외환 위기를 겪은 황폐한 나라가 아니라 풍족하게 잘사는 나라라는 것을 알리는 데 성공했다. 하지만 지금부터가 시작이다. 우리 기업은 이 기회를 잘 이용해 이 같은 브랜드 이미지가 우리가 만드는 상품 판매의 성공으로까지 이어질 수 있도록 만들어야 한다.

실제로 세계 경제에서 품질로 인정받는 우리 제품들의 경우, 문화와는 별도로 우리나라의 국가 이미지는 물론 한국산 여타 제품의 브랜드 이미지를 충분히 동반 상승시키는 역할을 하고 있었다. 이것이 바로 내가 보는 경제 한류의 실체다.

앞에서도 자동차 부품의 대미(對美) OEM 수출 사례를 언급한 바 있지만 만약 우리 부품을 장착한 한국산 자동차들이 미국 시장에서 호평을 받으며 거리를 쌩쌩 활보하고 다니지 않았다면 그 까다로운 GM이 우리 자동차 부품의 품질에 공감과 확신을 갖지는 못했을 것이다. 그런 점에서 나는 문화 부문에서처럼 경제 부문에서도 새로운 한류 열풍을 일으킬 수만 있다면 그 파급 효과는 상상을 초월하는 수준일 것이라 전망한다.

문화 한류를 경제 한류로 만들어라

그렇다면 과연 그와 같은 경제 한류를 어떻게 만들어 낼 것인가? 해외 현지에서 1, 2위를 차지할 정도로 높은 인기를 누리고 있는 한국 상품이 있거나, 그에는 못 미치지만 특정 계층에서 폭발적으로 선호되는 시장이 있다면 경제 한류로의 발전은 충분히 가능성이 있다. 예컨대 베트남의 젊은이들은 일본산 오토바이와 한국산 휴대전화를 최고의 선호 제품으로 꼽는다. 인도에서 가전제품의 대명사는 한국 브랜드다. 동남아에서 한국 화장품이 높은 인기를 끄는 것도 바로 이러한 이유때문이라고 볼 수 있다.

그간 한류 현상을 지켜보면서 안타까웠던 점이 있다면 '코리아 신드롬'이라 불리는 문화 한류가 이어져온 지 꽤 오랜 시간이 흘렀음에도 그 잠재력을 100퍼센트 활용하지는 못했다는 것이다.

국가 브랜드 위원회의 조사에 따르면 우리 기업이 해외 진출을 도모하는 데 한류가 상당히 긍정적인 영향을 미친 것은 사실이지만 실제로 현지 시장에서 그 효과를 십분 활용해 국가의 부를 축적하는 지속성을 가졌느냐 하는 부분에 대해서는 미흡했다는 분석이다.

물론 한류를 계기로 기업의 현지 진출 기회가 상당히 증가했으며, 한류와 현지 진출 기업과의 연계성 또한 매우 높아진 것이 사실이다. 국가별 해외 시장을 살펴보면, 한류라는 긍정적 이미지에 힘입어 해외에 진출하게 된 우리 기업이 현지 시장에서 고용 창출을 이끌어 내는 등 경제적인 이익에 보탬이 되고 있다는 긍정적인 평가를 내리고 있다.

그러나 많은 문제점도 내재되어 있었다. 현지 진출 기업의 현지 문화에 대한 잘못된 이해와 더불어, 현지인 종업원을 무시하는 태도, 자신들의 이익만을 내세운 경영, 갑작스런 무단 철수 등의 행태로 인해 '어글리 코리언(Ugly Korean)'이라는 부정적인 이미지도 형성되고 있었던 것이다. 이는 더 이상 해외 시장 진출에만 의미를 두어서는 안 된다는 것을 보여 준다. 진출 자체가 중요한 것이 아니라 진출 이후 사후 관리를 어떻게 하느냐에 따라 경제 한류의 지속성과 성패가 좌우될 수 있다는 것이다.

KOTRA는 우리 기업의 해외 진출 지원을 전담하는 기관으로서 해외 KBC를 중심으로 10만 해외 진출 기업과 협력 체제를 구축해 현지 봉사 활동을 전개해 나가는 등 그간 잘못 쌓였던 부정적 이미지를 해소하기 위한 노력을 지속적으로 추진해 왔다. 뿐만 아니라 해외 진출 기업의 현지 동화를 돕고 지원하기 위해 해외 현지 비즈니스 매너 안내, 비즈니스 에티켓 자료 발간 및 글로벌 소양 과정 등 교육 사업 시행도 병행하고 있다. 이를 통해 경제 한류가 단순히 이미지에만 근거한 것이 아니라 우리 기업들의 실행력과 비즈니스 문화에서 비롯될 수 있도록 노력하고 있다.

다행히 아직까지 경제 한류를 끌어올릴 수 있는 기회는 많이 남아 있다. 바로 과거 일본 상품의 텃밭이었던 아세안의 고급 소비재 시장에 '경제 한류' 열풍이 아직도 식지 않고 있음이 이를 증명하고 있다.

아시아를 주름 잡는 경제 한류의 오늘

KOTRA가 아세안 주요 7개국을 대상으로 조사한 바에 따르면 아세안 국가에서 1, 2위 자리를 차지한 한국 상품으로 LCD TV, 냉장고, 홈시어터 등의 고급 가전제품과 컴퓨터 모니터 등의 IT 제품이 우선적으로 꼽혔다.

삼성 LCD TV는 조사 대상 7개국 중 5개국에서 시장 점유율 1위, 1개국에서 2위를 차지하였고, LG 홈시어터는 2개국에서 1위를 달리고 있다. 삼성 양문형 냉장고의 경우 태국, 베트남에서 1위를 점하고 있고, 심지어 태국에서는 무려 66퍼센트에 달하는 시장 점유율을 보이고 있다. 또한 동남아 소비자들이 공기 청정 기능에 관심이 많은 점에 착안한 LG 에어컨은 합리적인 가격과 현지화 노력으로 베트남, 태국 시장에서 점유율 2위를 차지하고 있다.

휴대전화, 디지털 카메라 역시 미적 감각이 뛰어난 디자인과 기술 우위의 높은 품질, 프리미엄 이미지 구축으로 아세안 주요국에서 1, 2위를 자랑하고 있다. 이중 삼성 휴대전화를 5개국에서 2위를 차지했는데, 싱가포르에서만 35퍼센트, 태국, 베트남에서는 21퍼센트의 시장 점유율을 기록하고 있다.

나는 경제 한류를 이끌어 갈 수 있는 가장 으뜸이 되는 분야로 주저 없이 IT 산업을 꼽고 싶다. 디지털 시대의 신문명 IT 분야야말로 또 한 번의 돌풍을 몰고 올 수 있는 우리의 잠재 시장이다. 벌써부터 세계 시장이 한국을 놀라운 IT 기술을 보유한 강국으로 인정하고 있지 않은가.

가전 분야도 마찬가지다. 이미 현지 시장에 자리 잡은 코리아 브랜드 때문에 진입조차 하지 못하겠다는 나라들이 생겨나고 있는 실정이다.

몽골 기병이 전 세계를 휩쓸고 다녔듯, 머지않아 우리 역시 세계를 제패할 수 있다고 보는 근거가 바로 여기에 있다. 'IT, 가전제품의 대명사는 한국'이라는 말을 쓰게 될 날이 그리 멀어 보이지만은 않는다.

게다가 가전 및 IT 제품만 1, 2위를 다투고 있는 것이 아니다. 현대자동차의 '아반떼'는 매력적인 디자인과 경쟁력 있는 합리적인 가격으로 2009년 1분기 싱가포르 승용차 판매 대수 1위를 차지하였고, 같은 기업의 '아이텐(i-10)'은 현지 조립에 따른 가격 경쟁력을 바탕으로 인도네시아에서 시장 점유율을 높여 가고 있다. 또한 대우 '캡티바(Captiva)'는 2008년 베트남에서 현지 조립 9인승 이하 승용차 중 도요타에 이어 2위를 차지했다.

아세안 시장에서 커다란 호응을 불러일으킨 우리 제품들의 공통된 특성에서 우리의 경제 한류를 대표하는 키워드를 뽑아내자면

'젊은 고소득층', '여성', '그린', '현지화' 등 네 가지를 들 수 있을 것이다.

이미 소개되었듯, 디지털 카메라, 휴대전화, 승용차 등은 프리미엄, 럭셔리, 멋진 제품을 찾는 현지 젊은 고소득층의 취향을 만족시킨 경제 한류 상품이다. 심지어 휴대전화 시장에서 명품 고급 브랜드 이미지를 고수하고 있는 프라다폰, 아르마니폰 같은 경우도 비싼 가격과는 상관없이 잘 팔려 나가고 있는 상황이다.

그 밖에 여성을 타깃으로 한 한국산 상품들도 꾸준한 수요가 예상된다. 컨실러, UV베이스, 파운데이션 등 복합 기능으로 높은 인기를 끌고 있는 BB크림과 같은 화장품들을 비롯해, 눈을 커보이게 하는 서클렌즈는 이미 '한류'의 효과를 톡톡히 본 제품들이다. 특히 이런 상품들의 경우, 드라마 속 한류 스타를 모델로 기용하여 현지 '여심'을 뒤흔들고 있다.

또한 아세안 대부분의 국가가 전력이 부족해 소비자들이 비싼 전기료에 부담을 느낀다는 점에 착안, 에너지 절약형으로 만든 냉장고, 에어컨, 세탁 볼은 그린 추세에 맞춰 인기가 상승한 제품이다. 여기에 우수한 디자인, 가격 경쟁력이 뒷받침되고 있음은 물론이다.

그 밖에 광케이블 인프라가 열악한 말레이시아의 현지화에 맞게 와이맥스(Wimax) 서비스를 제공해 성공한 삼성과, 부동산 가격 급등에 따라 고급 레스토랑에 대한 수요가 급증하는 현지 사정을 포착해 캄보디아에서 고급 한식당 경영에 성공한 경우는 현지의 새로운 소비 트렌드를 잘 포착해 성공한 사례다.

또한 CJ푸드빌은 프랑스 식민지 경험이 있는 베트남인들은 프랑스에 대해 고급 이미지를 가지고 있다는 점에 착안해 베트남에 '뚜레쥬르(Tous Les Jours)'란 불어 상호로 베이커리 체인점을 열어 고품격 빵 이미지를 내세우며 체인점을 급속히 늘려 가고 있다.

세계 시장 곳곳에 놓인 한국의 랜드마크 건물들

아세안에서는 일류 상품만 경제 한류 열풍을 불러일으키고 있는 것이 아니다. 한국 건설 기업들 역시 랜드마크 역할을 하는 건축물을 지음으로써 한국의 이미지를 더욱 업그레이드시키는 등 경제 한류의 한 축을 담당하고 있다.

아세안은 중동에 이은 우리나라 제2의 해외 건설 시장으로, 한국 건설업체들이 고속도로, 교량, 건물 등 많은 건설 공사를 시행한 곳이다. 특히 태국은 우리나라 현대건설이 국내 최초로 해외 진출에 성공한 곳이며, 이명박 대통령이 1965년 현대건설 경리 담당 사원으로 있을 때 난생 처음 밟아 본 외국 땅으로도 알려져 있다. 당시 현대건설은 길이 98킬로미터의 태국 파타니 나라티왓(Pattani Narathiwat) 고속도로 공사를 수행하였고, 이때의 경험은 후에 경부고속도로를 건설하는 기술을 쌓는 계기가 되었다.

또 말레이시아에 가면 삼성과 극동건설이 건설한 페트로나스 트윈 타워(Petronas Twin Tower)가 있다. 말레이시아에 있는 가장 중요한 건축물이자 레크리에이션 공원과 스카이 브리지가 유명해 주요 관광 코스에 속한다. 1998년부터 2004년까지 세계에서 가장 높은 빌딩으로 꼽힌 이 타워는 한쪽을 일본 기업이, 다른 한쪽을 한국의 삼성과 극동건설이 함께 건설했는데, 일본보다 한국 기업이 먼저 건축을 끝내는 바람에 가운데 브리지 공사 수주를 한국 기업이 따냈다고 한다.

또한 인도네시아에는 현대건설이 1973년 시작해 1980년대 초 완공한 자고라위(Jagorawi) 고속도로가 있다. 이는 한국 건설업체들의 해외 도로건설 사업 모범 사례로 거론되는 프로젝트로서 현재까지도 인도네시아에서 완공된 고속도로 중 가장 견고하고 안전하게 건설된 것으로 평가받고 있다. 최근에는 한국도로공사 직원이 인도네시아의 각종 건설 프로젝트를 총괄하는 공공사업부에 파견되어 상주해 있을 정도로 인도네시아 정부는 한국 도로건설 능력에 대해 두터운 신뢰를 보이고 있다.

이외에도 베트남 하노이에서는 대우건설이 건설한 하노이 최초의 5성급 호텔 겸 주상복합건물인 하노이 대우호텔이 한국의 이미지를 한층 업그레이드시키고 있다.

이러한 과거 경험을 바탕으로 현재 아세안에서는 우리 기업의 건축물 또는 건설 프로젝트가 여러 건 진행되고 있어 수년 후에는 '경제 한류' 붐이 더욱 뜨거워질 전망이다.

싱가포르에서 쌍용건설이 건설 중인 마리나베이 샌즈 호텔은 한국의 해외 건설 40년 역사상 최대 규모의 단일 건축 프로젝트로 추진되고 있다. 2010년 초 완공될 예정인 이 호텔은 57층 3개동으로 구성되며 피사의 사탑 기울기의 10배에 달하는 52도 경사 3개동을 연결시키는 독특한 디자인으로 관계자들의 이목을 집중시킨 바 있다.

또한 쌍용건설은 인도네시아의 수도 자카르타 중심지에 쇼핑몰인 '플라자 인도네시아' 확장 공사를 시행하고 있다. 41층짜리 사무용 빌딩과 47층짜리 최고급 아파트를 건설해 기존의 '플라자 인도네시아'와 연결시키는 4,000만 달러의 프로젝트로, 자카르타 중심지에서 새로운 랜드마크가 될 것으로 기대하고 있다.

캄보디아에서는 한국형 신도시인 '캄코시티(Cam-Ko City)' 프로젝트가 진행 중이다. 2005년부터 시작된 프로젝트로 13년간 6단계에 걸쳐 완성되는 국책 프로젝트다. 프놈펜 시청 내에 캄코시티의 조감도가 걸려 있으며 캄보디아 국내 언론은 물론 각국 언론까지 캄보디아 도시 개발의 큰 획을 그을 프로젝트를 한국 기업이 맡아 진행하고 있다는 내용을 수시로 보도해 많은 주목을 끌기도 했다.

한류를 넘어 코리아 브랜드로

세계 시장에서 문화 한류와 경제 한류는 국가 브랜드 이미지로까지 이어져야 한다. 다행히 문화 한류라는 대중문화 열풍과 더불어 경제 한류가 선순환으로 작용하여 한국의 국가 이미지를 업그레이드하는 쪽으로 흘러가고 있다.

문화 한류나 경제 한류 모두 각종 문화계 종사자, 기업인들이 세심하게 트렌드를 파악하고, 치열한 경쟁 속에서 부단히 상품화를 위해 노력한 결실임을 잊지 말아야 한다. 이제 우리가 더욱 매진해야 할 일은 문화 한류에서 비롯된 경제 한류가 잠시 잠깐 피었다 지는 꽃이 아니라 뿌리를 내리고 크는 튼튼한 나무가 될 수 있도록 만드는 일일 것이다.

그러기 위해서는 무엇보다도 아세안 국가들로부터 신의를 얻는 일이 중요하다. 신의는 하루아침에 거저 얻어지는 것이 아니다. 함께 더불어 살아가는 존재라는 공존공영 의식을 갖고 서로에게 자극과 격려를 아끼지 않는 존재가 되어야 한다. 한국이 아세안 국가보다 먼저 이룩한 경제 개발 성공 경험을 바탕으로 이들 국가들에게 베풀 것은 베풀고 함께 나아가려는 노력이 지속된다면 필요한 이웃, 친근한 이웃, 닮고 싶은 이웃으로서의 한국의 국가 브랜드 이미지는 더욱 상승할 것이다.

또한 앞으로 문화 한류와 경제 한류 간의 연계성을 최대화하기 위해서는 문화 콘텐츠 사업의 글로벌화가 시급하다. 올해 KOTRA가 개최한 '코리아 미디어 콘텐츠 마켓(Korea Media & Contents Market)' 행사에서는 소니, 디즈니, 비아콤 등 글로벌 기업들이 대거 참가했는데, 이를 통해 나는 우리가 조금만 더 노력하면 조만간 더 큰 성과를 이룰 수 있다는 믿음을 가지게 되었다. 특히 온라인 게임 등과 같은 부문에서는 우리나라가 강국으로 부각되면서 세계가 우리 기술력과 기획력에 감탄하고 있다. 이 같은 기조를 문화와 경제 양방향 한류로 집약해 내야 한다.

새로운 위협과 도전, 역역샌드위치

2008년 전 세계에 몰아닥친 경제 위기는 확실히 우리에게 기회를 제공했다. 그리고 우리는 그 기회를 살려 기대하지 못했던 곳에서도 잭팟(jackpot)을 터뜨리는 등 선전을 이어가고 있다. 금융위기 이후 이어진 환율의 영향으로 우리는 역샌드위치 기회를 맞아 세계 시장 점유율을 늘리고, 그로 인해 다른 어느 나라보다도 빠른 속도로 위기에서 벗어나고 있는 중이다. 10년 전 IMF 위기를 누구보다 힘들게 이겨 냈던 소중한 교훈을 착실하게 경쟁력으로 연계해 나갈 수 있었던 까닭에 이러한 일이 가능했을 것이다.

그런데 이 기회가 과연 언제까지 지속될 수 있을까? 이제는 이런 상승 무드를 언제까지 살려 나갈 수 있느냐에 관심의 초점을 옮겨 가야 한다.

역역(逆逆)샌드위치를 대비해야

역샌드위치 기회는 언제 다시 우리에게 부메랑이 되어 되돌아올지 모른다. 최근 들어 이미 변하기 시작한 중국과 일본의 태도가 이러한 가능성을 예고하고 있다. 불황을 극복하기 위한 대안으로 일본이 중가품 시장을 공략해 들어오고, 중국이 고부가가치 제품 시장을 겨냥하려는 움직임을 보이고 있는 것이다.

최근 중국은 빠른 속도로 우리의 기술 수준을 추격하고 있다. 2조 달러에 가까운 막강한 외환 보유고에 힘입어 외국 기업들을 계속 M&A 하고, 비싼 비용도 마다않고 막대한 자원을 사들이고 있다. 또, 인재를 유치하는 데 아낌없이 비용을 투자하고 있다. 중국 기업이 우리 기술과 기술자를 빼내 문제가 되는 사례가 점점 늘어나고 있는 것도 바로 이러한 중국의 전략 때문이다.

기술의 외부 수혈 외에도 자체적인 기술 발전 노력도 게을리하지 않고 있다. 단순 임가공 산업 대신 자체 산업 기술 기반을 강화하고, 핵심 기술력을 높이겠다는 의지로 발표한 10대 산업 정책이 그 대표적인 예다. 내수 시장을 키워 스스로의 경쟁력을 높이는 데 주력하고 있는 중국이 언제 갑자기 우리 시장을 차지해 버릴지도 모를 일이다.

일본 기업들도 지금까지와는 다른 방법으로 이번 위기를 극복하려는 것처럼 보인다. 그동안 고급 고가 제품을 고수하던 전자업체들이 먼저 주력 제품의 가격을 인하하거나 저가형 제품을 따로 출시하는 등 움직임을 달리하기 시작했다. 얼마 전에는 일본 정부가 '볼륨

존(Volume Zone)'이라고 해서 아시아 11개국 중산층 시장을 공략하겠다는 통상 전략을 발표하기도 했다. 이에 기업들도 변화를 시도하고 있다.

파나소닉이 50달러대의 TV, 100달러대의 에어컨, 200달러대의 세탁기 등 기능을 단순화한 파격적인 가격의 제품을 개발하여 신흥시장의 저소득층을 집중 공략하고 있다고 한다. 아마도 삼성, LG 등 우리 기업들이 인도 시장에서 220달러대의 세탁기를 판매하는 파격을 시도해 거대한 중산층 시장을 사로잡은 선례에서 영감을 얻었을 것이라 짐작된다.

나아가 자사의 고급형 제품이 통하던 미국이나 유럽 시장이 당분간 살아날 기미가 없어 보이자 아시아 등 신흥시장을 집중적으로 뚫어 보겠다는 의지의 표명일 것이다. 최근 폐쇄적인 수직 분업 구조를 깨고 과감하게 해외로 생산 라인을 이동시키겠다는 일본 전자업계의 목소리도 같은 맥락으로 파악할 수 있다.

그렇다면 이제 우리는 기술 수준을 향상시킨 중국산 고급 하이테크 제품 및 중저가형 일본 제품과 함께 경쟁해야 할 것인가? 가능성이 전혀 없지는 않다는 것, 오히려 그 가능성이 점점 더 높아지고 있다는 것이 우리가 새롭게 직면한 위협이며, 이것이 바로 '역역샌드위치'로 불리는 경고라 할 수 있다. 기본적으로 기술적인 바탕을 가진 일본이 가격을 낮춰 오고, 낮은 가격을 무기로 한 중국이 점점 기술력을 치고 올라오면 그야말로 또다시 샌드위치 신세로 전락할 수도 있는 상황임을 모두가 인식해야 하는 시점에 와 있다.

한국 경제, 살 길은 도전과 개척뿐

여기서 만족하거나 걸음을 멈추어서는 안 된다. 최근 일부 품목에서는 세계 시장 점유율이 높아지긴 했지만 이는 불황으로 시장 규모가 예년의 3분의 2 수준으로 줄어든 상황에서 비롯된 실적이다. 매출로 따지자면 예년에 비해 더 못한 경우가 많다.

새롭게 바뀌는 세계 시장의 경쟁 구도도 빠르게 파악하고 대비해야 한다. 이번 경제 위기가 각 나라에 미친 영향이 조금씩 다른 만큼 그로 인해 국가별 새로운 전략을 들고 나오는 경향이 있기 때문이다. 이 중 특히 혹독한 시련기를 맞고 있는 경쟁국과 경쟁 기업이 어떻게 변화하고 있는지 주목할 필요가 있다. 10년 전 외환 위기를 보내고 난 우리가 그러했듯이, 고통을 극복하고 쇄신을 이루어 낸 경쟁국 기업들이 얼마만큼 강한 화력으로 무장을 하고 나타날지는 아무도 예측할 수 없는 일이다.

그 어느 때보다 중요한 시기다. 이러한 변화가 향후 우리의 경쟁력에 어떠한 영향을 미칠지를 살펴 대응책을 마련해 놓지 않는다면, 지금 시장에서의 입지를 확실히 굳혀 놓지 않는다면, 다시 쉽사리 자리를 내주어야 할지도 모른다. 지금 우리가 누리는 이 기회의 시간은 짧게 끝나 버릴 수도 있다. 오히려 지금이 바로 죽느냐 사느냐의 갈림길에서 생존의 법칙을 마련해야 하는 절박한 시기일 수도 있는 것이다.

그러나 다른 한편 이런 때일수록 나는 우리 기업에게 의연하게 대처할 것을 강조하고 싶다. KOTRA 사장을 역임하면서 만난 어느 중소기업 사장은 이번 위기 상황에서도 여유를 잃지 않았다. 세계 60개국에 수출을 하고 있는 이 기업의 사장은 "전 세계가 동시에 망하진 않는다. 평소보다 더 열심히 해외 거래처 관리에 나설 뿐 크게 걱정하지 않는다"고 말했다.

바로 이것이다. 이미 상당 수준에 올라서 있는 기업이 스스로 자신감을 가지고 우리의 장점을 최대한 살릴 수 있는 방법을 모색해야 한다. 끊임없이 새로운 시장을 발굴하고, 그 시장에 맞는 제품을 개발, 생산하면서 우리가 주체가 되는 시장을 다시 만들어 갈 수 있도록 새로운 전략을 짜야 한다. 과거와는 달리 시장을 지역이나 국가별로 볼 것이 아니라 일종의 테마별로 분류해서 접근하는 것도 하나의 방법이 될 수 있을 것이다. 우리가 미처 발을 들여놓지 못한 신성장 분야에도 바로 지금 도전해 보길 권한다. 한국 경제는 이렇듯 계속해서 새로운 길을 개척해 나가야만 한다.

3

우리 앞에 놓인 새로운 시장에 도전하라

■ ■ ■

인간의 삶이 다양한 만큼 우리 수출이 개척할 수 있는 신시장은 무궁무진하다. 가만히 놔두면 영원히 개척되지 않은 시장으로 묻히거나 다른 경쟁자에 의해 제2, 제3의 유망 시장으로 떠오를 것이다.

그러나 우리가 먼저 찾아내고 우리가 먼저 들어간다면, 우리 제품만이 통용되는 보석 같은 시장으로 탈바꿈시킬 수 있다. 우리 수출의 미래를 위해 남들보다 한발 앞서 숨어 있는 시장을 찾아내고 그것을 우리 것으로 만들기 위한 집념과 노력이 필요한 때이다.

불황 속 가장 안정적인 시장, 정부

어찌 보면 글로벌 경쟁 시대는 '승자 독식 시대'라고 해도 과언이 아니다. 눈 깜빡할 사이에 모든 것이 달라지는 복잡한 사회 속에서, 이런 때일수록 정신을 바짝 차리고 이기는 게임을 유도하는 전략이 필요하다.

우리가 금융 위기라는 경제 대란에 휘말려 후폭풍을 맞고 있는 것도 어찌 보면 급변하는 정세를 미리 감지하지 못한 탓이 크다. 지금이라도 현실을 직시하고 우리 앞에 펼쳐지고 있는 현상을 제대로 살펴야 한다. 상황이 어렵다고 피할 것이 아니라 더 적극적으로 길을 찾아 싸워야 한다. 우리가 눈을 크게 떠야 하는 이유가 바로 여기에 있다.

실물경제 살리기에 앞장선 정부

2008년 금융 위기 상황에서 가장 안정적인 시장으로 떠오른 것은 정부였다. 당시 대통령 당선자 신분이던 미국의 오바마 대통령이 먼저 "경제 위기를 극복하기 위해 대규모 재정 적자를 감소하고서라도 경기 부양에 나설 것"이라며 앞장서자, 프랑스, 영국, 일본 등 소위 잘사는 나라들이 이에 동참하기 시작했다. 영국의 브라운 총리도 "정부가 돈을 너무 적게 풀어 발생하는 위험이, 너무 돈을 많이 풀어 발생하는 위험보다 훨씬 큰 시기"라는 말로 당시 상황을 묘사하며 각국 정부의 국제 공조를 촉구하고 나섰다. 비록 독일 등 일부 국가에서는 정부의 지나친 시장 개입은 오히려 인플레 같은 부작용을 초래할 수 있다며 반대 의사를 표시하기도 했지만 대다수 국가는 위기 극복을 위한 정부의 적극적인 역할론에 공감했다.

이번 위기에 대한 각국 정부 정책의 두드러진 특징은 실물경제에 집중되었다는 점이다. 사실 이전까지의 금리 인하 등 금융 통화 정책은 금융 시장의 붕괴를 방어하는 데는 성공했지만 실물경제를 구하기에는 역부족이었다. 때문에 적극적인 재정 정책을 통해 유효 수효를 창출해 내는 데 그 초점이 맞추어졌다. 일부에서는 물가 상승, 조세 부담 등 부작용에 대한 우려를 제기하며 정부 주도의 경기 진작에 제동을 걸기도 했지만 차후 뒤따를 부작용을 미리 걱정하기에는 당장 눈앞에 닥친 위기가 더 컸다.

2008년 말 계획되는 2009년 각국의 정부 예산은 대규모 경기 진작책 위주로 작성되었다. 마침내 숨넘어가던 세계 경제에 응급 처치가

세계 각국의 경기 부양책 규모

(US$ 억)

지역	국가	규모	지역	국가	규모
북미	미국	7,870	아시아 대양주	중국	5,860
	캐나다	320		일본	4,320
유럽	영국	290		대만	210
	독일	940		호주	340
	프랑스	330		태국	33
	이탈리아	1,030		베트남	60
	벨기에	26		말레이시아	20
	스페인	140		인도	600
	오스트리아	73		인도네시아	60
중남미	멕시코	745	중동 아프리카 CIS	이집트	27
	아르헨티나	310		러시아	772
	칠레	40		카자흐스탄	70
	콜롬비아	240	합계		24,726

이루어진 것이다.

짧게는 2009년 한 해 동안, 길게는 3~4년 동안 쏟아붓게 될 각국 정부의 경기 진작책 규모는 총 2조 5,000억 달러에 이르렀다. 세계 총 GDP의 3.8퍼센트에 해당하는 큰 규모다. 미국이 7,870억 달러의 경기 부양책을 발표한 데 이어 EU가 2,000억 유로(약 2,800억 달러), 중국이 4조 위안(약 5,900억 달러), 일본이 38조 엔(약 4,300억 달러)을 발표했다.

초기에 금융 기관을 통한 간접 지원에만 국한되었던 경기 부양책은 이후에는 효과의 조기화 및 극대화를 위한 헬리콥터 살포형 지원 정책 위주로 변했다. 꺼져 가는 시장을 살리기 위해서는 소비자들의 지갑을 채워 주는 일이 급선무였다. 실제로 각국의 경기 부양책은 주로 감세보다는 재정 지출 확대에 초점을 맞추고 있었는데, 이는 실제 지출을 늘리는 것이 경기 부양 효과가 더 크기 때문이었다.

그 밖에도 사회 인프라 확충 사업을 대대적으로 시행하겠다며 공공 투자를 늘려 일자리 창출을 유도하겠다는 의지를 보인 경우가 많았다. 구체적인 내용으로 교통, 에너지, 주거 시설, 사회복지 시설 확충 등이 있다.

돈 쓰는 정부에 팔아라

이러한 각국의 경기 부양책은 당분간 세계를 거대한 건설 현장으로 탈바꿈시킬 것으로 전망된다. 건설 현장은 우리에게 너무나 친숙한 단어다. 중동 건설 현장을 비롯한 해외 건설은 우리 수출과 경제를 선도한 신화 같은 존재가 아닐 수 없다. 위기 때마다 위기를 기회로 바꾸고, 우리의 저력을 과시했던 분야인 것이다. 그런데 때마침 전 세계 정부가 한꺼번에 대대적인 건설 공사를 시작한다 하니 우리에게 이보다 더 좋은 기회가 어디 있겠는가.

그동안 우리는 정부 조달 시장 진출에 수많은 노력을 기울여 왔다. '정부'라는 시장은 대금을 떼일 염려도 없고, 무리하게 가격 인하 압력을 가하지도 않는다. 게다가 한번 납품 벤더로 등록되면 최소한 몇 년간은 큰 실수가 없는 한 거래선을 확보할 수 있다는 측면에서 정부는 매우 안정적인 시장이다.

금융 위기 이전에는 정부의 시장 개입이 최소화되던 시기였기 때문에 선진국의 정부 발주 공공 프로젝트가 그리 많지 않았지만 지금은 정반대의 상황이 만들어졌다. 정부가 직접 나서 발주 공공 프로젝트를 모색함으로써 시장의 활성화를 꾀하기 시작한 것이다. 시장에 돈이 말라 가고 있던 찰나, 돈 쓸 준비를 하고 있는 정부를 공략하려는 기업들의 움직임이 빨라질 수밖에 없었다.

2009년 KOTRA에서 내세운 해외 시장 공략 포인트의 제1원칙도 '돈 쓰는 정부에 팔아라'였다. 전 세계 70개국에 퍼져 있는 100여 개 해외 조직망을 총동원해 각국 정부의 경기 진작책과 관련된 시장 수요를 조사하는 작업부터, 우리 기업의 진출이 가능한 분야를 분류하는 작업, 유력 발주처를 찾아내어 우리 기업들과 접촉하도록 하는 일이 차근차근 진행되었다.

가장 먼저 주목의 대상이 된 것은 가장 적극적으로 경기 진작책을 시행한 중국 시장이었다. 중국은 이참에 수출과 고정자산 투자에 치중된 경제 성장 구조를 개선할 요량이었던지 내수 진작에 중점을 두고 있었다. 도로, 철도, 공항, 전력망 등 사회 인프라 건설 이외에 농촌 민생 해결에도 많은 예산을 책정했다. 도농 간 생활 격차가 커지면서 민생 불만이 제기되자 농촌에서도 전자 제품, 휴대전화, 컴퓨터 등을 사용할 수 있도록 지원해 주자는 소비 진작책이 도입된 것이다. 농촌에서 지정된 분야의 전자 제품을 구입할 때, 정부가 구입 가격의 13퍼센트를 보조해 주는 이른바 '가전하향(家電下鄕)' 정책은 전 세계 전자 업체와 휴대전화 제조사의 눈과 귀를 쏠리게 하는 내용이었다.

다음으로 눈여겨볼 곳은 가장 큰 규모의 경기 진작책을 내놓은 미국 시장이었다. 미국에서는 교통, 에너지, 주거 시설 등 인프라 확충에 전체 경기 부양 자금의 16퍼센트에 해당하는 1,250억 달러가 배정되었다. 특히 재생 에너지 등 녹색 성장 관련 분야에 1,000억 달러 이상을 배정하면서 이른바 '그린 뉴딜(Green new deal)'을 통한 경기 진작 의지를 강하게 피력했다. 인터넷 브로드밴드(broadband) 확대 등 IT 분야의 인프라 확충 사업에 쓸 돈도 배정했다. 이외에도 미국은 연방 정부와 지방 정부를 합쳐 약 1조 2,000억 달러 규모에 이르는, 세계 최대의 정부 조달 시장을 가지고 있는 나라다. 세계 각국의 기업들이 이 시장에 진입하기 위해 얼마나 치열한 경쟁과 노력을 기울이는지는 두말할 필요가 없는 것이다.

그런 의미에서 KOTRA가 워싱턴D.C.에서 IT · 전자 · 유통 분야 세계 1위 기업인 잉그램마이크로(Ingram Micro) 사의 라클리드 부사장을 만나 협력 MOU를 맺은 것은 매우 뜻깊은 일이 아닐 수 없다.

KOTRA의 '미국 정부 조달 시장 지원센터' 개소식이 열렸을 때였다. 라클리드 부사장은 이 분야 세계 3위 기업이자 경쟁사인 시넥스(Synnex) 사가 KOTRA와 손을 잡고 한국 상품 발굴에 나서기로 했다는 소식에 아차 싶어 급히 달려왔다고 했다. IT · 전자 제품 유통 업체로 꽤 괜찮은 평가를 받고 있는 한국을 경쟁사에 통째로 넘겨줄 수 없다고 판단한 것이다. 이는 한국 상품이 글로벌 기업들의 경쟁에 중요한 자원으로 등장했다는 것을 의미했다. 미국 조달시장을 두고 우리가 김칫국부터 마시는 것은 아닌가 하는 의구심이 사라지는 순간이었다.

미국 조달시장에서는 '엘리베이터 피치(Elevator Pitch)'라는 말이 나돈다. 엘리베이터를 타고 있는 단 몇 초안에 제품의 장점을 부각시켜 상대를 설득해야 뉴 페이스(New face)가 새로운 납품 거래를 할 수 있다는 말이다. 그만큼 과거에 조달시장의 큰손을 만나 그를 설득한다는 것은 하늘의 별따기만큼이나 어렵고 힘든 일이었다. 그런데 이번에 내로라하는 미국의 5개 업체가 업무 협조 약정을 맺자고 나서는 것을 보고 다행히 '엘리베이터 피치' 신세는 면하겠다 싶어 가슴을 쓸어내렸다.

유럽이나 일본 등이 경기 부양책의 예산을 배정해 놓고 이를 어디에 쓸 것인지 구체적인 밑그림을 그리지 못하고 있는 사이 중동 지역에서 희소식이 들려왔다. 중동과 중남미, CIS 등지에서 지난 몇 년간 고유가의 호황을 입고 벌어들인 오일 달러를 작심하고 풀기로 했다는 소식이었다. 석유 부문에 대한 의존도가 지나치게 높은 경제구조를 개선하기 위해 제조업 등 탈석유 사업 기반 조성, 신도시 건설, 사회 복지 시설 건설 등에 돈을 쓸 예정인데, 경기 불황으로 재정에 어려움을 겪는 다른 지역과는 달리 축적된 오일 달러가 있어 그 추진 속도가 매우 빠를 것이라고 했다.

중동 시장의 형님격인 UAE, 사우디아라비아, 쿠웨이트 등이 원유와 원자재를 판돈을 풀어 국가 차원의 개발 붐을 일으켰다. 이로써 기계 설비 및 장비 등의 수요를 필요로 하면서 우리 기업의 건설 시장 진출에 매우 유리한 상황이 만들어진 것이다. 실제로 2009년 6월, 한국을 방문한 아부다비 투자청(ADIA)은 한국의 우량 기업에 대한 투자를 늘리겠다는 포부를 밝히면서 막강한 재력을 과시하기도 했다.

가볍게 넘기지 못할 UN 조달시장

2000년대에 들어서 국제 정치, 군사, 경제 이슈에 대한 UN의 역할이 크게 확대됨에 따라 현재 UN 조달 시장도 큰 주목 대상이 되고 있다. 이 시장은 불과 4년 만에 두 배로 급성장하는 저력을 보이며, 현재 100억 달러 규모를 자랑하고 있다.

UN은 독자적인 생산 기반이 전무한 곳이다. 따라서 소모품에서 중장비 및 시설까지 100퍼센트를 모두 국제 입찰을 통해 조달해야 하므로 잠재 가능성이 큰 시장이다. 또한 다른 정부 조달과는 달리 해당국 내 생산자와의 경합이 없고 기존 수주 실적 요구 관행이 적어, 정치적인 면에서 볼 때 국내 생산 기업을 고려해야 하는 연방 정부, 주정부 조달보다는 상대적으로 진출 가능성이 더 높은 시장이다.

물론 100억 달러 규모라면 조달 시장치고는 그리 큰 규모라고는 볼 수 없다. 그러나 UN 조달시장은 그 규모보다 상징성에 큰 의미를 둘 수 있는 시장이다. 아프리카 대륙의 북부를 가로지르는 사하라 사막을 질주하며 UN의 구호 식량과 물품을 실어 나르는 차량이 어느 나라의 모델인지 아는가? 대부분은 일본의 닛산 차량이다. 이 차를 통해 먹을 것, 입을 것을 받는 그 지역 주민들은 해를 거듭할수록 닛산 브랜드에 익숙해질 것이고, 심지어 고마운 감정까지 갖게 될 것이다. 닛산이 아프리카 자동차 시장에 자연스럽게 안착해 시장을 장악하는 것은 너무나도 당연한 일이다. 닛산 대신 한국산 자동차가 그 일을 대신하게 된다면 어떨까?

하지만 아직까지 UN 조달 시장에 대한 한국의 참여 비중은 다른 선진국에 훨씬 못 미치는 수준이다. 미국, 스위스, 프랑스 등 상위 10개 국가가 전체의 약 40퍼센트를 차지하고 있으나 한국의 참여 비중은 0.5퍼센트에 불과하다.

지난 5월 KOTRA는 뉴욕에서 UN 조달시장 공략을 위한 상담회를 개최했다. 이례적으로, UN 조달 본부의 구매 관련 최고 결정권을 가진 고위 간부가 모습을 드러내 상담회에 참여한 우리 기업들을 격려했다. 당시 실무자라도 나와 주면 다행이라고 여겼던 나는 잠시 잠깐 반기문 UN 사무총장의 후광이 작용한 것이라 여겼다. 그러나 이후 우리 제품에 대해 지속적으로 관심을 보이며, 급기야 방한까지 하여 우리 제품의 납품을 적극 고려하는 그들의 모습을 보며 생각을 바로잡았다. 이들이 우리 제품에 관심을 보인 근본적인 이유는 제품의 우수성을 확인하고 우리 제품이 제격이라고 판단했기 때문임을 알게 되었던 것이다.

최근 UN 조달시장 납품에 성공한 카라반ES는 '결코 가격이 저렴했기 때문만은 아니다'라고 자평한다. 그들이 제시하는 촉박한 납품기한을 제때에 잘 맞추었고, 일반적인 다른 제품들과 달리 친환경 요소 등을 가미하는 등 차별화를 꾀했기 때문이라는 것이다. 품질과 기술 수준에 더해 UN이 중시하는 환경 등 윤리적 요소까지 제품의 경쟁력으로 체화시켰던 것이다.

이를 계기로 KOTRA는 앞으로 이어질 우리 기업의 UN 조달 시장 진출 지원을 위해 뉴욕 KBC에 'UN 조달 지원 센터'를 설치하였다. 앞으로도 UN 조달 시장의 문을 두드리고 싶어 하는 우리의 많은 기업들이 더 멋진 성공 사례들을 만들어 가기를 기대하는 마음 간절하다.

IT 강국의 이점을 활용하라

이렇듯 우리 기업을 찾는 해외 건설 시장의 수요는 무궁무진하다. 미국이 인프라 확충 사업으로 시작한 캘리포니아 고속철도 건설, 플로리다 고속철도 건설 등 초대형 프로젝트 발주처에서도 우리 기업의 시공 능력을 탐내고 있다. 이 중에서도 캘리포니아 고속철 사업은 총 450억 달러가 투입되는 총연장 1,280킬로미터의 대공사다. 이 사업은 향후 미국 내 고속철 사업의 시범 사례가 될 수 있다는 점 때문에도 많은 나라들이 치열한 수주전을 벌이고 있다. 이 밖에 아시아와 아프리카 등지의 전자 정부 구축, 원전 및 댐 건설 등의 수요는 이루 말할 수 없을 정도다.

물론 해외 건설 공사를 수주하기까지 어려움이 없는 것은 아니다. 대형 공사인 만큼 안전에 대한 신뢰, 공기를 지킬 수 있는 능력 등이 가장 주요한 요구사항이다. 그래서 대형 공사를 공개 입찰할 때는 대부분 과거 실적을 요구하며, 시공 능력을 객관적으로 증명할 수 있는 여러 가지 복잡한 평가 자료를 요구한다. 대부분의 기업들이 이러한 보이지 않는 장벽을 뚫지 못해 실망하기도 하고, 이 장벽을 뚫기 위해 수많은 시간과 노력을 투자한다. 이 점은 해외 건설 시장 진출 시 우리 기업들의 최대 애로사항으로 지적되면서, 한미 FTA와 한-EU FTA를 통해 우리 기업들이 과거 실적을 제출하지 않아도 되는 조항이 만들어지기도 했다.

그러나 우리 기업들은 해외 건설 프로젝트에 대해 비교적 대외 지명도가 높은 편이다. 앞서 이야기한 것처럼 세계에서 가장 높은 빌딩, 가장 긴 다리 등이 우리 기업에 의해 건설되었기 때문이다. 게다가 또 한 가지 이점이 있으니, 바로 우리나라가 IT강국이라는 것이다. 최근 건설 공사는 과거처럼 벽돌만 쌓고 시멘트를 칠하는 것만으로 끝나지 않는다. 한 치의 오차도 허용되지 않는 정밀 공정이 필요하며, 이 정밀 공정 능력은 곧 전체 시공 능력과 직결된다. 그런데 이 정밀 공정의 근간이 바로 IT이다. 정확한 IT시스템이 들어가고, 편리하게 사용할 수 있는 맞춤형 장비들이 장착되어야 한다. 열사의 사막에서도, 혹독한 시베리아에서도 측정이나 판단의 오차가 없는 최첨단 장비들이 사용되어야 한다. 결국 세계 어떤 나라보다도 IT 상용화 능력이 뛰어난 우리나라가 절대 우위에 있다는 얘기가 된다.

특히 최근 우리의 수준 높은 IT 기술에 대한 소문이 전 세계적으로 퍼지면서 이 분야의 시장 확대에 큰 힘이 실어지고 있다. 지난 9월 다녀간 네팔의 정보통신부 장관은 한국 기업들이 네팔의 전자 정부 시스템을 구축해 주기를 희망한다는 뜻을 강력히 전했다. 중남미의 콜롬비아, 멕시코 등은 우리나라의 지능형 교통 시스템과 이러닝 시스템에 깊은 관심을 보이고 있다.

앞으로 IT 기술을 이용한 분야는 우리 기업이 도전할 수 있는 블루오션으로 자리 잡을 것이 확실하다. 그러므로 정부 발주 프로젝트를 따내는 데 있어 무엇보다 IT 강국으로서의 면모를 적극 활용해 나갈 필요가 있다.

현재 우리 기업들로서 가장 아쉬운 부분은 더 많은 곳으로 진출하기 위한 자금력이 아닐까 싶다. 최근의 건설 프로젝트는 파이낸싱부터 시공, 사후 관리까지 일괄 수주하는 것이 추세인데, 시공 능력이 뛰어난 기업들이 파이낸싱에서 막혀 발을 동동 구르는 사례가 적지 않게 목격된다. 그런 점에서 바로 지금이야말로 넓은 해외 시장으로 향하는 우리 기업들의 막힌 곳을 뚫어 줄 수 있도록 정부와 관련 기관의 과감한 지원이 절실하다.

주류까지 위협하는 비주류 시장

아프리카 오지에 사는 주민들은 대부분 신발을 신지 않고 맨발로 다닌다. 그런데 어느 한 운동화 제조 업체가 과감한 시도를 감행한다. 이들에게 자사의 운동화를 무료로 나눠 준 다음 마음껏 신고 다니게 한 것이다. 사람들은 늘 맨발로만 다녔기 때문에 의아해하면서도 때론 호기심에, 때론 덩달아 신발을 신고 다니게 되었다.

그렇게 신발을 신고 다니는 시간이 점차 길어지면서 드디어 운동화 회사가 기대하던 결과가 나타나기 시작했다. 맨발로 다닐 때는 두꺼웠던 발바닥이 신발을 신기 시작하면서 얇아지고 약해지더니 급기야 신발을 신지 않고는 도저히 다닐 수 없는 상태가 된 것이다. 이들은 이제 신발 없이 지낼 수 없는 지경에 이르렀고, 마침내 운동화 회사는 이들에게 자사의 제품을 판매할 수 있게 되었다.

이는 언뜻 보기에 한번 시작된 소비자의 지출 수준은 쉽게 줄지 않는다는 소비자의 심리를 이용한 상술 같지만 한편으로는 불황기에 소비 시장을 겨냥해 우리 업체가 나아갈 방향이 무엇인지를 보여주는 사례라고 할 수도 있다.

시장이 없다면 새로 찾아내야 한다. 찾을 수 없다면 새로 만들어내야 한다. 정부의 경기 부양과 그에 따른 자구 노력은 하나의 필요조건일 뿐, 경제 위기 극복과 지속적인 경제 성장의 바탕은 수출에 달려 있다고 해도 과언이 아니다. 우리 경제가 위기를 이기고 한 단계 도약하기 위해서는 전혀 새로운 시장을 찾고 또 만들어내어 수출의 길을 터야만 한다.

주류는 가라앉고 비주류는 떠오르고

금융 위기로 야기된 변화 중 하나는 주류의 쇠락과 비주류의 부상이다. 우선, 쇠락하는 주류의 대표 주자는 미국으로, 이 나라는 무엇보다 국제 사회에서 가장 크게 신뢰를 잃었다. 과거 개도국이 금융 위기에 빠지면 낙후된 경제 시스템 때문이라는 입바른 소리를 서슴지 않았던 미국이 정작 이 어마어마한 금융 위기를 촉발한 주범으로 지목되고 있기 때문이다.

세계 시장을 주름잡던 미국의 제조 업체, 은행, 유통 업체 등의 줄도산이 이어지면서 미국은 절대 강자의 지위를 내려놓아야 할 위기에 처했다.

과거 우리가 세계적인 롤 모델로 삼고 따라가려 했던 일본은 또 어떠한가? 한때 "일본이 우리나라에서는 찾아볼 수 없는 최신 전자 제품을 판다면 우리는 그것을 포장할 수 있는 박스만 팔고 있다"는 말이 돌 정도로, 침범하지 못할 세계 최강을 자랑하던 일본의 전자 업계는 하나같이 사상 최악의 영업 실적을 보이며 대규모 감원 등을 불사하고 있다.

세계 최대 공동 시장을 만들면서 힘을 키우던 유럽 역시 위기에 놓였다. 국가가 어느 정도 소유하는 가운데 통제하고 분배한다는 기치를 내걸고 최고의 복지 체제를 만들어 가던 유럽도 국가 보장 복지성 지출이 커지면서 경제 위기와 맞물려 힘겨워하고 있다.

대신 그동안 주류에 가려 제대로 빛을 보지 못했던 비주류들이 전면에 등장하기 시작했다. "아직도 잘못을 인정하지 않는다"는 일설로 미국을 고개 숙이게 만든 중국, "이것이 미국이 그토록 자랑하던 신자유주의 경제인가?"라는 비아냥을 서슴지 않던 러시아가 부상하기 시작했다.

러시아는 이후 자원 가격이 떨어지면서 경제적 고통이 심해져 세력을 잃었지만 중국은 세계에서 가장 빠른 경기 회복 속도를 자랑하며 여전히 세력을 키워 나가고 있다. 또한 백인 주류가 움츠러든 가운데 유색 인종들도 감추고 있던 힘을 드러내기 시작했다. 미국에서는 최초로 흑인 대통령이 탄생할 정도였다.

이런 관점에서 보면 우리 수출의 막힌 곳을 뚫는 해답이 보인다. 우리 수출의 가장 큰 장점은 시장이 넓다는 점이다. 수출 품목의 수준이나 마케팅 능력으로 볼 때 어느 한 곳에만 죽도록 매달릴 이유는 없다. 한쪽 시장이 막히면 다른 시장을 뚫으면 된다. 그동안 등한시해 온 시장에 눈을 돌리면 잃은 만큼의 시장을 다시 확보할 수 있다.

불황으로 위축된 시장이지만 힘을 얻고 있는 비주류 시장을 찾아내서 우리 수출 역량을 집중한다면, 그래서 그 시장에서의 점유율을 넓혀 나간다면, 미국이나 유럽, 일본 등 침체된 선진국 시장에서의 부진을 만회할 수 있을 것이다. 어쩌면 향후 호황기, 더 커진 비주류 시장에서 그야말로 진짜 강자로 군림할 수 있을 날이 올지도 모를 일이다.

아시아가 뜬다

금융 위기는 국제 사회의 패권 변화를 비롯해 세계 시장의 판도에도 큰 변화를 가져왔다. 가장 눈에 띄는 것은 아시아의 등극이었다.

지난 2007년 다보스 포럼에서는 지정학적, 경제적 파워가 기존의 미국, 유럽에서 점차 아시아로 이동하고 있음이 지적되었는가 하면, 노벨경제학상 수상자인 로버트 먼델(Robert A. Mundell) 교수는 10년 이내에 아시아 공동 통화가 등장할 것이라 예견하며, 아시아 파워에 대한 신뢰를 보내기도 했다.

소위 강대국들만의 모임이라는 G7(세계경제협의기구)이 G20으로 확대된 것도 중국, 인도, 한국 등 아시아 국가들의 비중이 커졌기 때문이며, 이는 국제 사회에서 아시아 등 신흥시장의 가중치가 점점 커지고 있음을 보여 주는 증거다.

실제로 아시아는 매우 놀라운 속도로 성장하고 있다. 소득, 무역, 경제 성장률 등이 모두 세계 평균의 수 배에 달하고, 특히 세계 외환 보유고 64퍼센트로 세계 무역의 3분의 1을 차지하면서 엄청난 영향력과 위력을 발휘하고 있다. 이는 그만큼 세계 경제 성장 동력과 돈을 많이 보유하고 있다는 의미다. 게다가 아시아가 앞으로 더 성장할 수 있을 것이라 보는 이유는 아시아 역내 교역이 활발해지고 있다는 점 때문이다. 국가 주도의 산업화가 빠른 속도로 이루어지면서 아시아 역내는 산업화 단계별로 역내 산업의 수직적 분업 구조를 이루어 가고 있다. 시장 주도적이고 투자 자금 움직임이 중시되던 미국식 경제 모델과는 달리, 정부 주도적이고 인구를 통한 수요 기반 확충에 그 토대를 두고 있는 것이다.

아시아 대부분의 국가가 미국이나 유럽을 상대로 수출을 해야 먹고살 수 있었던 시대에는 미국과 유럽의 경제 환경이 매우 중요했지만 이제는 상황이 달라졌다. 아시아 국가들 간의 교역을 통해서도 먹고살 수 있는 시대, 외부 환경에 영향을 받지 않고 독자적인 발전을 거듭할 수 있는 시대가 목전으로 다가왔다. 많은 경제학자들과 시장의 경제 주체들이 아시아 시장에 주목하는 이유도 이 때문이다.

아시아는 고도성장을 바탕으로 글로벌 경제에서 그 비중을 확대하면서 주목을 받기 시작했다. 중국에서만 무려 5억 명이 휴대전화를 사용하고 있으며, 인도는 전 세계 IT 인력의 25퍼센트를 보유하고 있다. 최근에는 싱가포르, 중국, 인도 등이 세계 M&A 시장을 장악하는 등 금융 분야에서도 세력이 커지고 있다. 아시아의 중심으로 등극한 중국에는 글로벌 500대 기업 중 450개가 진출하는 등 아시아

시장 전체가 글로벌 시장의 축소판으로 변모했다.

게다가 과거 저임금 생산 기지에서 황금의 소비 시장으로 탈바꿈하고 있는 모습도 빼놓을 수 없는 요소다. 액센츄어(Accenture)라는 컨설팅 전문 기관은 아시아 지역에서 향후 10년간 10억 명의 새로운 소비자가 등장할 것이라고 전망했다. 또, 10년 후면 전 세계 사치품의 30퍼센트가 중국에서 소비될 것이라며 아시아 시장이 양적, 질적으로 팽창하게 될 것이라는 점을 시사한 바 있다.

그러므로 우리 수출도 예외일 수 없다. 기존에 우리가 아시아 시장을 바라보던 시각은 현지에 나가 있는 우리 기업들에 원부자재를 공급하는 정도였다. 그러나 최근 아시아 시장은 어떠한가?

지금까지 아시아 시장은 하청 공장들이 늘어서 있던 세계 생산의 중심지였다. 하지만 이제 아시아는 젊은 소비자들이 포진한 최대의 소비 시장으로 떠올랐다. 최근 고도성장을 통해 국민소득이 높아지다 보니 소비 수준도 나날이 높아지고 있는 것이다. 실제로 서구 소비 패턴을 닮으려는 젊은 소비층이 고급 명품 소비를 확대하고 있다. 중국에서만 연간 69억 달러의 명품 소비가 이루어진다니, 이를 전 아시아로 확대한다면 그 규모만도 엄청나지 않겠는가? 이러한 상황을 의식한 듯 전 세계 소비 상품의 지표 기준이 벌써부터 아시아인들의 취향에 맞춰지고 있다는 이야기도 들려오고 있다.

어디 그뿐인가. 최근 일본 정부의 통상 정책 또한 '탈구입아(脫歐入亞)'로 바뀌었다. 250여 년 전 일본이 메이지유신을 통해 개방을 하면서 주창했던 '탈아입구(脫亞入歐)', 즉 아시아를 벗어나 서구와 합류한다는 기본 이념을 정반대로 전환해 아시아 시장, 중산층 시장을 겨냥하자는 모토를 내세운 것이다. 이는 아시아 시장의 미래와 가치를 재평가한다는 뜻으로도 볼 수 있다.

이러한 아시아 시장에서 우리 기업들만이 가질 수 있는 프리미엄이 있다. 바로 '한류'에 힘입은 긍정적이고 세련된 이미지다. 동남아 어느 국가에서는 한류 드라마의 여주인공이 등장하는 광고의 가전제품을 혼수로 장만해 가는 것이 젊은 여성들 사이의 로망이라고 하니, 더 이상 설명할 필요도 없을 듯하다.

그간 비주류처럼 취급받았던 젊은 아시아 시장이 이제는 우리의 수출 시장으로 새롭게 부상했다. 이미 우리의 주력 시장이기도 한 곳이지만 금융 위기 이후 더욱 높아진 아시아 시장의 가치를 절대 놓쳐서는 안 될 것이다.

3中 시장을 공략하라

세계 시장에서 '중(中)' 자로 시작되는 세 곳이 있다. 바로 중국, 중동, 중남미 시장이다. 이는 우리가 앞으로 전략적 비중을 높게 두어야 할 곳들이다. 이들 시장은 한파가 몰아친 글로벌 금융 위기의 영향을 비교적 덜 받거나, 슬기롭게 이겨 내면서 다른 지역에 비해 비교적 안정적인 성장세를 유지해 나가고 있다. 특히 돈 가뭄이 든 경제 위기에도 이들 시장은 유독 돈이 몰리는 지역이었다는 점에 주목해야 한다.

중국은 우선 2조 달러의 외환 보유고를 가진 세계 최대 외환 보유국이다. 과거 10년간 그야말로 엄청난 무역 흑자를 내며 모아둔 든든한 자산이다. 중동 역시 초고유가 시대의 수혜자로서 2000년 이후 유입된 오일달러 규모가 2조 5,000억 달러에 이른다. 중남미 국가들도 원자재 가격 상승으로 벌어들인 돈이 엄청난 것으로 알려져 있다. 이 중 대표주자인 브라질의 외환 보유고는 약 2,000억 달러로 세계 7위에 랭크되어 있다.

이처럼 외환 보유고가 높다는 것은 정부가 풀 수 있는 돈이 많음을 뜻한다. 민간 부문이 어려워지더라도 앞서 언급했듯 언제든 정부 주도의 경기 진작이 이루어질 수 있으므로 주의 깊게 살펴보면 우리 수출에 많은 기회가 주어질 수 있는 것이다.

이를 증명이라도 하듯 이들 3中 시장으로의 우리 수출은 비교적 좋은 성적을 보이고 있다. 2009년 상반기까지 우리나라 전체 수출이 약 23퍼센트 감소한 데 반해 중국으로의 수출은 22퍼센트, 특히 중동으로의 수출은 6퍼센트 감소하는 데 그쳤다. 금융 위기 초반 선전하던 중남미 경제가 2009년에 들어서며 실물경제의 타격이 커지면서, 우리나라의 중남미 수출이 많이 감소하기는 했지만 3中 시장 전체에 대한 수출은 20퍼센트밖에 줄지 않아 전체 수출 감소율을 둔화시키는 역할을 했다.

3中 시장의 또 다른 매력은 앞으로 우리 수출이 확대될 여지가 많다는 것이다. 특히 중국은 몇 년 전부터 내수를 키우는 경제 정책을 고수하고 있다. 우리나라의 대중국 수출은 이미 전체 수출의 5분의 1 수준에 접어들었지만 내수 시장에 대한 새로운 공략과 더불어 늘어날 여지가 많다. 앞으로 급격히 성장하게 될 중국 시장을 해외 시

장이라는 생각보다, 국내의 내수 시장이라는 생각으로 개척해 나갈 필요가 있다.

나는 중국의 내수 시장을 파고드는 공략으로 '점 – 선 – 면 전략'을 이야기하곤 한다. 이는 등소평이 개방 개혁 전략으로 인용했던 말이기도 한데, 워낙 땅덩어리가 넓은 중국 시장에 안착하기 위해서는 동부 연안을 점으로 시작해 그와 연계된 거점 도시를 선으로 연결하고, 이를 다시 내륙 도시들과 연계해 면으로 확대하며 구역을 넓혀 가는 공략법이 필요하다는 것이다.

이는 최근 확대되어 가는 중국 내륙 지방의 구매력 상승과 맞물려 매우 효과적인 전략이라 판단된다. 예를 들어, 중국 내륙 도시 청두는 수입 폭스바겐 판매량 2년 연속 전국 1위를 차지하고 있으며, 폭스바겐의 고급 승용차 페이톤(PHAETON)의 전 세계 2위 매출 실적을 기록하는 등 엄청난 위력을 과시하고 있는 지역이다. 인구 1,100만 명인 청두에서 승용차 보유 대수가 무려 100만 대에 이르면서 중국 내 전체 3위를 차지하고 있는 것이다.

한편, 중국은 대도시에 비해 진출 기업이 적은 중소도시가 새로운 소비 시장으로 떠오르고 있다. 이 때문에 내수 시장 진출 시 경쟁이 치열한 대도시 시장보다는 미개척 시장인 지방 중소도시 시장을 우선해서 겨냥할 필요가 있다고 본다. 또한 너무 방대해 내수 시장 접근이 용이하지 않는 곳이라면 온라인 유통이나 TV 홈쇼핑을 유력한 판매망으로 노려 보는 것도 새로운 대응법이 될 수 있을 것이다.

그 밖에 중동 시장은 아직 수출 비율이 약 6~7퍼센트밖에 안 된다는 점에서 유망한 시장이다. 다행히 최근 중동 지역으로 우리 자동차 수출이 50퍼센트 이상 증가하는 호조세를 보이고 있다. 자동차 수출은 부품 수출을 연계하는 효과가 있을 뿐 아니라 높아진 지명도를 바탕으로 다른 소비재 시장을 확대하는 데도 많은 도움이 된다. 실제 중동 지역을 다녀온 우리 기업들이 예상 외의 실적을 거두었다는 얘기나, 중동 시장 개척단이 매번 짭짤한 재미를 보고 왔다는 얘기가 계속 들려오고 있다.

더욱이 최근 5년간 막대한 오일달러가 유입된 이 지역에서 개인 소비가 늘어나고 있다는 점에 유의해야 한다. 특히 이러한 중동 시장 개척에는 무엇보다 신뢰와 약속이 중요하다. 비즈니스 관계에서도 일단 믿음이 생기면 '형제'라 부르며 쉽게 거래선을 바꾸지 않는 그들의 문화를 잘 활용할 필요가 있다.

마지막으로 중남미 시장은 현재 우리 수출이 부진한 지역이지만 제2의 프로젝트 진출 시장으로 그 잠재력이 높다. 이곳 역시 2009년 하반기부터 본격적으로 각국 정부의 경기 부양책이 시행되면 우리 기업의 참여 기회가 더욱 늘어날 것으로 보인다. 벌써부터 고속철, 지능교통 시스템 등 굵직굵직한 건수들이 우리 기업의 도전 정신을 자극하고 있다. 또한 자원 부국들이 많아 자원 개발과 플랜트 및 기자재 수출이 연계되는 패키지 거래가 가능한 지역이다.

이런 맥락에서 볼 때 최근 현대엔지니어링이 베네수엘라 정유소 건설을 위한 컨설팅 프로젝트를 따낸 일은 매우 반가운 소식이 아닐 수 없다. 2010년 초 입찰 예정된 이 프로젝트에 우리 기업의 진출 관문이 열린 셈이기 때문이다.

중남미 시장에 대해서는 특히나 잊을 수 없는 기억을 가지고 있다. 2008년 내가 수출보험공사 사장으로 재직하던 시절, 우리와 국교도 맺지 않은 적성 국가, 쿠바 하늘에 역사상 처음으로 태극기를 꽂고, 떼인 돈까지 돌려받으며 수출 활로를 뚫었던, 그야말로 획기적인 일이 있었다.

당시 쿠바 정부는 그로부터 7년 전 한국타이어가 수출을 하고도 받지 못했던 143만 유로를 이자까지 합해 갚겠다며, 새로운 여신 한도(credit line)를 만들자는 제안을 해 왔다. 당시 쿠바는 전력이 턱없이 부족한 상태로 발전 설비가 시급한 시점이었다. 이런 상황에서 쿠바의 막강 권력이었던 피델 카스트로가 세계에서 가장 경제적이고 우수한 발전 설비를 가진 나라로 한국을 지목하면서 아무런 조건 없이 이루어진 거래였다. 이로써 우리는 채무 전액을 돌려받음과 동시에 현대중공업의 발전 설비는 물론, 발전 설비 개보수에 필요한 물품들까지 수출하는 쾌거를 이룩했다. 특히 이것은 시내버스를 무상으로 공급하고 놀이동산도 만들어 주겠다던 중국의 회유를 물리치고 맺은 거래라는 점에서 더욱 그 의의가 깊었다.

쿠바의 대외무역관 차관과의 회담이 있던 날, 단상 위에 쿠바 국기와 나란히 꽂힌 태극기를 보며 벅찬 감격에 겨워 눈시울이 뜨거워졌던 기억이 아직도 생생하다.

결국 우리와 단 한차례의 교류도 없던 쿠바로 하여금 마음의 빗장을 열게 한 것은 바로 우리의 품질 경쟁력이었다. 한국 상품의 우수성과 브랜드 파워가 미수교 장벽을 넘어서게 만든 놀라운 힘이 되었던 것이다.

이러한 점에서 볼 때 중남미 시장은 표면적인 계산만으로 접근해서는 안 된다. 그들이 충분히 인정할 만한 경쟁력부터 견고히 다져야 한다. 그리고 끈기 있게 인내심을 가지고 문을 두드려야 한다. 우리 수출 기업들이 조금만 더 발 빠르게 움직인다면, 장기적인 안목으로 조금만 더 깊이 있게 파고든다면, 이곳에서의 수출 비중은 훨씬 늘어날 수 있다. 향후 세계 시장이 회복되고 우리 수출이 정상 궤도에 오르면 이들 지역으로 늘어난 수출은 곧 전체 수출 확대로 이어질 것이다.

우리와 비슷한 문화의 히스패닉 시장

미국의 LA나 마이애미 등지에서는 영어 인구보다 스페인어 인구가 더 많다는 통계가 있다. 이들은 주로 먹고살 길을 찾아 중남미에서 이주해 온 사람들이거나 그 후예들이다. 미국에 거주하는 수많은 소수 민족들 중 하나에 불과할지 모르지만 히스패닉계 시장은 결코 무시할 수 없는 잠재력이 큰 시장이다.

미국 내에서 히스패닉 인구는 전체 인구의 약 16퍼센트를 차지하면서 흑인 인구의 비중을 넘어 최대 소수 민족으로 부상했다. 이들은 문화적 특성상 출산율이 높기 때문에 인구 증가의 속도도 미국 평균의 세 배에 이르는 것으로 알려져 있다. 게다가 연간 약 7,000억 달러의 큰 구매력을 보유한 것으로 추정되는 이들의 독특한 소비 습관 역시 우리의 관심을 충분히 끌 만하다.

특히 가족 중심의 문화로, 집안 대소사가 많다는 것에 주목할 필요가 있다. 대가족이 모여 먹고 마시고 즐기는 일이 많다 보니 이와 관련한 소비가 많을 수밖에 없을 것이다. 게다가 오늘 주머니 사정이 괜찮더라도 미래가 불안하면 좀처럼 소비를 하지 않고 저축을 택하는 백인들과는 달리, 이들은 일단 오늘 있는 것을 쓰고 보자는 성향이 강하다. 불황에도 쓸 건 써야 한다는 소비 행태가 이어지고 있는 것이다.

이 같은 독특한 시장을 보면서 잠시 이런 생각을 해 본다. 노래 좋아하고 춤추기 좋아하는 이들에게 우리의 노래방 기기를 팔아 보면 어떨까? 여럿이 모여 먹고 마시는 걸 즐기는 이들이 소주를 곁들인 삼겹살 파티에 열광하지 않을까? 어찌 보면 음주가무에 능하고 가족 중심의 세계관이 발달한 우리나라와 흡사한 부분이 아주 많은 시장이 바로 여기가 아닐까 싶다. 이러한 공통분모를 찾아 잘만 활용한다면 우리의 소주나 삼겹살 굽는 데 필요한 그릴까지 팔지 말란 법도 없다.

실제로 히스패닉 인구가 인종 간 유대감과 자존심이 강한 성향을 제대로 활용한 사례가 있다. 미국에서 대성공을 거둔 마케팅으로, 다름 아닌 히스패닉 인종의 외모를 가진 '잠자는 숲속의 미녀' 인형이 그것이다. 천편일률적으로 하얀 피부에 금발을 하고 있는 공주 인형의 고정관념을 깬 이 인형은 당시 재고가 바닥을 드러낼 정도로 불티나게 팔렸다고 한다. 익숙했던 풍경도 한 발짝 떨어져 다른 시각에서 보면 새로운 모습이 보이는 것처럼, 다른 각도에서 생각하며 아이디어를 모으다 보면 새로운 시장이 열리는 것은 물론 기존 시장 사이의 틈새시장까지 눈에 들어오는 법이다.

환경이 곧 돈이 되는 시대가 온다

금융 위기를 맞아 추진되는 각국의 경기 부양책 중 향후 가장 큰 성장이 기대되는 시장은 녹색 시장(Green Market)이다. 이를 반영하듯 각국은 경기 부양책을 추진하면서 친환경 그린 프로젝트에 큰 비중을 두고 있다. 미국, 중국 등에서는 재생 에너지 개발, 오폐수 처리 시설 확충 등을 활발하게 추진할 전망이며, 이를 위해 기업의 친환경 기술 개발 등에 전폭적인 지지를 아끼지 않을 것으로 보인다.

미국 케임브리지 에너지연구소(CERA)는 지열, 태양광, CCS 등 8개 그린에너지 분야의 2030년 투자 규모를 7조 달러로 예측하고 있으며, 미국 전문 조사 기관인 클린 엣지(Clean Edge) 사는 그린에너지 시장이 향후 10년간 연평균 15.1퍼센트로 고성장할 것이라 전망하고 있다.

세계 유명 기업들도 그린 분야 사업 확대 및 집중 전략으로 시장 선점 경쟁에 가세하고 있다. '에코매지네이션(Ecomagination = Ecology + Imagination, GE의 미래 전략 핵심 키워드)'이라는 경영 선포와 더불어 친환경 제품 개발에 매진해 왔던 세계 최대 기업 GE는 이 분야의 제품과 서비스 판매 수익만 170억 달러 규모로 연 21퍼센트 증가하고 있다고 밝히고 있다. 또, 2008년 이 분야의 투자가 총 14억 달러에 이르고 있고, 2010년까지 매년 1억 달러씩을 증액할 예정으로 알려져 있다.

이렇듯 현재 지구상의 녹색 시장은 주로 선진국에 의해 주도되고 있다. 특히 자국의 표준이 국제적으로 인정받으면 마음 놓고 세계 시장을 주무를 수 있다고 생각하기에 선점 경쟁이 더욱 치열할 수밖에 없다. 신재생 및 대체에너지 개발 붐을 비롯해 하이브리드카(hybrid car) 개발 경쟁, 탄소 시장 활성화, 공산품 에너지 효율화 작업 등이 대표적인 사례다.

특히 일본, 미국, EU 등 선진국의 비중은 시장의 60~80퍼센트를 차지하고 있다. 예컨대 태양광 시장은 일본 36퍼센트, EU 20퍼센트, 미국 7퍼센트를 차지하고 있는데, 글로벌 업체를 살펴보면, 태양 전지를 생산하는 독일의 큐셀 사가 1위, 우리의 이웃인 중국의 선테크 파워(Suntech Power) 사와 일본의 샤프(Sharp) 사가 각각 2, 3위를 차지하고 있는 상황이다.

풍력의 경우에는 덴마크 33퍼센트, 독일 21퍼센트, EU 15퍼센트를 차지하고 있다. 상위 업체를 살펴보면, 덴마크의 베스타스사가 독보적인 매출(2008년 90억 달러)로 1위를 차지하고 있으며, 미국의 클리퍼(Clipper) 사 그리고 독일의 노르덱스(Nordex) 사가 그 뒤를 잇고 있다.

녹색 시장 중 미래의 황금알을 낳는 시장으로 가장 부각되고 있는 탄소 배출권 시장은 선진국의 주도가 더욱 심하다. 탄소 배출권은 온실가스 감축 의무 부담국이 개발도상국에 온실가스 배출 저감 설비 등을 설치해 주는 만큼 온실가스를 추가로 배출할 수 있는 권한을 말한다. 2008년 기준으로 탄소 배출권 시장은 180억 달러에 달했으며, 2013년에는 그 규모가 약 7,000억 달러로 성장할 것으로 전망되고 있다. 탄소 배출권 시장의 일부인 CDM(Clean Development Mechanism, 청정 개발 체제) 사업의 경우, 기술력과 선진 금융 시스템을 보유하고 있는 영국, 스위스, 일본, 네덜란드가 전 세계 시장을 독점하고 있다.

그에 비해 우리 녹색 산업의 수준은 아직 초등학생 수준에 불과하다. 2007년 기준 우리나라의 생산 규모는 18억 달러로 세계 시장 점유율은 겨우 1.4퍼센트에 불과하며, 세계 녹색 시장을 지배하고 있는 업체가 단 한 곳도 없는 실정이다.

CDM 시장도 마찬가지다. 2009년 3월 기준 총 24건의 국내 CDM 사업이 UN에 등록되어 있지만 해외에서 우리나라가 등록한 CDM 사업은 현재까지 미미한 상태다. 그럼에도 불구하고 탄소 배출권 해외 시장은 우리 역시 주목해야 할 시장이다. 좀 늦은 감이 있지만 탄소 배출권 시장이 돈이 된다는 사실을 깨달은 우리 녹색 기업들 역시 해외 CDM 시장 진출을 위해 많은 노력을 기울이고 있다.

국내의 한 전력 회사도 중국 깐수성에 4만 9,000킬로와트(kW) 규모의 풍력발전소 건설 사업을 합작 방식으로 진행하여 발전량 판매로 인한 배당 수익과 탄소 배출권이라는 부가 수익을 얻고 있다. 비록 크지는 않지만 국내 기업 최초의 해외 CDM 사업 진출이라는 점에서 큰 의미를 가지고 있다. 이 기업은 내몽골 지역에 풍력발전소 건립을 통해 확보한 탄소 배출권을 제3국에 판매하는 등 추가 수입도 기대하고 있다. 자금과 기술적인 측면에서 대기업보다 열악한 경쟁력을 가지고 있는 여러 중견, 중소기업들 역시 이 기업의 성공에 자극을 받아, 보다 적극적인 해외 CDM 사업 발굴에 박차를 가하고 있는 중이다.

이에 발맞춰 KOTRA 역시 국내 녹색 기업의 CDM 사업 진출 지원을 위해 2009년 상반기에 '그린 허브 코리아 위크(Green Hub Korea Week) 2009'를 개최한 바 있다. 19개사의 해외 CDM 사업 발주자를 초청해 국내 녹색 기업에 소개하는 자리를 마련, 우리 녹색 기업들에게 개도국에 수많은 CDM 틈새시장이 존재함을 일깨워 주고 도움을 주는 역할을 했다.

그 밖에도 우리에게는 선진국과 어깨를 나란히 할 수 있는 잠재적인 성장 가능성이 큰 녹색 기업들이 있는데, 그중에서도 태양광과 풍력 산업을 꼽을 수 있다.

독일 뮌헨에서 개최되는 세계적인 태양광전시회인 인터솔라(Intersolar) 전시회에서 한국 태양광업체인 M사는 태양광 모듈 제조업체인 이탈리아 솔라데이(Solarday) 사와 2013년까지 6년간 2,550억 원 규모의 태양전지 공급 계약을 체결했다. 이번 계약이 성공할 수 있었던 것은 세계에서 두 번째로 UMG 실리콘을 이용한 태양전지 양산에 성공, 생산 단가를 40퍼센트 이상 절감할 수 있었다는 것과, 일반 폴리실리콘을 이용한 태양전지 수준의 고효율 확보라는 기술력 때문이었다. 즉 경쟁력 있는 세계 수준의 기술력이 통한 것이다.

태양광과 더불어 풍력도 세계 수준과 경쟁할 수 있는 기반을 가지고 있다. 국내 풍력발전기 제조사인 유니슨과 효성은 750킬로와트급 기어리스형 풍력발전기 상용화를 완료했다. 현대로템, 삼성중공업, 현대중공업 등도 1~2메가와트급 기어리스형 풍력발전기 개발을 목전에 두고 있는 상황이다. 두산중공업과 효성은 3~5메가와트급 해상풍력발전기를 개발 중에 있어, 개발 완료 시 해상풍력 단지 조성이 본격적으로 시작될 전망이다. 또한 삼성중공업은 6,000억 원의 시설 투자를 통해 2010년까지 2.5메가와트급 육상용과 5메가와트급 해상용 풍력발전 설비를 연간 200기 생산할 계획이다.

이러한 기술력을 바탕으로 해외 진출도 한창이다. 유니슨은 미국 유타(Utah) 지역에 5.5메가와트 풍력발전개발 계약을 체결하였으며, 이외에 중남미, 아시아, 아프리카 등지에도 풍력발전을 설치 중에 있다. 삼성중공업은 미국 씨엘로(Cielo) 사와 2.5메가와트급 풍력발전기 3기를 2011년까지 텍사스 주에 설치할 예정이다.

여기에 차세대 신에너지로 각광받고 있는 연료전지 개발이 본격적으로 상용화될 경우 막대한 부가가치 창출도 기대할 수 있을 것으로 보인다. 이에 GS칼텍스, SK에너지, 포스코 등이 가정용 및 하이브리드카용 연료전지 개발 사업에 본격 나서고 있다. 그 밖에 세계에서 몇 손가락 안에 꼽힐 정도의 기술력을 가진 원자력 기술도 우리에게 희망을 안겨 줄 것이라는 전망이다.

이제는 기업이 나서서 환경을 선도하고 환경 규제에 부합하는 친환경 제품 시장을 선점, 생산해 내야 하는 '그린 오션(Green Ocean)' 시대다. GE 회장의 말처럼 "Green is Green", 즉 '환경이 달러'가 되는 시대가 오고 있는 것이다.

사람들은 가끔 내게 무역 전문가로서 어떤 시장이 유망하다고 보느냐는 질문을 한다. 요즘같이 어려운 시기에 섣불리 답하기 힘든 질문이기는 하나, 최근 들어 선진국의 녹색 산업 정책과 개도국들의 적극적인 외국인 투자유치 정책을 들여다보면 유망한 진출 시장이 어느 정도 가려지는 듯도 하다. 나의 답은 '돈이 있는 곳에 가야 돈을 벌 수 있다'는 것이다. 그런 점에서 미국과 같은 시장이 유망하다고 할 수 있다.

미국은 적극적인 신재생에너지 정책을 추진하고 있는 국가이며 향후 10년간 1,500억 달러를 녹색 산업에 투자할 계획을 갖고 있다. 특히, 미국 정부는 신재생에너지 사용 확대, 국가 동력망 낭비와 경제적 손실 회복을 위해 송전선 회랑(Transmission Corridor) 개선, 열병합 발전소 도입 확대, 전기 자동차 도입 등 다양한 분야에 투자를 계획 중이다. 물론 결코 쉬운 일은 아니지만 관련 기업은 물론 KOTRA, 정부 등 민관이 모두 힘을 모아 지속적으로 미국 시장 진출에 열정을 쏟는다면 전혀 불가능한 일은 아니라고 본다.

물론 전 세계적으로 볼 때는 개도국에 대한 국제 기금 지원도 확대되고 있는 추세다. 선진국의 녹색 산업 육성 예산 증액, 친환경 정책의 도입, 개도국 지원 확대 등, 우리 녹색 기업 입장에서는 해외 진출의 절호의 기회가 제공되고 있는 셈이다.

개도국 진출에 있어서는 플랜트 사업 위주가 유망하며, 그중 CDM 사업을 활용한 진출이 가장 바람직하다고 본다. 특히 인도네시아, 말레이시아, 태국, 베트남, 필리핀 등이 유망하다. 예컨대 인도네시아는 군도로 구성되어 있는 국가이기 때문에 단일 발전소 사업의 연료 전환 사업이 유망하고, 보르네오 섬을 위주로 한 목재 산업이 발달되어 있기 때문에 우드칩을 활용한 바이오매스발전소 사업이 유망하다. 태국은 쌀겨를 활용한 바이오매스 사업이, 베트남은 풍부한 수자원을 보유하고 있기 때문에 소수력 사업이, 필리핀은 풍력 발전 사업이 유망할 것으로 전망된다.

그 밖에 상품 시장에 있어서는 냉난방 기기, 건축 자재, 전구 등 에너지 고효율 제품 시장이 유망하고, 풍력 및 태양광 등 재생에너지 산업 분야에서 폭발적인 수요 확대가 예상되는 부품 소재 분야에 대한 진출에도 욕심을 내야 한다. 여기에 하이브리드카 등 친환경 자동차 보급 확대 정책에 따른 부품 수요의 변화를 파악하는 것도 녹색 시장에서 놓쳐서는 안 될 부분이다.

그린 선진국의 앞서가는 녹색 기술 동향에도 관심을 가져야 한다. 스웨덴 바이오가스 인터내셔널(SBI, Swedish Biogas International) 사는 축산 분뇨와 도축장의 부산물에서 바이오메탄을 추출하는 기술로 바이오 가스 분야 세계 1위를 고수하고 있으며, 덴마크의 솔룸 사는 도시의 생활 쓰레기에서 바이오가스를 추출하는 기술로 세계 최고의 명성을 얻고 있다는 점을 상기할 필요가 있다.

지난 3월에는 미 하원 에너지 상무위원회 위원장인 헨리 왁스먼과 에너지 환경 소위원회 위원장 에드 마키 의원이 포괄적인 기후변화법안인 '미국 청정 에너지와 보호에 관한 법률 2009(The American Clean Energy and Security Act of 2009)'를 발표했다. 이 법안의 핵심은 온실가스 배출을 제한하지 않는 국가들에서 들어오는 수입품에 대해 탄소 관세를 부과하겠다는 것이다.

이것은 우리에게 위기이자 또 하나의 기회가 아닐 수 없다. 철강, 화학, 제조업의 경우 타격이 불가피하지만 우리의 경쟁국인 중국, 인도 또한 우리에 못지않은 피해를 입을 것으로 전망되기 때문이다. 2009년 12월 코펜하겐 당사국 총회에서는 아마도 한국과 멕시코의 의무감축국 가입이 불가피해질 것이다. 혹 의무감축국 대상을 피한다 하더라도 온실가스 감축 노력을 게을리하지 말아야 녹색 산업을 선점할 수 있다.

이제는 장기적 투자의 관점에서 다양한 세계 환경 규제에 대한 대비책을 미리 마련하고 고부가가치의 그린 오션(Green ocean) 시장을 선점할 수 있는 공격적인 경영 전략을 수립해야 할 시점이다. 녹색 산업이 우리에게는 또다시 큰 기회로 다가오고 있음을 깨달아야 한다.

글로벌 파트너링으로 시장 제패를 꿈꾼다

현대는 바야흐로 통합의 시대다. 세계 경제가 기술, 산업, 시장, 기업 할 것 없이 서로 합쳐야 사는, 융복합 시대가 도래했다. 각기 다른 차원에서 존재하던 것들이 하나로 결합하면서 원래 가지고 있던 에너지의 합을 능가하는 시너지 효과를 창출하고 있는 것이다. 이러한 '합(合)이 든 시대'의 출현은 점차 글로벌화가 심화되면서 국가 간 기술 융합 분야에서 가장 두드러지게 목격되고 있다.

기술 글로벌화의 시작

글로벌화가 이루어지면서 점차 국가 간 기술 격차가 좁아지고 있다. 교통과 통신이 발달하고, 인력의 이동이 자유로워지면서 기술의 국경 간 이전이 활발해지고 있기 때문이다. 중국, 베트남 등 후발 국가들이 세계의 소비재 완제품 시장을 장악하기 시작한 것도 제조업 기술이 세계적으로 평준화되고 있음을 보여 주는 것이다.

기술의 글로벌화는 기업들의 생산 활동에도 변화를 가져왔다. FTA 추진과 세계화의 진전으로 기술 수요–공급 체계가 변화하면서 글로벌 기업들의 공급 사슬 매니지먼트 패턴이 크게 달라지고 있다. 대부분의 기업들은 코스트 스퀴징 마켓(cost squeezing market)이 되어 버린 완제품 수입 사업이나 모든 공정을 인하우스로 자체 해결하려는 노력을 중단한 지 오래다. 고부가가치 품목 등 일부에 한해서만 제조 기능을 유지하되, 그 외의 품목은 글로벌 공급 체인망을 구축하여 아웃소싱이나 기술 라이센싱, M&A 투자 등 다양한 비즈니스 협력 모델로 업무를 수행하며 경쟁력을 유지해 나가고 있다. 그러므로 이런 글로벌 기업들에게는 유능하고 경쟁력 있는 외부의 비즈니스 파트너를 찾는 것이 지속 성장 유지를 위해 절대적으로 필요한 과제라 할 수 있다.

그런 면에서 한일 양국의 맞수 기업 삼성과 소니는 경쟁사와도 전략적인 기술 제휴를 할 수 있다는 것을 보여 준 좋은 본보기다. 이 두 기업은 2003년 공동으로 'S-LCD'를 설립해 7. 8세대 LCD를 공동 생산해 왔다. 불필요한 과열 경쟁으로 인한 낭비를 막고 차세대 제품 시장을 선점한다는 목적이 일치했기 때문에 가능한 일이었다. 비록 소니가 샤프와의 제휴로 마음을 돌리면서 이 두 기업의 밀월 관계는 끝이 났지만, 이 두 기업의 제휴는 그야말로 기술의 글로벌화를 보여 주는 한 단면이었다. 또한 이로써 자사 제품의 핵심 부분을 훼손하지 않는 한 글로벌 시장을 대상으로 가장 좋은 조건으로 부품을 공급받는 '글로벌 아웃소싱'이 일반화되고 있음을 알려 주는 계기가 되기도 했다.

우리 기업들도 이 같은 추세에 부응하여 글로벌 기업의 공급선으로서 활발하게 해외 시장에 진출하고 있지만, 일부 분야를 제외하고는 그들과 핵심 분야에 대한 장기 파트너십을 맺는 대신 단순 납품에만 그치고 있는 것이 현실이다. 이는 자칫하면 곧 빠른 속도로 기술 격차를 줄이고 있는 중국과 다시 경쟁 관계에 돌입하게 될 수도 있음을 의미하며, 나아가 완제품 소비 시장에서와 마찬가지로 중국의 저가 경쟁에 고전해야 하는 상황에 놓일 수도 있음을 말해준다.

글로벌 아웃소싱 분야가 점점 다양해지고 있다

글로벌 아웃소싱은 잠재력이 매우 큰 시장이다. 기업의 생산 활동이 점차 증가할수록, 글로벌 시장의 통합이 더 광범위하게 이루어질수록 글로벌 아웃소싱 시장은 확대될 수밖에 없다.

이에 더해 소싱 대상 분야도 다각화되고 있다. 종전의 아웃소싱이 자동차 부품이나 전기전자 분야에 집중되어 있었다면 최근에는 철도, 조선은 물론이고 의료 및 바이오, IT 서비스 분야로도 확산되고 있다. 단순히 부품을 공급받는 데만 그치지 않고, 공동 연구 개발과 핵심 부품 공동 생산에 이르기까지 그 깊이도 점점 깊어지고 있다.

통계에 따르면 전 세계 아웃소싱 시장의 규모는 연간 4조 달러에 이르고, 성장률도 연평균 8퍼센트가 넘는다. 기업의 생산 활동이 지속되는 한 글로벌 아웃소싱 시장은 계속 확대될 것이고, 이 확대된 시장에서 새로운 기회를 잡는 다른 기업들도 늘어날 것이다.

세계적인 기업 GE의 사업 분야 가운데 가장 규모가 작은 'GE 헬스케어'의 부품 소재 구매액만 연간 70억 달러에 이른다. 세계 완제품 소비 시장의 주도권은 이미 월마트, 까르푸, 베스트바이(Best Buy), 잉그램마이크로 등 대형 유통 업체가 장악하고 있다. 이들은 자신들의 대규모 유통 체인을 무기로 제조 업체들을 지배하고, 소비자들이 원하는 제품의 개발과 생산, 저가 공급 등을 강도 높게 요구한다. 그러나 의약품 등 수익이 높은 분야에서는 반대로 글로벌 제조 기업들이 다양한 방법으로 시장에 대한 막강한 통제력을 갖고 직접 생산을 고수한다. 의약품, 신소재 등 첨단 제품 분야에서는 거대 다국적 기업들이 끊임없는 기술 개발로 원천 기술과 특허를 확보해 후발국 기업의 시장 진입을 단호히 차단하고 있는 것이다.

그런 면에서 볼 때 우리가 고급 휴대전화를 많이 만들어 팔수록 일본으로부터의 부품 수입도 그만큼 증가한다는 사실은 참으로 뼈아픈 일이다. 기초 기술의 부족이라는 우리의 한계점이 그대로 노출되는 단적인 사례가 아닐 수 없다.

지금은 무엇보다도 글로벌 기업의 비즈니스 파트너가 되기 위한 우리 기업들의 선제적 대응과 전략이 필요한 시점이다. 보통 우리 기업들은 글로벌 기업이 제품을 개발하여 양산 단계에 도달할 즈음에서야 이들 기업에 우리 부품의 좋은 점을 내세우며 판매 활동을 시작하지만 이때는 이미 늦다. 제품 개발 단계에서부터 사용한 부품 소재나 장비, 재료, 작업 환경 등을 양산 단계에도 그대로 가져가는 것이 일반적이기 때문이다. 그러므로 이들과의 비즈니스를 성사시키려면 제품 개발 초기 단계부터 미리 비즈니스 협력 관계를 맺으면서 참여하는 방식으로 접근해 나가야 한다. 그래야 공동 R&D 또는 아웃소싱, 라이센싱, M&A 투자 등의 기회로 발전시켜 나갈 수 있는 길도 열리게 된다. 그들이 R&D 과정에서 검증되지 않은 부품 소재를 첨단 완제품에 선뜻 쓸 리가 만무하지 않은가.

R&D부터 동참해라

첨단 글로벌 기업들은 제품 개발 단계부터 장부, 부품, 소재, 생산에서 노하우가 높은 기업들과 협력 채널을 구축하고 공동 R&D를 추진한다. 제품 개발이 끝나기 전에 이미 신개발 제품에 최적인 부품과 소재, 장비, 생산 시설이 모두 정해지는 것이다. 제품이 나온 뒤에 아무리 부품을 공급하자고 노력해 봐야 사실상 불가능한 이유도 바로 이 때문이다. 대신 R&D 단계부터 협력한 기업들에게는 거의 독점적인 기회가 주어진다. 다른 기업들이 신제품에 적합한 부품 소재, 장비 등을 구비하기 전에 이미 납품이 가능해지기 때문이다.

물론 R&D부터 글로벌 기업들의 협력 파트너가 되기 위해서는 매우 까다로운 조건을 갖추어야 한다. 우선, 수준 높은 기술을 인정받아야 한다. 장기적인 관점에서 꾸준히 기술 개발에 투자하고 독창적인 기술을 보유하고 있어야 한다. 핵심 원천 기술을 확보하고, 이를 통해 글로벌 시장의 '게임의 룰'을 주도해야만 높은 수익을 얻을 수 있고, 나아가 기업이 끝까지 생존할 수 있다.

하지만 이러한 핵심 기술은 하루 이틀 사이에 얻어지는 것이 아니다. 세계 최고 기술 강국인 일본과 독일은 오래전부터 국가 차원에서 R&D를 지원하며 기술을 육성했다. 이들이 세계 시장에서 1,000개가 넘는 점유율 1위 품목을 보유한 중국에 비해 품목 수가 그 절반에도 미치지 못하면서 더 수준 높은 제조 강국으로 평가받을 수 있는 이유는 다른 나라가 흉내 내지 못하는 하이테크 기술을 바탕으로 질 좋은 제품들을 보유하고 있기 때문이다.

그러나 우리도 이에 못지않다. GDP 대비 R&D 투자 비중이 세계 4위 수준을 차지하며 중장기 기술 육성에 박차를 가하고 있기 때문이다. 다만, R&D가 대기업 중심으로 이루어지고 있고, 대기업과 중소기업의 공동 기술 개발 모델 등이 부족하여 중소기업의 기술 기반이 많이 취약하다는 점이 문제다. 특히 불황기가 되면 기업의 경영환경이 어려워져 연구 개발 분야의 예산을 축소하는 경향이 많은데, 이것은 장기적으로 볼 때 매우 큰 손실이 될 수 있다. 불황 다음에 찾아오는 호황기에는 이전과는 다른 시장의 강자가 등장할 것인데, 그 강자는 분명 꾸준한 R&D를 통해 독보적인 기술을 확보한 기업일 것이기 때문이다.

실제로 마이크로칩 제조사 인텔은 2000년대 초 IT버블 붕괴 당시 영업 이익률이 30퍼센트나 급감하는 와중에도 R&D투자를 계속해

업계의 선두 자리를 꿰찼다. 반면, 당시 인텔보다 세 배 이상의 성장률을 과시하던 AMD는 불황 이후 수익성 악화를 우려해 R&D 투자를 줄인 결과, 지금은 도저히 인텔을 따라잡을 수 없는 신세로 전락하고 말았다. 이 같은 사례가 주는 교훈이 무엇이겠는가?

어려운 때일수록 위기를 기회로 하여 잠재력을 키워야 한다. 위기를 기회로 삼아 성장한 기업들의 특징을 살펴보면 위기 상황에서 감원 등 구조 조정을 하기보다는 R&D와 기술 투자, 생산성 혁신, 경영 효율화에 주력하는 것을 볼 수 있다.

포스코는 외환 위기 당시 일본이나 유럽 기업들이 포기한 '파이넥스(FINEX, 포스코가 보유한 독자적인 제철 기술)' 기술에 대한 투자를 감행, 지금은 세계 최고 기술력을 보유한 철강 기업으로 부상했다. 삼성과 LG 등 LCD 기업들도 IT 버블 붕괴로 일본 기업들이 투자를 연기하거나 축소한 4세대 라인 개발에 공격적인 R&D를 감행, 이후 5세대 라인까지 그 어떤 기업도 따라오지 못하는 기술력을 보유하게 되었다. 최근 우리 기업들이 세계 LCD 시장의 지존으로 군림하게 된 바탕도 여기에서 비롯되었다. 지난 외환 위기 때 중소기업들이 당장 큰 도움이 되지 않는다는 이유로 R&D 역량을 축소해 큰 어려움을 겪었던 경험을 다시는 되풀이하지 않도록 해야 할 것이다.

또한 초기 투입 비용에 대한 파이낸싱 능력도 키워야 한다. 글로벌 기업들은 자사 경쟁력을 강화하는 의미에서 다른 기업과 제휴를 시도하지만 그 이면에는 비용과 리스크를 줄이고자 하는 의도도 있다. 글로벌 기업과의 협력관계에서 초기 투입 비용을 공동 부담하는 대신 향후 독점적 이익을 공유할 수 있는 상생의 관계가 형성되어야 하는 것이다. 기업 제휴는 이렇듯 기존 '글로벌 아웃소싱'과는 차원이 다른 '글로벌 파트너링'으로 이루어지고 있다.

글로벌 파트너로서의 한국

우리는 합(合)이 든 시대 이전에, 열(列)이 지배하는 시대를 보냈다. 근대화와 함께 시작된 열의 시대에는 서로 구획이 정리된 관계 속에서 수직적 명령과 통제를 받으며 경쟁을 해야 했다. 때문에 선택과 집중이 매우 중요한 경영 전략이었다. 하지만 합의 시대에는 모든 구획이 무너지고 기술 분야가 통합되면서 전혀 다른 상품을 만들어 내야 한다. 그러므로 수평적 네트워크로 인한 협력관계가 매우 중요하다고 볼 수 있다.

따라서 합이 든 시대의 출발은 구획을 넘어 세상에 존재하는 다양한 개별적 가치를 주목하는 데서부터 시작해야 한다. 개개의 하위 구성 요소들을 잘 이해하고 있어야 그것이 합쳐졌을 때 그간 발견할 수 없었던 새로운 플러스 알파를 만들어 낼 수 있다. 그렇다면 합이 든 시대에 글로벌 기업이 원하는 파트너로서 한국은 어떤 이점을 가지고 있을까?

가장 큰 경쟁력은 탄탄한 제조업 기반이다. 이를 바탕으로 제품이 아닌 기술의 관점으로 접근하면 매우 다양한 분야에서 기회가 생긴다. 특정 기술들이 합쳐지면서 적용할 수 있는 산업 분야가 그야말로 무궁무진해졌기 때문이다. IT 기술이 자동차와 접목되면서 실시간 도로 정보 제공, 차량용 블랙박스, 원격 차량 진단 등 운전자의 편의를 증진시키는 서비스가 제공되고 있는 것만 보아도 쉽게 알 수 있다.

의료 기기의 경우, 수준 높은 자동차 부품 생산 기술을 적극 활용해 볼 수 있다. 자동차 부품인 유압 브레이크를 만들던 기술이 의료 장비에 필요한 유압기기 부품에도 활용될 수 있다. 최근 수요가 급팽창하고 있는 신재생에너지 분야도 우리의 조선, 자동차 제조 기술과 합쳐져 더 좋은 발전 방향을 모색하고 있다.

또한 분야 접목 외에 협력 방식에서도 다양성을 추구할 수 있다. 최근 기업들의 해외 시장 진출 방법이 매우 다양하게 진화하고 있다. 단순 제품 수출을 통한 부품 공급에서부터 기술 거래, 투자 유치 등이 다양하고 복합적으로 추진되고 있는 것이다.

이런 상황 하에 시범적으로 시도한 사업이 2009년도 5월에 KOTRA가 뉴욕에서 개최한 '한미 글로벌 파트너링' 행사다. 이 행사에는 미국에서 IBM, 알카텔-루슨트, 듀폰 등 「포춘*Fortune*」지 선정 1,000대 기업에 속하는 글로벌 기업 31개사를 포함, 총 70개사가 참가하였고, 우리 측에서는 SK에너지 등 대기업과 유디웍스 등 중소기업, 총 50개사가 참가하여, 반도체 및 전자 재료, 통신 장비, 의료 기기, 태양광 등 5개 분야별로 글로벌 기업과 우리 기업 간의 협력 방안 등에 대해 상담을 진행하고 높은 성과를 올렸다.

이때 한국의 M사는 IBM과의 태양광 전지 개발 원천 기술 및 상용화를 위한 공동 개발 및 생산 업무 약정을 체결하였다. 이 체결로 향후 미국 등 주요 시장을 선점하고 원천 기술에 대한 지재권과 마케팅 수단을 동시에 확보할 수 있을 것으로 기대된다.

또한 U사는 텍사스 인스트루먼츠(Texas Instruments)사와 보안 장비인 IP기반 DVR용 시스템 보드 공동 개발에 대한 합의를 이끌어 냈다. 이를 통해 차세대 DVR용 시스템 보드 시장을 선점하고, 텍사스 인스트루먼츠사뿐만 아니라 여타 DVR 장비 개발업체에도 기술력을 바탕으로 장비 공급이 가능할 것으로 보인다. 이 밖에도 N사, O사 등 다수 업체가 글로벌 기업과의 협력 논의를 구체화하고 있어 조만간 더 많은 성공 사례가 나타날 것으로 기대된다.

글로벌 아웃소싱을 넘어 글로벌 파트너링으로

단순 납품 위주의 글로벌 아웃소싱을 넘어선 기술 기반의 글로벌 파트너링은 특히 첨단 분야, 수익성은 높지만 위험이 높은 분야에서 매우 필요한 협력 모델이다. 리스크를 공동 부담하면서 함께 발전하자는 윈윈 전략인 셈이다. 특히 연구 개발 기간이 길고 실패의 위험이 높은 바이오 분야에서는 이미 넓게 확산되어 있는 협력 모델이다.

글로벌 제약사들의 임상 실험 아웃소싱 시스템이 대표적인 사례다. 화이자, GSK 등은 몇몇 국가에 임상 실험센터를 설치하고, 신약 연구 개발에 필요한 갖가지 테스트를 실시하고 있다. 각국의 서로 다른 임상 실험 관련 규제를 활용하고 내부 혹은 인접해 있는 주력 시장을 겨냥해 다양한 국가에 실험실이 설치되는데, 글로벌 제약사들은 이 실험실에 등급을 매기고 그에 따라 실험의 중요도를 차등화

하여 배정한다.

우리나라의 바이오 분야 경쟁력과 인프라는 지난 수년간의 꾸준한 투자와 노력으로 세계 8위권의 기술 경쟁력, 우수한 연구 인력 및 인프라를 보유하며 세계에서 앞선 수준을 자랑하고 있다. 신약 출시 및 의료 기기 개발 역량에서도 뒤지지 않는데, 2008년도 기준으로 14종의 신약 개발에 성공, 인플루엔자 백신 등을 동남아권에 수출하기도 했다. 글로벌 제약사들이 임상 실험을 실시할 수 있는 몇 안 되는 나라 중 하나다.

우리의 바이오 기술 수준을 증명하는 사례는 많다. 세계 최대 제약사 화이자는 최근 일본의 임상 실험 분야를 한국으로 이전하기로 결정했다. 2010년까지 한국에 3억 달러를 투자할 계획이며, 떠오르는 7대 시장 중 하나로 한국을 주목한다고 밝히기도 했다.

스위스의 다국적 제약회사 노바티스(Novartis)는 지난 2005년 항고혈압제 '라실레즈'의 글로벌 신약 허가를 위한 임상 실험 총괄 연구책임자로 서울대병원을 선정한 바 있고, GSK는 2007년 자사의 글로벌 임상 실험 종합평가에서 한국을 최우수 국가로 선정하기도 했다.

비단 바이오·제약 분야에서만 글로벌 파트너링이 가능한 것은 아니다. 필요에 따라 이는 다른 분야에서도 얼마든지 가능하며, 특히 공동 R&D와 공동 마케팅 차원을 넘어 공동 투자 등을 포함한 글로벌 다중 협력도 우리 기업들에게는 매우 유리한 방안이 될 수 있다.

글로벌 다중 협력이란 공동 연구 개발과 공동 마케팅 등 생산과 판매의 차원을 넘어 필요한 분야에 대한 공동 투자, 안정적 협력관계 유지를 위한 상호 교차 투자, 또한 공동 프로젝트에 대한 외부 투자 유치 등을 함께 수행하는 것을 뜻한다. 이것은 고질적인 한일 무역 역조, 특히 대일 부품 소재 무역 역조 개선 방안에도 적용될 수 있을 것으로 본다.

2009년 4월 킨텍스(KINTEX) 전시장에서 일본 기업의 한국산 부품 소재 아웃소싱 확대를 위한 '일본 부품 소재 조달 공급 전시회'가 KOTRA와 JETRO 공동으로 개최되었다. 보통은 공급하는 쪽이 자신의 제품을 들고 나가 전시회를 여는 것이 일반적이나 이 전시회는 반대로 공급을 받는 일본 기업들이 어떤 제품을 공급해 주면 좋겠는지를 알리는 것이었다. 일본 부품 소재 아웃소싱 시장 진출 확대를 원하는 한국 기업들에게도, 우수한 부품을 공급받고 싶어 하는 일본 기업들에게도 매우 유익한 전시회였다.

최근 일본 기업들은 수익 구조를 개선하고 달라진 경영 환경에 대응하기 위해 핵심 공정을 해외로 이전하여 완제품을 생산하고 이를 현지에서 판매하는 지산지소(地産地消)형으로 투자 방식을 전환, 원가를 절감하고 환율 변동에 덜 취약한 사업 구조를 만들어 가는 방안을 강구하고 있다.

한국은 일본 기업들의 이러한 해외 투자 패러다임 전환에 있어 최적의 파트너이자 경쟁자이다. 세계 최고 수준의 제조업 기반과 수많은 우수한 기술 인력을 보유하고 있기 때문이다. 더구나 한국에 투자한 일본 기업들의 수익성은 아시아 국가들 중 최고 수준이다. JETRO 조사 결과에 따르면 한국에 투자 진출한 일본 기업들 중 흑자를 내고 있는 기업이 80~90퍼센트에 달하고 있으며, 이는 중국, 인도, 동남아 국가들과 비교해도 월등히 높은 수준이다.

이런 상황에서 일본 기업들의 한국으로의 공정 이전은 일본 기업들에게 한국 시장뿐만 아니라 세계 시장에서 새로운 경쟁력의 원천이 될 수 있다. 또한 한국 기업들도 일본 기업과의 기술 협력을 통해 부품 소재 산업의 역량을 향상시킬 수 있다. 함께 돕고 경쟁해 나가며 서로가 발전해 나갈 수 있는 여건이 마련되고 있는 것이다.

열의 시대가 지나가고 찾아온 합이 든 시대는 우리에게 많은 기회와 가능성을 열어 주고 있다. 합해야 사는 시대에, 우리와 경쟁관계에 있다고 해서 그 경쟁자를 물리치려 하거나 지나친 갈등과 대립을 야기해서는 안 된다. 오히려 그 반대로 공존 공영의 원칙을 내세워 함께 돕고 더불어 나아가는 윈윈 전략이 필요할 때다.

한국은 이미 일본의 부품 소재 기업들에게 최적의 투자 여건을 제공하기 위한 물꼬를 텄다. 구미, 포항, 익산, 부산진해경제자유구역 등 네 곳에 부품 소재 전용 공단을 조성하고 있는 것이다. 이처럼 한국 사회가 앞으로도 열린 시각과 선제적 시도로 합의 세계를 선도해 나갈 수 있기를 기대한다.

똑똑한 소비의 시대를 대비하라

불황이 되면 당연히 소비가 줄게 되고, 소비를 하더라도 되도록이면 저렴한 것을 선택하게 마련이다. 하지만 그럼에도 사회에는 여전히 허리띠를 졸라매지 않아도 되는 고소득층이 존재하고, 이들은 그간의 경기 침체 때마다 소비를 크게 줄이지 않는 패턴으로 경기 하강 폭을 줄여 주는 완충 역할을 해 왔다.

그런데 최근 들어 다른 양상이 눈에 띄기 시작했다. 쓸 때는 쓴다던 고소득층마저 지갑을 닫아 버리는 현상이 목격되고 있는 것이다. 지난해 하반기부터 시작된 글로벌 금융 위기 속에서 우리 사회의 최고 소득층이 오히려 보통 사람들보다 더 큰 폭으로 소비 지출을 줄인 것으로 나타났다.

이를 두고 일각에서는 저소득층이 생활필수품의 소비 비중으로 꾸준한 지출을 보인 반면, 고소득층은 사치품의 소비를 줄였기 때문이 아니겠느냐 말하고 있지만, 어쨌든 과거와 분명 다른 소비 행태가 이루어지고 있는 것만은 확실하다. 이제 부자들 덕에 조금이나마 경기 하강 폭을 줄일 수 있지 않을까 하는 기대는 접어 두는 것이 좋을 듯하다.

그렇다면 이처럼 고소득층의 소비 행태에 변화가 나타난 이유는 무엇일까? 아마도 이번 경제 위기가 고소득층의 자산에 디플레이션의 '덫'을 만들었기 때문이 아닐까 추측된다. 1997년 외환 위기가 국내에 한정된 위기였던 반면, 이번 위기는 전 세계적인 금융 위기로 인해 불확실성이 컸던 데다가, 부동산, 펀드, 주식 등의 자산 가격이 급락하면서 위기감을 느낀 고소득층이 소비 자체를 크게 줄인 것으로 파악된다. 이에 따라 이제는 그야말로 너나 할 것 없이 모두가 소비를 줄여가며 보다 저렴한 상품을 찾는, 똑똑한 소비의 시대가 오게 되었다.

립스틱 효과를 주시하라

모두가 저렴한 제품을 찾는 상황일 때는 때로 흥미로운 소비 패턴이 나타나기도 한다. 비싼 제품 대신 이를 대체할 만한 제품을 찾는 과정에서 엉뚱하게도 평소에는 관심을 얻지 못하던 제품들이 히트 상품으로 등장하게 되는 것이 그런 경우다.

2008년 10월 금융 위기가 실물경제의 위기로 퍼지기 시작할 무렵,

미국의 소비 시장에는 특이한 변화가 나타났다. 통조림 육류 스팸, 땅콩 버터, 냉동고, 손톱 손질기 등의 소비가 늘어난 것이다. 워낙 가격이 저렴한 제품들이어서 금액상으로 크게 두드러지지는 않았지만, 이는 미국 전역의 슈퍼마켓 등에서 공통적으로 나타나는 현상이었다. 결국 값비싼 쇠고기나 돼지고기 대신 스팸으로, 샌드위치는 저렴한 땅콩버터로, 식료품을 대량 할인 구입해서 보관하기 위해 냉동고를, 비싼 돈을 들이고 미용실에 가는 대신 집에서 스스로 손톱 손질을 할 수 있는 제품을 많이 구매하고 있는 것이었다.

이와 같은 상황은 심각한 '트레이드 다운(trade down, 원래 즐겨 찾던 제품 대신 가격이 떨어지는 대체품으로 구매하는 패턴)' 현상으로 보이기도 했지만 아이러니하게도 몇몇 제품들은 이때서야 빛을 발하게 되는 기회를 맞게 되었다.

'립스틱 효과'라는 말이 있다. 저가 제품을 선호하는 추세를 뜻하는데, 특히 여성 소비자가 경제 사정이 어려워지면 저렴한 립스틱만 골라 쇼핑하게 되는 현상을 빗대어 소위 불황 상품의 매출이 증가하는 현상을 가리킬 때 쓰는 말이다. 즉 립스틱만 바꿔 발라도 분위기나 스타일을 바꿀 수 있기 때문에 값비싼 옷이나 화장품을 사는 대신 비교적 저가인 립스틱만 구입하게 되는 심리를 짚어 낸 말이기도 하다.

그런데 이런 현상이 어디 여성들의 옷이나 화장품에만 국한되겠는가. 앞서 언급했던 스팸이나, 가정용 손톱손질 기구 등도 모두 불황기에 저렴하지만 소비자 만족도를 높인 '립스틱 효과'를 얻은 제품들이라 할 수 있다. 그렇다면 이 같은 추세는 우리에게 어떤 의미가 있을까?

금융 위기는 전 세계 소비자를 똑똑하게 만들었다. 대형 쇼핑센터에서 신나는 음악을 들으며 마음에 들면 일단 사들이고 보던 소비자들 대신 이리저리 따져 보고 꼭 필요한 물건인가를 곰곰이 고민한 후 구매하는 소비자들이 늘어났다. 과거 풍족했던 시기에는 욕구 충족을 위해 즉흥적인 구매를 했다면 지금은 꼭 필요한 것만 구매하는 패턴으로 변해 갔다. 현명한 소비를 하는 '똑똑한 소비자'가 늘어 가고 있다는 뜻이었다.

우선 이들은 지출 대비 효과를 중시하는 '가치' 중심의 소비 패턴을 보인다. 물론 가벼워진 주머니 사정 때문이기도 하지만 구매 결정을 할 때 과거에 비해 '가격' 요소를 더 중요하게 생각하며, 비슷한 물건이라면 다른 물건과 비교해, 저가의 제품을 더 선호하고 이를 구매한다. 그러나 아무리 가격을 중시한다고 해도 가격만큼의 가치가 없으면 과감히 구매를 포기하는 성향을 보이기도 한다. 1달러짜리의 저렴한 티셔츠를 다섯 장 사서 각각 한 번씩만 입고 마는 것보다는 5달러짜리 티셔츠 한 장을 사서 좀 더 오래 입는 쪽을 택하는 것이다.

이 경우 비교적 품질이 우수하고 가격이 저렴한 우리 기업에 유리한 시장이 형성되는 것은 그야말로 시간 문제였다. 최근 들어 위의 두 가지 경우보다 3달러짜리 한국산 티셔츠를 사는 것이 더 낫다는 추세가 형성되면서 우리야말로 '립스틱 효과'를 톡톡히 누리는 수혜자가 된 셈이다.

불황기에 더 인기, '방콕' 쇼핑의 호황

불황기에 때 아닌 호황을 누리는 곳이 있다고 하면 자다가도 눈이 번쩍 뜨일 일이다. 미국 월가에서는 갑자기 맥도널드가 판매고를 올리고 있다고 한다. 눈부신 호황기에 사람들로 붐비던 고급 레스토랑 대신, 지금은 저렴하고 간편한 햄버거를 파는 맥도널드에 사람이 몰리기 때문이라는 얘기다.

반면, 커피뿐만 아니라 문화와 트렌드를 함께 판매하겠다던 스타벅스 매장은 발 디딜 틈 없던 예전과는 사뭇 다른 모습이다. 요즘 같은 불황기에 사람들이 커피 한 잔에 3달러를 지불할 만큼 여유롭지 않기 때문일 것이다.

이렇게 갑자기 들이닥친 경기 불황은 사회 변화와 더불어 사람들의 행동 패턴에도 큰 변화를 가져왔다. 많은 기업들이 대형 적자를 내고 버티기에 급급한 모습을 보이고 있을 때조차 여전히 매출 증가를 기록하고 있는 일본의 닌텐도만 살펴보아도 금방 그 변화를 감지할 수 있다. 영화나 공연을 보며 문화 생활을 즐기기 위해 외출하던 사람들이 이제는 집안에서 게임이나 오락을 즐기는 식으로 생활 패턴을 바꾸고 있는 것이다.

이러한 현상 속에 소위 '방콕' 문화가 뜨기 시작했다. 여기서 '방콕'은 바깥에 나가지 않고 방 안에 콕 틀어박혀 있는 것을 뜻한다. 이렇게 사람들이 지출을 삼가기 위해 외출을 하지 않고 '방콕' 하는 시간이 많아지면서, 영화관 매출은 떨어지는 대신 홈시어터 제품의 판매량은 늘어났다. 백화점이나 대형 유통점 매출은 줄어드는데,

온라인 쇼핑이나 TV 홈쇼핑 매출은 오히려 늘었다. 2008년 미국에서 극심한 불황에도 불구하고, 온라인 쇼핑 매출이 12퍼센트나 증가한 사례가 이를 증명한다. 기름 값 들이며 쇼핑하러 가는 것보다 필요한 물건을 집에서 저렴하게 구매하는 '방콕' 쇼핑이 호황을 맞은 것이다.

이러한 변화 추세에 우리만이 가지는 강점, 즉 '스피드'를 접목시킬 수 있겠다. 특히 우리 기업들은 트렌드를 좇는 능력이 매우 탁월하다. 우리가 단기간에 IT 산업을 성장시켜 IT 강국으로 부상할 수 있었던 것도 트렌드를 좇아가는 속도전에 능했기 때문이다. 미국 소비자들이 온라인 쇼핑에서 원하는 제품들을 클릭할 때 시간 내에 제품을 배송할 수 있는 능력, 유럽의 소비자들이 값싼 중국 제품 대신 믿을 수 있는 대체품을 찾을 때 그들의 기호에 맞는 제품을 재빠르게 내놓아 공급할 수 있는 능력은 바로 이러한 스피드와 결집력에서 나오는 것이라고 할 수 있다.

맞춤형 전략은 필수

한때 LG전자가 인도 시장에서 자물쇠 달린 냉장고로 대히트를 칠 수 있었던 것은 인도 고유의 카스트 제도를 반영한 고객 맞춤형 전략 덕분이었다. 사람을 4개의 계급으로 나누는 철저한 신분 제도인 카스트 제도가 여전히 사회 구석구석까지 작용하고 있는 인도에서는, 빈부 격차가 심해 가난한 하인들이 주인집 냉장고에서 자주 물건을 훔치는 일이 문제가 되고 있었다. 인도에서는 냉장고가 음식물 보관 창고의 역할을 하고 있다는 점, 냉장고가 있을 만한 부유층 가정에서는 반드시 하인을 두고 있다는 점, 무엇보다 주인이 하인을 크게 신뢰하지 않는다는 점을 면밀히 관찰하여 만들어낸 자물쇠 냉장고는 그야말로 획기적인 상품이었다.

수시로 문을 열어야 하는 냉장고에 자물쇠를 달아 놓는다는 발상이 어찌 보면 불필요하게 보이기도 하지만 인도 시장에서만큼은 통했다는 사실에 주목할 필요가 있다. 앞으로 우리 수출이 나아가야 할 방향은 이렇듯 소비자의 입맛을 맞추는 마케팅 전략이라는 점을 다시 한 번 상기시키는 대목이다.

이제는 선진국의 소비자의 꽁꽁 닫힌 지갑을 열 수 있도록 구매력을 자극하는 혁신 아이디어 상품 그리고 친환경 상품으로 승부해야 한다. 예전처럼 카드 빚을 내 가면서까지 소비를 하지 않으려는 선진국 소비자들은 꼭 사야 할 만한 가치가 없으면 선뜻 지갑을 열지 않을 것이다.

미국 최대 전자 유통 체인인 베스트바이는 금융 위기 후 미국 등 대다수 국가의 소비자들이 소극적인 구매 패턴을 보여 일반 전자 제품 유통만으로는 매출이 늘어나지 않을 것이라고 판단, 새로운 아이디어 상품의 수입을 확대하고 이를 판매하기 시작했다. 베스트바이는 가정용 전기 소켓에 충전해 50마일의 속도로 40마일을 갈 수 있는 전기 스쿠터를 비롯해 전기 자전거, 전기 모터 사이클 등 '친환경 운송 수단(Green Vehicle)'을 본격 판매 개시하고, 에너지 절감형 홈 오토메이션 시스템(home automation system) 등 혁신 아이디어 상품을 개발해 수입, 유통을 활성화할 계획이라고 한다.

반대로 개도국 시장에서는 경제가 어려울 때는 저가 상품이 잘 팔린다는 것을 감안해 저소득층을 공략하는 방법이 더 유용할 것이다. 기능을 대폭 단순화하면서도 세분화된 저가 소비재를 공급함으로써 기업의 인지도와 점유율을 동시에 높이는 전략이 필요하다. 아무리 세계적으로 좋은 평가를 받고 있는 글로벌 제품이라 할지라도 가격 부담으로 중·저소득층 소비자의 경우 구입이 어려운 경우가 많으므로 꼭 필요한 기능만을 탑재한 보급형 상품을 만들 필요가 있다. 실제로 삼성, 노키아 등은 인도 시장에 맞는 저가 휴대전화를 적극 개발하여 통화 송수신, SMS, 컬러 액정, FM라디오 등 현지인들이 꼭 필요로 하는 기능만 포함해 2,000루피(한화 약 4만 8,000원) 이하로 판매하고 있어 높은 인기를 얻고 있다.

우리의 목표는 현재 수준을 맞추는 데 있지 않다. 앞으로 경기가 좋아지면 소비자들의 눈높이는 더욱 올라갈 것이고, 시장은 이들의 욕구를 충족시키는 제품을 찾을 것이다. 이를 위해서는 지금부터 준비에 돌입해야 한다. 새로운 시장의 변화를 예측하고, 그 시장의 강자가 되기 위해 부족한 점을 채워 가는 작업을 시도해야 한다.

이러한 때에 한-EU FTA가 사실상 타결되었다는 소식은 정말 반가운 일이 아닐 수 없다. 우리나라의 두 번째 교역국인 EU는 인구 5억 명에 총생산 규모가 18조 달러를 넘는 세계 최대 시장이며, 지난해는 EU에서 거둔 무역 흑자가 184억 달러에 달해 중국 흑자 규모를 추월하기도 했다. 하지만 그럼에도 불구하고 우리의 EU 시장 점유율은 아직 2퍼센트 대에 불과하다. FTA를 계기로 보다 빨리 시장 점유율을 확대할 필요가 있다.

다른 나라가 같은 조건으로 들어오기 전에 우리 수출의 새로운 사활을 유럽 시장에 걸고 정면 승부를 해야 한다. 특히 EU는 27개국의 개별 시장이 통합된 곳이라는 점을 염두에 두어야 한다. 그런 점에서 각 나라별 상황은 물론 각기 다른 눈높이의 소비자의 입맛에 맞는 철저한 맞춤형 전략으로 현지인을 사로잡는 것만이 최대의 관건이 될 것이다.

그렇게 지속적인 노력을 기울인다면 이 불황이 끝나고 호황기가 찾아올 때, 한국 제품이 똑똑한 소비자들로부터 믿고 찾을 수 있는 글로벌 명품으로 평가받을 수 있을 것이라 확신한다.

불황에도 못 버리는 친환경 에코 소비

"불황기 소비, '포미 족(for me族)'이 주도"

얼마 전 한 언론에 보도된 내용이다. 불황이 깊어만 가던 2009년 상반기의 소비를 '나를 위해 소비하는 집단'인 포미 족이 주도했다는 것이었다. 아무리 경제가 어려워도 현대인들은 자신의 가치를 높이는 데는 돈을 아끼지 않기 때문에, 자신을 드러내고 자신의 가치를 높여 주는 상품은 불황을 타지 않는 편이다. 따라서 시계, 지갑, 화장품 등 이른바 스몰 럭셔리(small luxury, 작은 사치) 제품의 소비가 늘어났고, 영어나 컴퓨터, 기타 자격증 시험을 위한 학원들은 여전히 성황이라고 한다.

불황에 취업이 어려워진 것도 포미 족의 소비를 늘어나게 한 원인이 된 것 같다. 남들보다 자기 자신을 돋보이게 만들기 위해 더 꾸미게 되고, 보다 나은 자질을 갖추고 있다는 점을 강하게 어필하기 위해 더 배우려고 할 것이기 때문이다. 또 한편으로는 경기 불황에 기분도 우울하고 하니 자신을 멋스럽게 꾸밈으로써 마음을 달래는 사람들도 많아지는 것 같다.

소비의 톱니 효과가 가져온 변화

소비 행태를 정의하는 용어로 '톱니 효과(ratchet effect)'라는 말이 있다. 한번 올라간 소비 수준은 쉽게 후퇴하지 않는 현상을 두고 하는 말이다. 보리밥을 먹다가 쌀밥을 먹는 데 익숙해지면 소득이 줄어서 소비를 줄여야 하는 형편이 되어도 다시 보리밥을 먹으려 하는 것이 아니라 쌀밥을 먹되 그 양을 줄이거나 품질을 낮추거나 하게 된다는 이야기이다.

불황기에도 소비의 톱니 효과는 어김없이 나타나고 있다. 웰빙 바람이 그 대표적인 사례다. 경기 침체로 소비가 위축되고 있는데친환경, 헬스 케어 제품 등의 소비는 계속 늘어나고 있다. 오히려 경기 악화가 친환경 구매를 부추기는 경향도 있었다. 친환경 제품이 당장 가격이 비싸더라도 장기적 관점에서는 경제성과 효율성이 더 높다는 소비자의 인식이 확대되고 있기 때문이다. 게다가 점차 친환경 제품의 대중화가 진행되면서 가격이 일반 제품과 비슷한 수준으로 하락하게 된 것도 한 원인이었다.

실제 미국에서는 주택 시장의 침체에도 불구하고 태양광 패널 시스템(PV 시스템)이 설치된 주택이 기존 주택에 비해 두세 배 이상 많이 팔리고 있다. 이 때문에 태양광 주택 건설업자들은 때 아닌 특수를 맞고 있을 정도다.

전 세계 시장의 히트 상품을 살펴보아도 이러한 현상은 뚜렷이 나타난다. 태양열 온수 시스템, 태영열 실외등, LED 램프, 절전형 전구, 친환경 일회용 용기 등 친환경 제품들이 대다수이고, 자동차도 친환경 하이브리드카, 연비 좋은 소형차가 인기를 끌고 있다.

에코 마케팅으로 기회를 찾아라

친환경 제품을 선호하는 '에코 소비자'의 성장은 기업 마케팅에서도 중요한 변수로 등장하게 되었다. 한 조사 기관에서 금융 위기 한파로 실물경제가 꽁꽁 얼어붙었던 2009년 1월, 미국 성인 1,000여 명을 대상으로 조사한 바에 따르면 응답자의 44퍼센트가 경기 침체에도 불구하고 친환경 제품을 지속적으로 구매하겠다고 밝혔으며, 70퍼센트는 당장은 녹색 구매를 하지 않더라도 기업의 친환경 활동에 대해 꾸준히 관심을 갖겠다고 응답했다. 이처럼 소비자의 친환경 제품에 대한 선호도는 갈수록 증가하는 추세이며, 이제 기업은 친환경 기업이라는 이미지를 구축해야 생존이 가능해진 세상이 되었다.

소극적인 환경 보호에 머물렀던 과거와 달리 최근의 에코 마케팅(Eco Marketing)은 그 영역이 점차 확대되고 있다. 환경 보호와 관련된 공익 활동이라는 전통적 개념에서, 생산 활동과 연계된 유해 원료 사용과 배출을 줄인 친환경 제품 생산 개념을 거쳐 환경 보호 활동 자체가 사업 모델이 되는 신규 비즈니스까지, 이 모두가 에코 마케팅으로 정의되고 있다.

오염 배출로 환경단체의 주요 표적이 되어 왔던 정유, 화학 등 환경오염 유발 기업뿐 아니라 유통, 금융 등 서비스 업종에서도 에코 마케팅은 활발하게 전개되는 중이다. 환경오염 유발 산업 분야가 이미지 쇄신 차원에서 에코 마케팅을 시작한 것이라면 서비스 업종은 사회적 책임을 다하는 기업이라는 인식을 높임으로써 매출 확대를 기대할 수 있는 데다 새로운 비즈니스 창출도 가능하기 때문에 이에 대해 매우 적극적이다.

글로벌 제약 기업 바이엘(Bayer AG), 프랑스 최대 화학 기업 토털(Total Fina Elf) 등은 환경오염 물질 감축 캠페인 전개, 친환경 공정 도입 등 경영 전반에 걸쳐 강도 높은 친환경 정책을 도입, 환경 파괴자에서 환경 보호자이자 사회적 책임을 다하는 기업으로 이미지 쇄신을 꾀하고 있다.

디자인 경쟁에서 점차 에너지 효율 경쟁으로 바뀌고 있던 전자 및 IT 업계에서도 전자 폐기물 처리를 기본으로 한 다양한 에코 마케팅이 전개되고 있다. 중국 IT 기업인 레노보는 전자 폐기물 감축에 앞장서 그린피스(Green peace)로부터 '친환경 기업'으로 선정되는 등 개도국 기업의 이미지를 탈피하는 효과를 톡톡히 보고 있다.

이 중 특히 유통업계는 매출 확대로 직접 연계되는 에코 마케팅을 전개하고 있다. 베스트바이는 폐전자 제품 트레이드인(trade-in) 프로그램을 통해 고객들이 폐전자 제품을 가져오면 잔존가치만큼의 자사 상품권을 지급하고 있다. 폐기된 전자 제품 대신 새로운 제품을 구매하려는 고객들을 자사 매장으로 끌어들이기 위한 전략이다. 또한 영국 최대 유통 업체 테스코(Tesco PLC)는 재활용 쇼핑백을 사용하는 고객에게 포인트를 제공, 소비자와 함께하는 에코 마케팅의 전형을 보여 주고 있다.

한편, 최근 기업의 에코 마케팅은 새로운 비즈니스 기회를 만들어낼 수 있다는 점에서 필수적인 요소로 꼽힌다. 휴렛패커드, 필립스 등 거대 전자 기업들이 에너지 효율을 높인 제품을 개발하여 새롭게 열리는 그린 시장 선점에 나섰으며, 미국의 웰스파고(Wells Fargo & Company), 마스터 카드 등 금융 회사들도 친환경 기업에 대한 대출 확대, 그린 상품 구매 시 지급되는 에코 포인트 제도 등 다양한 그린 금융 상품을 출시하여 그린 비즈니스의 선두주자로 떠오르고 있다.

중국도 웰빙을 찾는다

멜라민 파동 이후 중국에서는 친환경 붐이 일었다. 중국인들도 자국 제품을 믿을 수 없었는지 수입 식료품에 대한 인기가 치솟기 시작했다. 유기농 채소의 회원제 한정 공급을 콘셉트로 하는 고급형 식품 시장이 공전의 히트를 기록하기도 했고, 일본과 한국에서 수입한 고가 안전 식품에 대한 소비가 증가하면서 고정 소비자층이 형성되기도 했다.

이처럼 중국이 친환경 웰빙 제품을 찾는다는 것은 매우 주목할 만한 흐름이다. 13억 인구 모두가 친환경 제품을 찾지는 않겠지만 소비의 대부분이 이루어지는 대도시 지역의 소득이 빠르게 증가하고 있고, 특히 젊은 소비층의 서구 모방 트렌드 혹은 선진화 추세가 가속화되고 있어 세계 최대의 친환경 제품 시장으로 클 수 있는 잠재력이 무궁무진하다.

한 조사에 따르면 중국 도시 소비자들의 40퍼센트가 미국 소비자들과 마찬가지로 "비싸더라도 친환경 제품을 구매할 의향이 있다"고 답했다. 친환경 제품은 비싼 것이 당연하고, 비싸기 때문에 더 좋을 것이라는 생각에, 오히려 비싼 고급 제품을 더 많이 찾게 되는 경향이 나타나고 있어 기업들로서는 중국이 매우 매력적인 시장으로 다가올 것이다.

더구나 중국은 앞으로 세계 소비 시장을 이끄는 동력이 될 곳이다. 이러한 시장을 놓고 얼마나 많은 기업들이 경쟁을 벌이게 될지는 그야말로 상상이 불가능할 정도다.

우리는 중국과 지리적으로 가깝기 때문에 유리한 측면이 많다. 현재 중국의 웰빙 시장이 요구하는 것은 '가격'이 아니라 '안전성'이며, 그러한 측면에서 지리적 여건을 활용한 '신속 통관' 내지는 '당일 통관'은 분명 마케팅으로 활용 가능한 중요한 요소가 될 것이다. 그러나 이러한 입지 조건에만 만족하며 안주할 것이 아니라 중국 웰빙 시장을 선점하기 위한 우리만의 전략을 수립해야 한다. 인구 13억의 웰빙 시장이 우리 수출의 새로운 장이 될 것이기 때문이다.

블루슈머는
한국 경제의 미래다

미국의 홍보 전문가 마크 펜(Mark Penn)은 자신의 저서 『마이크로트렌드*Microtrends*』를 통해 주류와는 다른 선택에 몰입하는 사람들이 단 1퍼센트만 있어도 세상에 변화를 일으킬 수 있다고 주장한다. 우리가 흔히 소수 마니아층이라 부르는 사람들이 세상의 큰 흐름을 만들어 낼 수도 있다는 뜻이다. 이들은 전체의 일부에 지나지 않는 작은 집단일 수도 있고, 눈에 잘 띄지 않는 소수일 수도 있다. 그러나 이들의 응집력과 충성도는 그 어디에도 비할 수 없을 만큼 강하고 견고하다. 이러한 특징 때문에 이들은 시장에서 중요한 존재로 등장하고 있다.

이들의 독특한 소비 성향에 맞춰 그에 따른 전용 제품들이 등장하고, 이렇듯 소수의 고객을 대상으로 한 전용 제품들이 입소문을 통해 대중화되기도 한다. 요즘 아시아 여성들을 사로잡는 한국의 BB 크림도 원래는 피부과에서 치료와 보호용으로 개발된 제품이었다. 그러나 기능성 제품에 간편하다는 이유로 피부과 환자만이 아닌 일반 여성들에게까지 퍼지기 시작했고, 급기야는 현재 우리 수출의 효자 품목으로 자리매김하기에 이르렀다.

이러한 관점을 해외 시장으로 옮겨 보면, 숨어 있지만 성장 잠재력이 높은 가능성 있는 시장, 이른바 '블루슈머' 시장이라는 답이 보인다. 블루슈머는 경쟁이 없는 시장을 뜻하는 블루오션(Blue Ocean)과 소비자를 뜻하는 컨슈머(Consumer)의 합성어로, 아직 알려지지 않아 경쟁이 없는 틈새 소비 시장을 뜻하는 말이다.

모든 것이 다양화되고 있는 개성 시대에 발맞추어 소수 마니아층이 생겨났듯이, 침체된 세계 소비 시장을 대신할 만한 우리 수출의 블루슈머를 찾아낼 필요가 있다. 지금은 비록 작지만 한번 선점하게 되면 향후 큰 시장으로 성장할 수 있기 때문이다.

베일 속의 그녀들, 이슬람의 알파 걸을 잡아라

이슬람 여성이라고 하면 보통 무엇이 제일 먼저 떠오르는가? 뭐니뭐니해도 '베일'이 아닐까 한다. 이들은 타인에게 얼굴을 드러내지 못하는 등 수많은 금기사항을 지키며 살아가야 하고, 더군다나 사회 활동은 엄두도 내지 못하는 것으로 알려져 있다.

이들을 대상으로 물건을 판다는 것은 얼핏 생각하면 답이 없는 일이다. 엄격한 이슬람 율법에 따르면 여성의 외출에도 제약이 많을 뿐 아니라, 여성이 기업의 광고에 등장하는 데도 어려움이 많다. 이런 환경에서 이들의 소비 심리를 자극하고, 우리 제품을 구매하게 만든다는 것은 불가능에 가까운 일이다.

그런데 이런 이슬람 여성들에게도 변화의 바람이 일고 있다. 과거 이슬람 여성들은 가정주부의 역할만을 강요받았으나 최근 현대화 및 개방화가 이루어짐에 따라 교육, 기술, 취업에 대한 접근성이 높아지고 있기 때문이다. 일부 국가에서는 법률 개정을 통해 여성의 사회 참여를 보장하고 있으며, 고등 교육을 받는 여성들의 비율이 높아지는 등 이른바 '알파 걸(학업에서나 운동, 리더십 등 다방면에서 남성에게 뒤지지 않는 여성)'이 새롭게 등장하고 있다. 이러한 추세는 이슬람 여성의 경제력을 향상시키는 데 큰 몫을 했고, 동시에 이들을 핵심 구매 계층으로 끌어올렸다.

현재 약 16억 명으로 추산되는 이슬람 인구 중 여성의 인구는 그 절반인 약 8억 명에 달한다. 이슬람 여성의 소득 수준은 일반적으로 남성보다 낮은 편이지만 남성이 가족의 부양 의무를 지게 되어 있는 원칙에 따라 여성의 소득은 거의 대부분 자신을 위한 투자에 사용되는 경향이 높다.

게다가 세계 어디서나 그렇듯, 대부분 남성의 수입으로 가정의 소비가 이루어지고 있으면서도, 가정 내 실질적인 구매 결정자는 가사를 돌보는 데 직접적인 역할을 하고 있는 여성이다. 이 점은 새로운 시장을 찾는 우리에게 시사하는 바가 크다.

이렇게 소비 시장에 큰 역할을 담당하는 이슬람 여성들 사이에서 가장 떠오르고 있는 제품은 무엇일까? 의외로 화장품, 액세서리 등 외모를 꾸미는 데 필요한 뷰티 제품들이 초강세를 이루고 있다. 온몸을 베일로 감고 다니는 모습을 볼 때면 그들은 일반적인 여성들과 달리 외모를 꾸미는 일에는 관심이 없을 것 같지만 실상은 전혀 그렇지 않다. 오히려 자신을 가꾸는 데 더 열을 올리고 있다. 다이어트 및 건강 식품에 대한 관심도 증가하기 시작하면서 우리의 인삼, 한방 제품을 찾는 소비자도 늘고 있다. 또한 생활 수준이 높아진 젊은 여성들 사이에서는 육아 용품에 대한 소비도 증가하고 있는 것으로 알려졌다.

따라서 우리는 교육 수준이 높은 전문직 여성들로 이루어진 이슬람의 알파 걸 시장에 주목해야 한다. 최근 여성의 사회 진출이 급격히 증가한 사우디아라비아에서는 직장 인근 지역에 갈 만한 식당이 드물고, 여성의 자동차 운전 금지, 식당에서의 남녀 동석 금지 규정 등 아직까지 여성층에 대한 배려가 취약한 편이다. 때문에 취업 여성의 경우, 점심은 직장 내에서 자체적으로 해결해야 하는 경우가 대부분이다. 이들 중에는 도시락을 지참하는 경우도 있으나 도시락까지 준비해 올 여력과 시간이 없는 여성들은 하이퍼마켓(hypermarket, 슈퍼마켓에서 훨씬 초대형으로 진화한 소매업체의 일종)에서 구입한 인스턴트 식품을 애용하고 있다고 한다. 이미 네슬레, 마스터 푸드 등 글로벌 기업들이 이곳에 진입해 적극적인 마케팅을 펼치고 있는 것도 이러한 시장만의 특성과 성장 잠재력을 간파했기 때문일 것이다.

물론 이들에게 아직까지 중요한 것은 가격이다. 비교적 구매력이 향상되고 있기는 하나 필요 이상의 이윤을 추구하는 행위를 금기시하는 종교 규율 때문에 고가 제품의 구매는 꺼리는 경향이 남아 있는 것이다.

그러나 우리는 이미 한류를 통해 아시아 시장의 여심을 흔들어 놓은 경험이 있다. 아시아 시장에서도 통했던 화장품, 액세서리를 만들 줄 아는 우리가 이들의 취향에 맞게 좀 더 저렴한 가격에 상품을 공급한다면 무려 8억 명의 여성들이 모두 우리의 고객이 될 수 있다.

단, 특유의 종교적 관습을 잘 이해하고 이에 따른 소비 특성을 잘 활용할 필요가 있다. 개방화가 진전될수록 소비 시장을 주도할 이슬람 여성은 더욱 늘어날 것이고, 우리의 잠재 소비자 역시 점점 늘어날 것이다. 이들이 한국 제품에 완전히 매료될 날도 머지않았다.

미국 흑인 시장을 뚫는 BLACK 전략

미국 오바마 대통령의 당선은 여러 가지 면에서 새로운 변화를 의미했다. 무엇보다 미국 흑인 사회의 위상을 새롭게 실감케 했다. 특히 최근에는 콘돌리자 라이스(前 국무장관), 에릭 홀더(前 법무장관) 등 흑인 장관도 여럿 배출되었고, 아메리칸 익스프레스의 CEO 케네스 체놀트 등 경제 분야에서도 흑인 리더가 점차 많아지고 있다.

강해지는 미국의 블랙 파워는 시장에서도 나타난다. 미국의 흑인 인구는 약 4,000만 명으로 전체 인구의 13퍼센트를 차지하지만 인구 증가율이 높아 향후 큰 시장으로 성장할 잠재력이 매우 높다. 특히 구매력이 왕성한 20대와 30대의 젊은 층이 많을 뿐 아니라 소득 수준 역시 꾸준히 높아져서 중산층 인구 비중도 늘어나고 있다.

미국 흑인 시장은 몇 가지 독특한 특징을 가지고 있다. 자기표현에 강하고 공동체에 강한 연대감을 보이며, 최신 제품에 대한 수용도가 높은 편이다. 이러한 특징들을 반영하여 우리 수출이 미국 흑인 시장을 뚫을 수 있는 전략을 'B', 'L', 'A', 'C', 'K', 이 알파벳 다섯 글자로 한번 요약해 보려 한다.

먼저 B(Brand Loyal)는 브랜드 충성도를 뜻한다. 브랜드를 따지는 경향이 높기 때문에 이들에게 어필할 수 있는 브랜드 인지도와 명성을 쌓을 경우 안정적인 시장 창출이 가능하다.

L(Less Pessimistic)는 낙천적 인생관을 의미한다. 특유의 낙천성, 새로운 정부에 대한 신뢰, 미래에 대한 자신감은 높은 구매 성향으로 연결될 가능성이 높다. 미래지향적이고 긍정적인 제품의 이미지 광고가 효과적이다.

A(Authenticity)는 확실한 제품을 선호하는 경향을 말한다. 따라서 신제품일수록 제품에 대해 정확하고 상세한 정보를 제공해야 한다.

C(Community)는 공동체에 대한 연대감이다. 자신들만의 공동체에 대한 연대감이 매우 깊어서 흑인 커뮤니티 내 입소문이 구매에 큰 영향력을 발휘할 수 있다.

K(Knowledge)는 지식형 소비를 의미한다. 이는 특히 첨단 제품 분야에서 신제품을 남보다 빨리 수용하려는 얼리 어답터(early adopter) 경향으로 나타난다. 다행히 한국 전자 제품에 대한 신뢰도와 인지도가 매우 높아 이를 적절히 활용한 마케팅이 주효할 수 있다.

미국의 비만 시장이 가진 엄청난 가능성

세계에서 숨은 틈새시장 중 가장 흥미를 끄는 시장은 미국의 비만 시장이다. 미국은 성인 인구의 30퍼센트, 아동의 15퍼센트가 비만 인구로 알려져 있다. 미국 전체 인구를 놓고 추산해 보면 약 8,000만 명이 비만 인구라는 얘기다. 이 때문에 비만 문제에 대한 국가 차원의 관심도 크다. 많은 주에서 학교 내 정크푸드(junk food, 패스트푸드와 인스턴트 식품을 통틀어 일컫는 말) 판매를 금지하는 법이 시행되고 있고, 뉴욕 주에서는 비만세 도입을 추진하고 있다는 소문도 들려온다.

최근 미국에서 우리 기업이 만든 알로에 건강 음료가 절찬리에 판매되고 있다고 하는데, 그 이유인즉 이 음료에 비만을 예방하는 성분이 들어 있다고 알려졌기 때문이라는 것이다. 아름다운 몸매를 갈구하는 사람들의 열망은 불황조차 비켜 갈 모양이다. 그러니 날씬해지기 위해서라면 물불을 가리지 않을 이 막대한 비만 인구를 상대로 다이어트에 관한 식품을 비롯해 각종 운동 기구며 지침서, 심지어 최첨단 보정 속옷까지, 우리가 내다볼 수 있는 틈새시장은 무궁무진하다.

어디 그뿐이겠는가? 이 비만 인구를 날씬하게 만들어 주기 위한 것들뿐 아니라 비만 인구 자체를 위한 소비 시장도 분명 존재한다.

실제로 최근 들어 비만 인구를 위한 시장이 급속도로 확대되고 있다. 예전에는 뚱뚱한 것을 매우 수치스러운 일로 여겼지만, 요즘에는 각자의 개성을 중요시하는 사회 분위기가 조성되면서 "뚱뚱한 게 뭐 어때서? 뚱뚱하지만 나는 아름다워!"라고 외치는 사람들이 많아지고 있는 것이다.

옷 가게에 가면 한 벌도 있을까 말까 하던 슈퍼 플러스 사이즈가 이제는 전용 매장에서 당당하게 팔리는 추세다. 사이즈만 맞으면 그것으로 만족했던 뚱뚱한 사람들도 이제는 색깔, 디자인, 원단 등 모두 자신의 취향에 맞게 고를 수 있게 되었을 만큼 제품도 다양해지고 있다. 이런 슈퍼 플러스 사이즈 의류의 미국 내 연간 매출은 무려 1,750억 달러에 이른다. 우리나라 전체 수출의 40퍼센트에 해당되는 어마어마한 규모다.

어쩌면 시대가 발전할수록, 더 편리해질수록 점점 더 확대될지도 모른다는 점에서 비만 시장은 잠재력이 매우 큰 시장이다. 우리 한국 기업들이 뚱뚱한 사람들의 당당하고 아름다워지고 싶어 하는 욕구를 충족시켜 줄 수는 없을까? 그야말로 소비자를 즐겁게 해 주는 동시에 돈벌이까지 되는 일석이조의 효과를 누릴 수 있는 시장이 바로 여기에 있다.

보석 같은 시장을 발굴하라

이 밖에도 세계 시장에는 우리가 아직까지 찾지 못한 블루슈머가 더 많을 것이다. 생각을 바꿀 때마다, 시각을 달리할 때마다 언제 어디서든 또 다른 블루슈머가 우리 앞에 나타날 수 있다는 것을 기억해야 한다. 그저 감나무 밑에 누워 감 떨어지기만을 기다리듯, 소극적인 자세로 일관해서는 안 된다. 블루슈머는 직접 움직이고 나서서 찾을 때 비로소 발견될 수 있는 것이며, 나아가 찾아내는 것에 그치지 말고 새롭게 만들어 낼 수도 있어야 한다. 여기에 특유의 유연성과 순발력, 강한 경쟁력을 발휘한다면 우리 수출의 미래를 책임질 거대한 시장을 찾을 수 있을 것이다.

블루슈머를 찾는 것을 넘어 이를 직접 창출해 낸 사례는 생각보다 많다. 1990년대 말 중국 칭다오에 진출한 한국야쿠르트의 경우를 살펴보자.

사실 한국야쿠르트는 중국 시장에 진출하기 전 시장 확대에 어려움이 많을 것으로 예상되던 기업 중 하나였다. 맞벌이 가정이 많고, 외부인에 대한 경계심이 많은 중국 시장에서 방문 판매 방식으로 시장 개척을 해 나가야 한다는 것이 취약점으로 작용할 것이라 보았기 때문이다. 그러나 한국야쿠르트는 모두의 예상을 뒤엎고, 매년 100퍼센트에 육박하는 성장률을 보이고 있다. 오히려 거동이 불편한 노인, 어린 아이 때문에 외출을 잘 못하는 주부, 자리를 자주 비울 수 없는 직장인들이 빠른 속도로 한국야쿠르트의 고객이 되었던 것이다.

물론 여기에는 소비자와 가까워지기 위한 크고 작은 노력들이 있었다. 베이징 환경미화원을 연상시키는 기존의 노란색 유니폼 대신 중국 소비자들이 선호하는 연두색으로 유니폼 색상을 변경한 것이나, 배달원에게 '캉스', 즉 건강대사라는 칭호를 붙여 건강을 전달해 주는 사람이라는 이미지를 각인시키는 등의 노력이 그 예다.

또한 남아공 시장에 진출한 우리의 현대기아자동차 역시 숨은 수요를 찾아내어 없던 시장을 만들어 낸 경우라 할 수 있다. 1990년대 중반 남아공에서는 건설 수요 확대, 흑인 계층 소득 수준 향상으로 소형 화물 운송 수요가 증가하고 있음에도 남아공 내 소형 화물 운송은 대부분 도요타와 포드 등의 픽업형 승용차에 의존하고 있었다.

이에 현대기아자동차는 건설 기자재와 건설 인력 수송, 자영업자들의 소규모 제품 운송 시장을 타깃으로 삼고 1톤 소형 트럭을 남아공에 출시, 매년 20퍼센트 이상의 판매 신장세를 보이고 있다. 경쟁사들이 미처 보지 못한 블루슈머 시장을 뚫음으로써 시장 선점 효과는 물론, 압도적인 점유율로 진입 장벽을 구축하여 독보적인 지위를 누리고 있는 것이다.

이처럼 인간의 삶이 다양한 형태를 띠는 만큼 우리 수출이 개척할 수 있는 신시장은 무궁무진하다. 그대로 내버려두면 영원히 개척되지 않은 시장으로 묻히거나 다른 경쟁자에 의해 제2, 제3의 유망 시장으로 떠오를 곳들이 허다하다. 이곳을 우리가 먼저 찾아내어 개척한다면, 우리 제품만이 통용되는 보석 같은 시장으로 탈바꿈시킬 수 있다. 수출의 미래를 위해서는 남보다 한발 앞서 숨은 시장을 찾아내고, 이를 우리 것으로 만들기 위한 집념과 노력이 있어야 함을 기억하자.

4

전략이 있으면 미래는 불안하지 않다

■ ■ ■

얼마 전 양용은 선수가 타이거 우즈를 꺾는 모습에 전 세계가 열광했다. 유독 사람들이 놀란 것은 양용은 선수가 그저 골프를 잘해서가 아니었다. 최종 라운드에서 단 한 번도 역전을 허용하지 않은 타이거 우즈, 그의 위압감을 이겨낸 것이 대단해서였다. 우리 경제도 이제 거대한 산을 넘어선 양용은 선수처럼 한 단계 도약해야 하는 순간에 와 있다. 선진국만이 누려왔던 각종 특혜를 이제 우리 것으로 만들어야 한다. 1단 기어를 달고 고속도로를 달릴 수는 없다. 5단, 6단 기어로 바꿔달 때다.

트렌드는 좇는 것이 아니라 만드는 것이다

베스트셀러 중에는 미래를 예측하는 책들이 참 많다. 앨빈 토플러의 『제3물결*The Third Wave*』과 『미래쇼크*Future Shock*』는 이미 세기의 베스트셀러가 되었고, 존 나이스비츠가 지은 『메가 트렌드*Megartrends*』도 전 세계적으로 800만 권이 넘게 팔렸다. 경영학의 아버지로 불리는 피터 드러커의 『자본주의 이후의 사회*Post-capitalist Society*』도 있고, 한 신문사에서는 해마다 해당 연도에 '대전망'이라는 제목을 붙여 다음 해를 전망하는 책을 내고 있다.

우리는 왜 이렇게 미래 예측에 집착하는 것일까? 미래에 나타날 현상을 미리 알고자 하는 데는 분명 이유가 있을 것이다. 단순히 우리 인간이 가진 알 수 없는 미래에 대한 두려움, 혹은 궁금증 때문이기도 할 것이고, 미래를 내다봄으로써 보다 넓은 안목과 시야를 기르는 것과 동시에 희망을 가질 수 있어서이기도 할 것이다. 하지만 무엇보다도 중요한 이유는 조금이라도 더 정확하게 미래를 예측했을 때 우리가 얻을 수 있는 이득이 그만큼 크기 때문일 것이다.

범람하는 트렌드 예측 속에도 '진짜'는 있다

이제는 말 그대로 불연속성이 트렌드인 시대다. 요즘은 그 불연속의 진폭도 매우 커 섣불리 경제 예측을 하기가 무서울 정도가 됐다.

기술 혁신이 광속도로 이루어지고, 이에 대한 반응 역시 신속하게 나타나면서 체감할 수 있는 시장의 변화 속도가 실제로 과거의 10배 이상 빨라졌다. 거기에 전 세계에 100조 달러가 넘는 과잉 유동성이 몰려다니니 시장 변화의 규모도 가공할 상황이다. 결국 중장기 전망이라는 것이 점점 의미가 없어지고 초단기적 분석과 대응이 더욱 필요하다는 얘기까지 나오고 있는 상황이다.

특히 금융 위기 이후 쏟아지는 주가 전망, 환율 예측 등은 도무지 전망이 왜 필요할까 하는 생각이 들게 만들 정도로 신뢰하기 힘든 것들이었는데, 이에 맞추어 투자 계획, 자금 계획, 수출 계획 등을 짜고 변경해야 하는 기업 입장에서는 죽고 싶을 만큼 힘들 지경이 아니었을까 짐작해 본다. 그렇다 하더라도 미래를 예측하고, 앞으로의 트렌드를 읽어내는 일은 국가, 기업, 개인 모두에게 한순간이라도 등한시해서는 안 되는 중요한 작업임에 틀림없다. 디지털 카메라가 등장하면서 후지필름, 코니카필름 등 필름 제조 업체들이 위기에 빠진 사례라든지, 최근 GM, 크라이슬러 등 미국의 유명 자동차 회사들이 대형차 판매만을 고집하다가 파산에 이르고 만 것 역시 시장과 소비자의 바뀌고 있는 트렌드를 제대로 읽지 못해 겪은 일들이기 때문이다.

국가도 마찬가지다. 아무도 침범하지 못할 경제 대국으로 평가받던 일본이 이번 경제 위기에 큰 타격을 받으며 휘청대고 있는 것도 바로 트렌드 변화를 제대로 읽지 못해서라고 볼 수 있다. 실용성, 생산성, 기술력 모든 면에서 세계 시장의 우위를 점하던 일본이었지만, 자신의 실력을 과신했던 탓에 유독 변화에는 약한 모습을 보인 것이 문제였다.

도요타는 한때 한번 입사하면 죽을 때까지 안정이 보장되는 '평생 직장'으로 유명했다. '평생 고용'이라는 브랜드를 내세워 협력 업체와의 인연을 돈독히 하고 기업 이미지를 업그레이드함과 동시에 노사 관계의 역할 모델까지 제시하며 전 세계로 하여금 '일본식 기업 경영'을 배워야 한다는 바람을 일게 만들었던 기업이다.

그러나 전 세계 시장에 글로벌 아웃소싱이 일반화되면서 상황은 180도 달라졌다. 더 나은 조건의 수많은 벤더들과 접목해 새로운 발전의 길을 걸을 수 있었음에도 기존의 협력 체제만을 고수한 나머지 세계 시장의 트렌드에 뒤처지는 신세가 되고 만 것이다. 한번 인연을 맺은 벤더와 평생을 함께 간다는 경영 철학이 오히려 고비용 구조로 작용해 발목을 잡힌 셈이다.

이와 반대로 시장과 소비자의 트렌드를 제대로 읽고 성공한 사례도 많다. 지금은 누구나 알고 있는 항공 택배 업계의 선두 기업인 페덱스(FedEx). 이 기업은 생각보다 그리 오래된 회사가 아니다. 1973년 설립된 페덱스가 불과 20년 만에 세계적인 기업으로 발돋움한 배경에는 소비자의 트렌드 변화에 대한 정확한 이해가 있었다. 이 회사가 생기기 전 소비자들은 배달 업체들의 일정하지 않은 배달일자와 수탁물의 잦은 분실 때문에 불만이 가득한 상태였다. 특히 미국의 경우 기존의 우편 시스템이 이러한 역할을 보완해 주지 못했고, 우편 업무의 자유화 이후 생겨난 각종 서비스들 역시 소비자의 불만을 제대로 해결해 주지는 못하는 실정이었다. 이런 상황에서 신속하고 정확한 특송 서비스를 들고 나온 페덱스의 전략이 소비자들을 끌어들인 것은 당연한 결과였다.

정확한 트렌드 예측과 발 빠른 변신으로 성공적인 기업 운영을 선보이고 있는 국내 기업으로는 삼성SDI를 꼽을 수 있다. 1970년 삼성NEC라는 이름으로 설립돼 흑백 TV용 브라운관을 생산해 온 이 업체는 지금까지 PDP 패널, 2차 전지 등으로 주력 사업을 잇달아 바꿔오면서 최근에는 발전, 에너지 재생, 에너지 저장쪽 사업으로까지 영역을 확대해 변신에 변신을 거듭하고 있다.

이즈음에서 눈여겨봐야 할 것이 있다. 2008년 말 시작된 전 세계 경제 위기는 개별 기업이나 어느 한 산업에만 영향을 미치는 단편적인 트렌드의 변화가 아니었다는 사실이다. 다시 말해 이번 경제 위기는 전 세계의 경쟁 구도를 완전히 바꾸면서 트렌드 예측을 잘한 기업과 못한 기업의 성적을 확연하게 드러내 보이는 전면적인 변화를 불러왔다.

경제 위기가 만들어낸 새로운 트렌드들

경제 위기 이전과 이후를 분명하게 구분 짓게 만든 전면적인 트렌드의 변화는 우리 경제, 우리 수출에도 엄청난 영향을 주고 있다. 다만 분명한 것은 이번 경제 위기가 몰고 온 각 분야의 트렌드 변화가 결코 우리에게 불리하게 작용하고 있는 것은 아니라는 점이다.

우선 앞서 주장했듯이, 우리나라가 '역 샌드위치'의 기회를 맞게 되었다는 것은 고무적인 일임에 틀림없다. 경제 위기 속에서 세계의 기업들과 소비자들에게 우리 상품의 경쟁력이 제대로 어필하고 있다는 증거이기 때문이다. 해외 시장에서 우리 상품의 시장 점유율이 늘고 있고, 우리 기업의 실력에 반한 외국 기업들이 우리 기업과의 협력을 재촉하고 있다. 이는 경제 위기 속에서 우리 기업의 실력이 재평가되면서 나타나고 있는 현상들이며, 또 다시 쉽게 오지 않을 기회임이 분명하다.

그렇다고 이런 기회가 저절로 우리 것이 되는 것은 아니다. 이번 경제 위기가 몰고 온 시장의 새로운 트렌드를 제대로 읽어서 대비하려는 노력이 중요하다. 2009년 초 전 세계에 경제 위기가 닥쳤을 때 어떻게 해서라도 위기를 극복해 보겠다며 정부는 정부대로 기업은 기업대로 분주하게 움직이던 그런 자세가 필요하다. 언제 위기가 있었느냐며 올라가고 있는 주가에 안주하다가는 위기 극복은 물론 세계 시장의 트렌드 변화를 놓치는 우를 범할 것이기 때문이다.

예를 들어 이번 경제 위기로 확실하게 부상한 녹색 산업은 당분간 산업계 전체에 큰 영향을 미칠 새로운 트렌드로 자리 잡을 것이다.

지구 온난화를 해결해야 한다는 세계인의 공감대가 형성되기 시작했고, 또 그것이 개별 산업과 기업의 활동에 구체적인 행동을 요구하는 상황으로 전개되면서 앞으로 녹색 산업의 발전 속도는 엄청나게 빨라질 것이다.

이미 세계적인 글로벌 기업들은 생산 단계부터 환경오염 물질의 배출을 원천적으로 줄이기 위해 '청정 생산 시스템'을 구축하고 협력업체 관리에도 나서는 등 강도 높은 생존 전략을 실행하고 있으며, 한발 더 나아가 '그린 오션'으로 불리는 친환경 제품 시장을 선점하기 위해 분주히 움직이고 있다.

특히 탄소 배출권을 사고파는 시장이 활성화되고 있는 등 지구 환경 보호를 위해 과거에는 없던 규정이 만들어지고 있는 것에 주의를 기울여야 한다. 자칫 소홀히 했다가는 힘 한 번 써 보지 못하고 경쟁에서 탈락해 도태될 가능성이 큰 분야이기 때문에 더더욱 그러하다.

GM이 파산한 원인도 녹색 산업의 도래를 예측하지 못한 데서 찾을 수 있다. 유가가 폭등하면서 소비자들은 연료 절감형 소형차를 선호하기 시작했다. 기름을 많이 먹는 대형차를 생산해 온 GM이 타격을 받은 것은 어찌 보면 이미 예견된 것이었다. 지금은 하이브리드 자동차에 이어 전기 자동차가 시장에 등장하고 있지만, 또 다른 획기적인 연료의 발견이나 개발이 이루어진다면 시장 상황이 언제 어떻게 바뀔지 모를 일이다. 공룡같이 큰 자동차 회사가 한 순간에 문을 닫는 극단적인 사태가 벌어지는 등 앞으로 등장할 새로운 기술이 보여주는 파괴력은 과거와 비교가 되지 않을 정도로 클 것이다.

이 밖에도 이번 경제 위기로 정부의 역할이 중요하다는 사실이 입증되었으며, 정부 간 협력의 필요성도 더욱 분명해졌다. 기업이 글로벌 경쟁에서 살아남기 위해서는 국경을 초월한 부품 조달에 나서야 하고, 기술이 우수한 기업이라면 누구와도 손을 잡을 필요가 있다는 사실을 확실하게 인식하는 계기가 되었다. 물론 묵묵히 기술을 개발하고, 세계 곳곳을 뛰어다니면서 시장의 트렌드를 읽고 대비해 온 우리 기업들에게는 지금이 오히려 기회가 되고 있지만, 급격하게 변할 앞으로의 트렌드에도 항상 대비해야 한다는 사실을 기억해야 한다.

그런데 이런 거시적인 트렌드가 중소기업에게 얼마나 많은 시사점을 줄지는 미지수다. 녹색 산업이 커진다 하더라도 중소기업 제품에 직접적인 영향을 주지 않는 경우도 있고, 설사 영향을 준다 해도 중소기업이 갑자기 친환경적인 제품을 생산해 내기란 쉽지 않을 것이다. 정부나 KOTRA 같은 기관에서도 새로운 트렌드를 찾고 이에 대한 대비책을 세우는 일을 해당 기업에게만 떠넘긴 채 방관만 하는 일은 있을 수 없겠지만, 사실 세계 시장에서 직접 뛰고 있는 우리 기업 스스로의 올바른 자세와 대비책이 무엇보다도 중요함을 기업들은 스스로 인식해야 한다.

CEO의 발품은 헛품이 아니다

남들에 비해 한 발짝 빠르게 시장의 트렌드를 파악하거나, 아니면 아예 없었던 트렌드를 새롭게 만들어 낸 기업은 확실히 성공의 이유를 가지고 있다. 이들은 세계적으로 유명하다는 전시회는 가지 않는 곳이 없고, 시장 개척단에 참가하여 샘플을 들고 전 세계 시장을 누비면서 소비자의 기호 변화를 읽어냈다. 경쟁국에서 어떤 제품을 시장에 내놓고 있는지도 살폈고, 누가 새로운 기술을 개발하고 있는지도 파악했다. 이렇게 하여 세계 시장에서 앞서가는 제품을 개발하게 된 것이다.

이런 일에는 CEO가 직접 나서는 것이 좋다. 해외 출장은 많은 비용이 들기 때문에 직원의 경우는 한 건이라도 수출 계약을 성사시키려고 한다. 빈손으로 돌아가자니 사장을 볼 면목이 없어서이다. 그러다 보면 당장의 성과에만 집착할 뿐 장기적인 안목을 가지고 시장, 기술, 경쟁 회사의 동향을 파악하는 일에 소홀하기 쉽다. 하지만 CEO는 다르다. 지금 당장의 수출보다 시장의 트렌드를 읽는 것이 더 중요하다는 것을 육감적으로 안다.

해외 출장을 가게 되면 바이어를 통해 값진 정보를 얻을 수 있다. 바이어는 경쟁사 제품의 장단점을 설명해 주며, 현지 시장의 변화 내용, 현지 소비자가 선호하는 제품의 기능이나 디자인 등 어찌 보면 당장의 수출 성과보다 더 중요한 정보들을 제공한다. 이런 값진 정보들을 듣는 데는 회사의 미래를 생각하는 CEO가 가장 적합하다. 그래서 CEO의 발품은 헛품이 되지 않는 것이다.

소비자와의 새로운 소통 채널을 구축하려는 노력도 중요하다. 나라마다 차이가 있긴 하지만 최근에는 젊은 층을 중심으로 블로그 등을 통한 인터넷 창구를 통해 활발한 소통이 이루어지고 있다. 인터넷은 제품을 홍보하는 수단도 되지만 소비자의 반응을 파악하는 좋은 기회가 되기도 한다. 입소문의 위력이 큰 중국에서 최근 인터넷이 활발한 소통 채널로 등장하고 있는 것도 중국 시장에 관심 있는 기업이라면 중요하게 살펴봐야 할 현상이다.

이 밖에도 나라마다 고령화가 진척되면서 커지고 있는 실버 시장이라든지, 국내의 경우 외국인 근로자가 많아지면서 새롭게 등장하는 다문화 시장에 대해서도 눈여겨봐야 한다.

트렌드 크리에이터로 도약하라

우리가 선진 경제로 확실히 진입하려면 이미 시장에 나타나고 있는 트렌드만을 좇아서는 한계가 있다. 시장을 리드하는 트렌드를 우리 스스로 만들어 낼 줄도 알아야 한다.

세계 소비자의 트렌드 변화에 가장 성공적으로 대응하고 있는 우리 산업을 꼽으라면 단연 IT가 될 것이다. 특히나 요즘 들어서는 IT가 접목되지 않은 제품이나 시스템이 거의 없을 정도이니, IT가 진출할 분야도 그 한계를 알기가 어렵다. IT 하나로 경쟁력을 좌우할 분야가 거의 전 산업 분야로 퍼져가고 있는 것이다.

전자 회사와 자동차 회사가 공생을 도모할 정도로 자동차의 경쟁력도 IT가 좌우하고 있고, 건물은 물론 하나의 도시를 움직이는 것도 각종 IT 기술이 다. IT가 강한 한국 입장에서는 놀라운 기회가 되고 있는 트렌드임에 분명하다.

특히 우리 기업이 IT분야에서 소비자의 트렌드를 재빨리 잡아내고 이를 기술에 반영하여 품질을 높여 경쟁력을 키워오기도 했지만 최근에는 시장의 선두에 서서 소비자와 경쟁자를 이끄는 트렌드를 만들어 내는 경우가 많아지고 있다. 고가의 휴대전화와 LCD TV를 앞세워 세계 시장을 선도하는 우리 제품들이 전 세계 소비자들로부터 가장 갖고 싶은 제품으로 꼽히는 것도 새로운 트렌드를 창조해서 시장을 선도한 우리 기업들이 만들어낸 작품인 것이다.

이렇게 시장을 선도할 때 경쟁자가 버티지 못하는 경우가 생긴다. 우리 휴대전화를 따라 잡으려다 도태되는 처지를 맞은 노키아가 그렇고, 까르푸나 월마트가 한국 시장에 들어왔다가 쓸쓸히 퇴장하고만 것도 마찬가지다. 이 모두가 경쟁하던 우리 기업이 우리 소비자에 맞는 새로운 트렌드를 파악하여 앞서서 치고 나갔기 때문에 벌어진 일이었다.

이러한 경쟁력은 우리 중소기업들도 예외가 아니다. 세계 최고의 가전제품 전시회로 불리는 미국의 CES, 세계 최대 정보통신 박람회인 독일 하노버의 세빗(Cebit) 등 전 세계 바이어와 소비자가 모이는 장소를 찾아다니며 새로운 트렌드를 만들어 내고 있는 우리 기업들이 많다.

TV, 컴퓨터의 지저분한 케이블을 평면 테이프처럼 만들어 미관을 좋게 한 초박막형 케이블을 개발한 한 중소기업이 600만 달러 이상의 계약을 전시회 현장에서 따낸 경우라든지, 자동차용 블랙박스로 200만 달러의 현장 계약을 따낸 사례들은 이제 뉴스거리에도 들지 못할 정도다. 게다가 이제는 리비아, 콜롬비아 등의 나라에서 한국의 전자 정부와 지능형교통시스템(ITS)를 도입하기 위해 우리나라를 찾아오고 있다. 기존에는 없던 새로운 기술, 새로운 소비 트렌드를 우리만의 노하우로 만들어냈기에 가능한 일들이다. 게임이나 영화와 같은 문화 콘텐츠 분야와 리튬전지와 같은 새로운 부품 분야, 바이오 제약 분야 등 여러 산업 분야에서도 시장을 창출하며 새로운 트렌드를 만들고 있는 우리 기업들이 속속 등장하고 있는 것은 우리 경제의 미래를 밝게 만드는 중요한 현상들이라고 하겠다.

이처럼 없던 시장을 만들어서 시장을 선도하는 트렌드는 어떻게 만들어질 수 있는 것인가?

획기적인 발전을 위해서는 창의적인 역발상을 해야 한다. 높이뛰기 세계 신기록이 2미터를 돌파한 것은 그 전까지 사용하던 가위뛰기 방식에서 배면뛰기 방식으로 단순히 몸을 한 번 비튼 것이 가져온 놀라운 결과였다. 시장에서도 마찬가지다. 조금은 엉뚱한 것 같은 창의적인 역발상이 전혀 예상치도 않았던 새로운 트렌드를 만들어 낼 수 있다.

또한 다양한 접촉을 통해 평소 경험할 수 없던 것들을 이해하려는 노력이 필요하다. 책 혹은 각계각층 사람들과의 다양한 대화를 통해 여러 경험을 쌓다 보면 평소 보이지 않던 새로운 것들을 발견할 수 있다.

나아가 원활한 소통을 가능케 하는 용어를 만들 수 있어야 한다. 광고에서 한 마디 카피가 가지는 힘이 절대적이듯 모든 소통에서는 쉽게 와 닿는 용어가 필요하다. 이번 경제 위기에 내가 던졌던 '역샌드위치' 라는 말도 우리 경제의 기회를 설명할 때 무척이나 유용하게 쓰였음은 물론이다.

마지막으로 우리가 트렌드를 만드는 데 강하다는 사실에 자부심을 가질 필요가 있다. 난 우리가 트렌드에 관한 한 '매직 핸드(Magic Hand)'를 가졌다고 생각한다. 탁월한 능력을 발휘하는 IT를 봐도 그렇고 한류가 퍼져가는 것 역시 우리에게만 특별하게 나타나는 현상 아니겠는가.

트렌드를 따라가지 못하면 당연히 도태된다. 그렇다고 트렌드를 좇는 것만으로는 일류가 되지 못한다. 시장과 소비자를 선도하는 트렌드 크리에이터(Trend Creator)가 될 때 우리의 기업도 국가도 비로소 확실한 일류가 될 수 있을 것이다.

국적을 버려라

풍부한 자본과 세계적인 브랜드 이미지를 앞세운 골리앗 글로벌 기업들도 세계 곳곳에 자리 잡고 있는 토종 기업들과의 싸움에서는 쩔쩔매는 경우가 허다하다. 심지어 글로벌 기업들이 화려한 간판을 내리고 쓸쓸히 퇴장하는 일도 심심치 않게 일어난다. 현지인 특성에 맞는 제품으로 현지인의 가슴을 파고드는 마케팅을 실시하고 있는 토종 기업들에게는 막대한 자본도, 세계적인 브랜드도 무력화시키는 그들만의 노하우가 있기 때문이다.

한때 잘나가던 외국계 기업들의 한국 시장 진출을 앞두고 국내 업계에 비상이 걸렸던 적이 있다. 이미 세계 시장을 제패하고 있던 이들 글로벌 거대 기업이 한국 시장에 들어올 경우, 한국 시장 역시 이들의 먹잇감이 되고 말 것이라는 위기감 때문이었다. 그러나 한국 시장에서 성공을 거둔 글로벌 기업은 다른 나라들에 비하면 그 숫자가 훨씬 적은 편이다.

글로벌 기업조차 꼼짝 못하는 토종 기업들

전 세계 휴대전화 시장의 약 40퍼센트를 점유하고 있던 노키아가 처음 한국 시장의 문을 두드렸을 때, 국내 휴대전화 시장의 경쟁이 더욱 치열해지리라는 예상이 나온 것은 불 보듯 뻔한 일이었다. 하지만 생각과는 달리 휴대전화 경쟁은 싱거운 싸움이 되고 말았다. 천하의 노키아도, 세계 최고 수준의 휴대전화를 매년 100여종씩 쏟아내며 소비자들의 구미를 정확히 맞추고 있는 국내 기업들에게는 상대가 되지 못했던 것이다.

노키아가 한국 시장에 진출하면서 내건 슬로건은 단순히 '커넥팅 피플(Connecting People)'이었지만, 한국은 이미 휴대전화가 통신 기기 수준을 넘어서 엔터테인먼트 기기로 변화된 시점이었다. 다시 말해 노키아가 한국 시장에서 택한 전략은 한국 내의 경쟁자와 소비자의 특성을 전혀 고려하지 못한, 어설픈 것이었던 셈이다.

미국 유통 시장의 거인 월마트도 이와 비슷한 경우다. 월마트가 처음 한국 시장에 진출할 당시만 해도 시장 전체에 파란을 몰고 올 것이라는 예상이 지배적이었지만, 막상 뚜껑을 열었을 때 나타난 판세는 영 딴판이었다. 극한의 가격 경쟁력을 위해 실내 인테리어가 없는 판매 전략을 채택한 것이 미국 시장에서는 대성공을 거두었지만, 감수성이 풍부한 한국 소비자들에게는 이 전략이 통하지 않았던 것이다.

오히려 이제는 우리 기업들이 해외 시장 곳곳을 넘나들며 현지의 토종 기업들과 시장 쟁탈전을 벌이고 있다. 이런 우리 기업들에게 어떤 시사점을 줄 수 있을까를 고민하다가 세계 도처에서 글로벌 기업들을 보기 좋게 이겨내고 있는 각 나라의 토종 기업들 특성을 조사했던 적이 있다.

놀랍게도 커피 업계의 신화로 불리는 스타벅스가 모든 시장에서 성공하고 있는 것은 아니라는 결과가 나왔다. 러시아의 경우 토종 기업인 커피전문점 '커피하우스'가 선전하고 있었는데, 러시아인들이 즐겨먹는 까샤(러시아 죽), 샐러드, 수프 등 다양한 메뉴를 구비해서 소비자를 스타벅스에 빼앗기지 않았다고 한다. 대만의 테이크아웃 커피점인 '카페 85度C'는 대만인이 테이크아웃을 선호한다는 점을 이용, 매장을 작게 하여 운영 비용을 줄이고 커피 값을 스타벅스의 반 수준으로 내려서 시장에 먼저 진출한 스타벅스를 보기 좋게 제쳤다. 이렇게 글로벌 기업을 이긴 토종 기업 사례는 의외로 많았는데 이들이 보인 공통점은 현지인의 입맛과 특성을 제대로 파악하고 있었다는 것이었다.

모든 나라에 똑같이 잘 통하는 전략은 많지 않다. 과거처럼 물건만 잘 만든다고 팔리던 시대도 더 이상 아닌데다 각 분야별로 경쟁이 치열해지면서 현지 시장과 소비자의 기호를 잘 반영한 제품을 만들지 않고서는 살아남기 힘들어졌다. 우리 기업의 해외 진출이 계속해서 늘고 있는 요즘, 아무리 하찮게 보이는 시장이라도 섣불리 공략해서는 안 되는 이유가 바로 여기에 있다. 일반적인 경영학 지식을 뛰어넘는 현지 시장만의 고유한 특징이 존재하는 것이다.

또한 외부에서 온 기업은 원래 불리함을 안게 마련이다. 전쟁에는 '공격자 3배수의 원칙'이라는 것이 있다. 공격하는 쪽이 수비하는 쪽보다 적어도 3배는 많아야 공격이 성공할 수 있다는 뜻인데, 이는 다시 말해 수비하는 쪽이 유리할 수밖에 없다는 얘기다.

그렇다면 토종 기업을 상대해야 하는 외국 기업들은 어떤 전략을 취해야 할까? 글로벌라이제이션만으로 부족하다고 판단한 경영학자들은 글로컬라이제이션(Glocalization, Globalization+Localization)이라는 개념을 만들어 냈다. 즉, 현지화 개념을 추가시킨 것으로 토종 기업이 가지고 있는 현지 시장에 대한 노하우를 따라잡지 않고서는 시장 공략이 불가능함을 나타낸 것이다. 이런 전략은 다양한 형태로 나타나고 있다.

필요하다면 국적도 버려라

우선 외국 기업은 현지인에게 이질적으로 보이는 브랜드 이미지를 벗어던져야 한다. 현지 언어로 된 브랜드를 만들어 사용함으로써 아예 외국기업이라는 이미지 자체를 버리는 것도 좋은 전략이다.

향수의 본고장인 프랑스에서 성공하고 있는 태평양의 사례가 그렇다. 화장품을 만드는 한국 업체인 태평양은 처음부터 한국 기업이라는 사실을 소비자에게 밝히지 않았다. 물론 프랑스 현지에서 제품을 생산, 판매하기 때문에 굳이 한국 기업임을 드러낼 필요도 없었다. 많은 기업들이 '한국'이라는 이미지를 털어내지 못하고 있는 것을 생각할 때, 태평양은 처음부터 의도적으로 '탈 한국 이미지 전략'을 구사했던 셈이다.

태평양의 제품에서는 광고 모델, 브랜드, 제품 포장 어디에서도 소비자들이 한국을 떠올릴 만한 문구나 디자인을 찾을 수 없었다. 이렇게 한국 기업이라는 사실을 전혀 드러내지 않았던 전략이 이 회사가 화장품의 본고장 프랑스에서 성공적으로 뿌리내린 원인이 된 것이다.

국가나 기업의 이미지를 숨기고 성공한 전략은 여러 제품에서 목격된다. 렉서스 자동차가 히트한 후 한참이 지나서야 도요타에서 만든 모델이라는 사실이 소비자들 사이에 알려진 것도 그렇고, 미국 시장에서 호평을 받고 있는 제네시스 역시 차 어디를 봐도 현대를 떠올리는 마크나 문구는 찾아볼 수 없는 것도 그렇다.

세계적으로 브랜드 인지도가 높아진 삼성이나 LG 역시 마찬가지이다. 소비자들이 삼성과 LG 브랜드만 기억하면 될 뿐, 굳이 이들에게 한국 기업이라는 사실을 적극적으로 홍보할 필요는 없는 것이다.

나의 이런 인식에 대해 국수주의자들은 반기를 들지도 모르겠다. 한국인, 한국 기업이라는 사실을 숨기는 것이 이들의 시각에서는 타당하게 들리지 않을 것이기 때문이다. 하지만 나는 한국인임을, 한국 기업임을 부끄러워하라는 것이 아니라, 기업이 세계 시장에서 성공하기 위해서는 이런 숨기기 전략도 때론 필요하다는 사실을 말하고자 하는 것이다.

물론 시장에 따라서는 한국을 앞세운 전략이 더 유용할 때도 있다. 대표적인 예로 한류가 일어나고 있는 지역에서의 기업 활동을 들 수 있다. 이 경우에는 오히려 중국과 동남아에 성공적으로 진출한 문화 한류가 경제 한류로 꽃을 피우지 못하고 있는 것은 아닌가 하는 생각이 들어 안타까울 정도다.

결국 판단은 우리 기업의 몫이다. 한국 브랜드가 오히려 기업 활동에 긍정적으로 작용한다고 판단될 때에는 한국 브랜드를 더욱 더 적극적으로 내세우면 된다.

이처럼 객관적인 실력만 갖췄다고 시장에서 성공하는 것은 아니며, 철저한 현지화가 가능할 때 낯선 시장에 대한 진입이 훨씬 용이해지게 마련이다.

최근 우리 기업의 세계 시장 진출이 그 어느 때보다 활발해지고 있기 때문에 현지화의 중요성이 훨씬 커지고 있다. 현지화를 '현지 소비자를 사로잡는 모든 활동' 이라고 폭넓게 정의한다면, 우리가 만든 제품이 현지 소비자들에게 기능 면, 품질 면, 정서 면에서 모두 딱 맞는 제품이 되어야 하고, 이를 판매하는 마케팅 역시 현지인의 심리를 파고드는 현지 맞춤형 마케팅이 되어야 한다. 그렇다면 제대로 된 현지화는 어떻게 가능한 것일까?

현지화란 현지에 완전히 녹아드는 것

현지 소비자와 바이어를 자주 만나지 않으면 제대로 된 현지화는 불가능하다.

우리 기업이 해외 시장을 개척하는 방법 중에 '시장 개척단'이라는 것이 있다. 10여 개의 기업이 모여 두세 나라에 출장을 가서 현지 KOTRA가 소개해 주는 바이어를 만나고 시장을 조사해 오는, 일종의 출장 마케팅 방식이다. 90년대 초 처음 시도되어 지금은 매년 100회 이상의 시장 개척단이 해외에 나가고 있다. 지금까지 얼마나 많은 중소기업들이 해외를 다니며 현지 시장이 원하는 것이 무엇인지를 배워왔을까 생각해 보면, 그 효과는 실로 엄청난 것이라 생각된다. 이처럼 꼭 해외에 지사나 공장을 설치하지 않고도 가능한 것이 현지화이다.

직원들을 해외에 파견할 수 있다면 더 좋다. 직원 출장비마저 아까워하는 경영자가 있다면 앞으로 더욱 중요해질 현지화의 중요성을 제대로 인식하지 못하는 경영자라 감히 말하고 싶다.

해외에 지사를 만드는 일에도 과감해질 필요가 있다. 중소기업이 해외 지사를 운영하려면 큰돈이 드는 것이 사실이다. 이 점을 해결하기 위해 KOTRA에서는 해외에서 지사처럼 지원해 주는 '지사화 사업'이라는 제도를 운영하고 있지만, 무엇보다 좋은 것은 기업이 직접 사람을 파견하여 그가 현지에 살면서 현지인의 특성을 파악하도록 하는 것이다.

그리고 해외 지사에 직원을 파견할 때는 장기간이 되어야 하며, 파견 직원 역시 생활 여건이 어렵더라도 장기간의 현지 근무를 통해 현지와 확실하게 동화되어 뿌리를 내리고야 말겠다는 각오와 자세를 가져야 한다.

지사장으로 꼭 본사 직원을 고집할 필요도 없다. 경우에 따라 현지인 지사장이 더 큰 성과를 내는 경우도 많다. 일찍이 나는 KOTRA 코펜하겐 무역관장으로 현지인과 결혼한 덴마크 국적의 한국인 여성을 임명한 바 있다. 처음에는 주위의 우려도 많았지만 현지 언어, 문화, 관습에 익숙하다는 그만의 장점을 최대한 살린 결과, 현재 코펜하겐이 전 세계에서 가장 큰 성과를 내는 무역관이 되었다.

이후 본인 역시 조국에 제대로 봉사한다는 자부심으로 가득 차 있는 것을 보며, 참 잘한 결정이었구나 하는 생각을 지금도 하고 있다. 중요한 것은 직원의 국적이 아니라 누가 현지 시장 개척에 적임자인가 하는 점이라는 사실을 다시 한 번 절감할 수 있었다.

또한 철저한 현지화를 하자면 다방면에 걸쳐 노력이 필요하다. 현지의 음식, 음악, 예술에 심취하고, 현지법이나 문화에도 동화될 수 있어야 한다. 그래야 기술이나 상품을 개발하더라도 현지인의 기호에 맞출 수가 있다. LG가 자물쇠 달린 냉장고를 개발하여 인도에서 큰 인기를 끌 수 있었던 것도 현지 문화를 아주 사소한 부분까지 철저하게 파악했기에 가능했던 일이었다.

그리고 또 이제는 현지인으로 하여금 감동과 의리도 느낄 수 있게 해 주어야 한다. 현지를 단순히 시장이나 생산 기지로만 보는 자세를 떠나 현지인과 함께 숨 쉬고 있는 기업이라는 이미지를 심어야 한다. 바이어가 어려울 때는 과감하게 외상 거래도 주고, 현지에 어려운 일이 생겼을 때 내 일처럼 나서서 돕는 것이 현지화를 추구하는 우리 기업의 기본자세가 되어야 한다.

이제 시장을 국내외로 구분하던 옛날식 사고는 더 이상 통용되지 않는 세상이다. 무역과 수출로 살아가야 하는 우리는 시장이든 소비자든 국내외를 구분하지 말아야 한다. 시장이 어디에 있든, 소비자가 어디에 있든 똑같이 우리의 시장이고 소비자라는 인식의 전환이 절실한 때다. 필요하다면 국적을 잊고서라도 해외 시장에 녹아들어야 한다.

적자를 내더라도 착한 기업이 되라

요즘 내 눈을 단번에 사로잡은 광고가 있다. 바로 어른들이 양보하여 어린 형제가 5달러에 자전거를 낙찰 받는 내용의 TV 광고다. 그 화면을 보고 있으면 마치 내가 그 아이들의 부모가 되기라도 한 것처럼 찡한 감동이 느껴진다. 이 광고의 결론은 포스코가 착한 기업, 좋은 기업이라는 메시지다. 아니, 포스코에서는 그렇게 대놓고 주장하지도 않았다. 그저 그 광고를 보고 있으면 자연스럽게 그런 믿음이 싹 튼다. 요즘 광고가 다 이런 식이다.

성장 속도가 무척 빠르다든지, 시장 점유율이 매우 높다든지 하는 식의 내용으로 구성된 기업 광고는 이제 찾아보기 힘들다. 소비자들이 돈 잘 버는 회사보다는 사회에 좋은 일을 많이 하는 착한 기업을 원하기 때문이다. 그래서 최근에는 기업 사이에 CSR(Corporate Social

Responsibility, 기업의 사회적 책임)이 유행처럼 번지고 있다.

이제 CSR에 대해 모르는 기업은 없다. 소비자를 의식해서 마지못해 CSR 활동을 하는 기업도 있긴 하겠지만, 실제로 많은 기업들이 사회에 공헌해야 한다는 진심을 가지고 CSR 활동에 참여하고 있다. 해외에 진출하고 있는 우리 기업들이 해외에서 펼치는 CSR 활동 역시 더욱 활발해지고 있다.

지구촌을 끌어안는 한국 기업의 CSR 활동

우리 기업들이 벌인 해외에서의 CSR 활동 사례는 이미 널리 알려져 있다. 2008년 봄 중국 쓰촨성에 대지진이 발생한 바로 다음날 두산인프라코어의 중국 현지 법인인 두산공정기계유한공사는 쓰촨성 내에 두산 굴삭기 동원령을 내렸다. 지진 지역 인근에서 두산 굴삭기를 사용하고 있는 고객들을 설득하여 150대의 굴삭기를 지진 복구 현장에 투입했던 것인데, 외국 기업 중에서 제일 먼저 지진 복구 작업에 나선 것이었다. 그 후 묵묵히 복구 작업을 펼치고 있는 두산인프라코어 굴삭기의 모습이 중국 국영 CCTV를 통해 중국 전역에 방송되며 주목을 끌었다. 이 회사에서는 그 밖에도 중국에 매년 2, 3개의 소학교 건립을 지원하며 벌써 21개의 두산희망소학교를 건설했을 정도로, 현지 중국인과 함께하는 기업 이미지를 만들어가고 있다.

현대자동차의 인도 법인인 현대모터재단은 차 1대를 팔 때마다 2,800원씩을 적립하여 인도 학생들에게 책걸상을 제공하는 활동을 펴고 있다. 책걸상이 없어 차가운 교실 바닥에 앉아 수업을 듣는 인도 아이들이 허리 통증을 호소하는 것이 안쓰러워 시작한 활동이었다. 책상에 앉아 좋아하는 아이들의 눈망울을 아직도 잊지 못한다는 현대 직원들의 얘기는 현장에 가보지 않은 사람에게도 감동으로 전해지기에 충분하다.

웅진 그룹에서는 캄보디아인들을 위해 우물을 파주고 해피 홈스쿨이라는 학교를 운영하고 있으며, 금속제 식탁 용품을 생산하는 중소기업 유진크레비스는 가정 형편이 어려워 심장병 수출을 받지 못하는 베트남 어린이들을 한국으로 데려와 무료로 수술해 주는 활동을 펴고 있다. 이처럼 지구촌에 사랑을 전하는 우리 기업의 사례는 계속해서 늘어가고 있다.

일반에 잘 알려져 있지 않은 사례는 더 많다. 전 세계 72개국에 진출해 있는 KOTRA에서 파악 중인 우리 기업의 현지 CSR 활동은 정말로 다양하다. 고아원이나 양로원을 지원하거나 가정 형편이 어려운 현지 학생들에게 장학금을 전달하거나, 한국전에 참전했던 현지 노인들을 한국으로 초청하거나, 어릴 적 해외로 입양된 아이들에게 일자리를 제공하는 등 수많은 CSR 활동이 지구촌에 퍼져 있는 우리 기업들에 의해 진행되고 있다.

물질보다는 애정을 가진 CSR이 중요

기업 사례는 아니지만 국가가 국가를 상대로 지원 활동을 편 것이 결국 우리 기업의 활동에 도움으로 되돌아온 경우도 있다. 2009년 초, 멕시코에서 신종 플루가 처음 발견되었을 때 각 나라는 멕시코 지원에 나섰다. 중국은 약 65억 원을 지원했고, 우리 정부는 중국의 10분의 1 수준인 6억 원을 지원했다. 하지만 이후 양국의 지원 효과는 정반대로 나타났다. 중국은 홍콩에 들어온 멕시코인 1명이 신종 플루에 감염된 것으로 확인되자 같은 비행기로 들어온 멕시코인들을 무차별적으로 호텔과 병원에 격리시키면서 멕시코인들의 분노를 샀다.

반면, 우리 정부는 6억 원이라는 많지 않은 지원금과 마스크, 장갑 등의 구호물품을 보냈을 뿐이지만 '지금은 차별 대우를 할 때가 아니라, 힘을 합쳐야 할 때', '멕시코는 인류를 위한 참호'라는 현지 한국 대사의 따뜻한 연설 한 마디가 언론을 타고 멕시코 국민들에게 전해지면서 한국의 이미지는 물론이고 현지에서 사업을 하고 있던 한국 기업들의 이미지까지 함께 올라가는, 예상치 못했던 효과를 보기도 했다. 아무리 큰 금액을 지원하더라도 마음이 담기지 않으면 소용이 없는 것이며, 보잘 것 없는 지원이라도 진실된 마음이 담겼을 때 효과를 발휘하는 것이 CSR 활동인 셈이다.

CSR 활동이 하나의 중요한 경영 활동으로 인식되기 시작한 것은 기업이 지속적인 성장에 눈을 뜨면서부터다.

간단한 퀴즈를 내볼까 한다. 무분별한 벌목으로 삼림을 가장 황폐화시키는 주범은 누구일까? 나무를 가장 많이 심는 삼림 보호의 일등 공신은? 이 2개의 질문에 대한 정답은 모두 '제지 회사'이다. 이해가 잘 안 될 수도 있지만, 사실 나무를 많이 벌채한 삼림 파괴의 주범도 제지 회사이고, 동시에 가장 많은 나무를 심어 삼림 보호에 앞장서고 있는 것도 제지 회사다.

만약 제지 회사가 계속해서 나무를 심지 않는다면 더 이상 벨 나무가 사라지게 되어 결국 제지 회사도 문을 닫아야 한다. 따라서 제지 회사 입장에서는 미래에 벌목할 묘목을 미리 심어 놓는다는 투자 개념에다가 삼림 보호에 앞장서는 좋은 기업이라는 이미지까지 소비자에게 알리는 두 가지 효과를 동시에 노리고 나무를 심는 것이다. 즉, 나무 심기는 제지 회사가 지속적으로 존속하고 성장하기 위해 현명하게 선택한 방법인 셈이다.

주로 윤리 경영의 중요한 사례로 언급되는 존슨 & 존슨의 타이레놀 독극물 사건 역시 기업의 인류에 대한, 사회에 대한 책임을 강조할 때 빼놓을 수 없는 사례이다. 독극물이 투입된 타이레놀을 복용한 사람이 사망하자, 이 회사는 시장에 풀려 있던 총 1억 달러에 달하는 제품을 하자가 없는 것까지 거둬들였다. 소비자를 위해 취한 빠르고 단호한 이 조치는 그 후 이 기업이 소비자의 신뢰를 회복하고 오히려 더 크게 성장하는 밑거름이 되었다. 소비자를 최우선으로 생각한 회사의 신속한 대응 조치로, 나쁜 기업의 이미지 대신 착한 기업 이미지를 확보했기 때문에 가능한 일이었다.

알아주지 않아도 묵묵히 하라

기업이 착한 이미지를 확보하는 일은 우리 기업들에게도 마찬가지로 매우 중요한 과제가 되고 있다.

세계 최고의 스포츠 브랜드인 나이키는 좋은 참고가 된다. 나이키야말로 전형적인 선진국형 기업이다. 이 기업이 가진 것이라고는 브랜드와 디자인, 제품 기획력이 거의 전부라 해도 과언이 아니다. 생산은 모두 개발도상국에 넘겨서 하고 있다. 이렇게 저렴한 비용으로 생산한 물건에 나이키 브랜드를 붙여 몇 배의 가격으로 시장에 내다파는 것이 나이키의 생존법이다.

그런데 최근 나이키가 개발도상국의 저임 노동력을 착취하는 기업이라는 구설수에 휘말렸다. 그 후 적극적인 대응으로 나이키에 대한 소비자의 반감이 누그러지긴 했지만, 아무런 잘못도 한 것이 없어 보이는 나이키가 이런 곤혹을 치르게 된 것은 평소 착한 기업이라는 이미지를 소비자들에게 충분히 심어주지 못했기 때문이다.

나이키의 성공 모델은 앞으로 우리 기업들이 따라가야 할 사업상의 좋은 본보기가 될 것이다. 하지만 인류와 지구촌 각 사회에 도움이 되는 착한 기업 이미지를 쌓지 않고서는 현재의 자리를 유지하기가 쉽지 않다는 사실을 나이키의 사례는 잘 보여 준다. 선진국 기업이 되자면 CSR 활동은 사회를 위한 것이기도 하지만 기업 스스로를 위한 것이기도 하다는 사실을 명심해야 한다.

미국의 한 카펫 제조 업체의 사례도 있다. 이 회사는 계속되는 클레임으로 회사 경영이 어려워지자 중고 카펫을 재생하는 회사로 변신하여 성공했다. 이 회사의 중고 카펫 재생이 환경오염을 감소시키는 좋은 일로 소비자들에게 비춰지면서 오히려 큰 성공을 거둔 것인데, 이는 지금의 소비자들이 환경과 사회에 기여하는 기업을 얼마나 높이 평가하고 있는지 보여 준다.

과거, 세계를 누비며 상품 수출에 주력하던 경제 개발 시대에는 과감한 결단력을 내세운 대한민국 특유의 기업가 정신이 우리나라의 경제 발전과 성장에 밑거름이 되었다. 이러한 시대에는 오로지 성장과 결과만을 위해 눈앞의 이익을 추구하며 앞만 보고 달려도 전혀 문제 될 것이 없었다.

하지만 이제는 시대가 달라졌다. 상황이 예전 같지 않다. 앞도 보고 뒤도 보고 옆도 봐야 하며, 위와 아래까지도 샅샅이 살펴야 하는 것이 요즘의 비즈니스 환경이다. 그중에서도 사회에 기여하는 기업이라는 인식을 심어주지 못하면 소비자로부터 외면받을 수밖에 없다. 그야말로 뛰어난 기업이 성공하는 시대가 아니라 착한 기업이 성공하는 시대, CSR가 번창하는 시대가 된 것이다. 기업의 존재 이유는 이윤 추구이지만, 하루에도 수많은 기업이 생겼다 사라지는 이 시대에 단기적인 이윤만을 추구해서 살아남을 수 있는 기업은 단 한 곳도 없다.

그렇다고 일부러 거창하게 기증식 같은 행사를 하면서 눈에 보이는 선행을 하려고 해서도 안 된다. 비록 기업의 선행이 입소문으로밖에 전해지지 않는다 하더라도 진심어린 애정을 가지고 사회적 책임을 다한다면, 결국 그 기업은 자신이 속한 사회에서 오랫동안 성장세를 이어갈 수 있는 배경을 만들고 있는 셈이다.

해외에서도 마찬가지다. CSR를 '경제적인 손실을 보지 않기 위해 미래에 있을지 모를 비난을 사전에 예방하는 행위' 쯤으로 치부하는 시각을 가져서는 안 된다. 환경, 인권, 소비자 주권을 생각하고 실천으로 옮기는 기업 이미지를 심기 위한 CSR 활동은 궁극적으로 주가, 소비자 구매, 기업의 브랜드 가치에 반드시 반영되어 시장에서 보상을 받게 되어 있음을 깨달아야 한다.

기업의 사회적 책임을 강조하는 CSR의 개념이 사회 전 분야의 사회적 책임을 강조하는 SR(Social Responsibility)로 확대되고 있고, SR 펀드까지 등장할 정도로 그 누구도 이제는 사회적 책임으로부터 자유로울 수가 없는 세상이 되었다. 기업의 CSR 활동은 지금 당장 적자가 나더라도 멈추지 말아야 할 기업의 필수적인 책임이라는 사실을 인식해야 한다.

문 닫는 순간까지 사람과 기술은 안고 가라

2002년 6월은 정말 행복했던 달로 기억된다. 16강 진출이 목표였던 태극전사들이 연승을 기록하며 어느 누구도 상상치 못했던 4강 신화의 기적을 이뤄냈기 때문이다. 온 국민이 기뻐 날뛰며 거리로 뛰쳐나왔고 낯선 사람과도 얼싸안았다.

그런데 그것이 끝이 아니었다. 월드컵이 끝나고 후폭풍처럼 불어닥친 히딩크 바람은 우리 경제계에도 적지 않은 반향을 불러왔다. 너도 나도 앞다퉈 '히딩크 경영학' 혹은 '히딩크 리더십'을 배워야 한다는 목소리가 높았다. 당시 히딩크 리더십이 우리 기업에 던진 메시지는 크게 두 가지였다. 바로 인재 발굴과 기술 개발이었다.

2002년 월드컵 전후로 우리 기업들은 인재 활용법에 대해 되돌아보기 시작했다. 삼성 그룹은 국적 불문의 채용, 기존 핵심 인력의 글로벌 역량 강화, 이공계 학생에 대한 지원 등 3대 전략의 본격적인 시행에 들어갔다. 현대차그룹 역시 고급 인력을 확보하기 위해 미국 명문대학 석·박사 인력을 채용하기 시작했다. 이런 재계의 움직임에는 순혈주의와 연공주의적 인사 관리 관행을 과감하게 벗어던지고 성공한 리더, 히딩크의 영향이 컸다. 지금 생각해도 다행스러웠던 일은 외환 위기 이후 위축되었던 기술 확보를 위한 R&D 투자가 2002년을 전후로 하여 정상 궤도를 되찾았다는 것이다. 이것만 봐도 히딩크 배우기는 단순한 바람이 아닌 가히 경제계에 큰 충격을 던진 '사건'이었다.

인재를 버리면 미래가 없다

내가 이렇게 생각하는 이유는 지난 IMF 사태를 겪으면서 R&D 부서를 없앤 것과 해외 마케팅 인력을 해고한 것을 우리 기업의 가장 뼈아픈 실수로 생각하기 때문이다. IMF 사태가 우리 경제에 준 충격은 실로 큰 것이었다. 국가 부도라는 초유의 사태를 맞아 제대로 정신을 차릴 수 있었던 사람이 과연 몇이었을까를 생각해 보면, 당시 우리 기업이 취한 조치들도 이해하지 못할 바는 아니다.

어려움에 봉착한 기업들은 살아남기 위한 궁여지책으로 경비절감에 나설 수밖에 없었다. 우선적으로 홍보 비용을 줄였고, R&D 예산을 깎았다. 또한 기업 운영에 당장 지장이 없다는 생각으로 해외 마케팅 인력까지 해고 대상 리스트에 올리고 말았다.

일반적으로 기업은 경제 위기에 따른 불황으로 성장의 어려움에 직면하면 글로벌 인재 육성을 소홀히 하거나, 관련 자원을 다른 곳에 배분하는 경우가 많다. 이러한 결정은 단기적으로 보면 불황에 대응하는 현실적인 대책으로 보이지만, 장기적으로 볼 때는 기업의 성장 잠재력에 심각한 위협이 될 수 있는 매우 위험한 발상이다.

물론 이는 절박한 상황에서 어쩔 수 없이 감행해야 했던 선택이었지만, 만약 IMF 위기 당시 끝까지 우리 기업들이 인재 육성과 기술 개발 부분을 포기하지 않았다면 지금 우리 경제의 위상은 훨씬 더 높아져 있지 않을까 하는 안타까움이 드는 건 어쩔 수 없다. 지금 잘 나가는 기업들을 살펴보면 IMF 사태 때 연구 인력을 보호한 곳들이 대부분이기 때문이다. 그야말로 바람 불 때 풍차를 세운 기업들인 셈이다.

이번 경제 위기 때 우리 기업들이 인재 육성과 기술 개발에 더 적극적으로 나서고 있는 것은, 따라서 무척 바람직한 현상이 아닐 수 없다. 2009년 우리 경제가 IMF 당시와 비슷한 상황에 놓인 이후 수출 감소로 매출이 줄어든 기업이 속출하면서, 수많은 기업이 인력과 R&D 투자 비용을 줄이고 싶은 강한 유혹에 직면하고 있다. 하지만 다행히도 지금은 IMF 사태 당시와 정반대 현상이 나타나고 있다. IMF 사태를 겪으면서 위기 뒤에 기회가 온다는 사실을 경험했던 우리 기업들이, 불황 이후 다가올 기회를 활용하고 새롭게 도약하기 위해 우수한 인재들 확보하고 육성하는 일에 적극 나서고 있는 것이다.

세계적으로도 유례를 찾기 힘든 잡 셰어링(job sharing)을 통해 인력 감축 카드를 꺼내들지 않고 있으며, 불황일수록 기술 개발이 중요하다는 인식 아래 R&D 투자를 오히려 더 늘리고 있다. 불황기를 유능한 인재 확보를 통한 인적 경쟁력 강화의 기회로 삼고 있으며, 이로써 경쟁사와의 역량 차이를 확대하여 호황기에 비약적으로 성장할 수 있는 발판을 마련하고 있는 것이다.

IMF 때와 달라진 위기 대처 방식

한국산업기술진흥원이 2009년 6월 '경제 불황기 하에서의 R&D 실태'를 조사하여 발표한 자료에 따르면, 불황 속에서도 우리 기업들이 R&D 투자를 더 늘리고 있는 것으로 나타났다. 아니 R&D 투자는 물론, 연구 조직, 연구 인력을 확대하는 등 전반적으로 R&D 강화를 위한 고삐를 늦추지 않고 있다. 2008년 말부터 시작된 고환율 덕분에 수출 기업들의 수익이 크게 늘었던 적이 있는데, 이때에도 벌어들인 돈을 고스란히 R&D에 투자하면서 미래를 대비했다는 기업의 사례가 속속 나타나고 있다. 과거와 비교할 때 R&D를 대하는 우리 기업의 태도가 180도 달라졌음을 보여 주는 것이다. 그 결과 우리나라의 GDP 대비 R&D 투자 금액이 OECD 국가 가운데 네 번째로 높다는 정부의 조사 결과가 나오기도 했다.

이런 움직임은 외부의 객관적인 평가로도 증명이 되고 있다. 스위스의 국제경영개발원(IMD)이 공개한 '세계경쟁력연감 2009'에서도 인재 육성, R&D에 대한 우리의 노력이 높은 점수를 받았다. 특허 출원은 세계 1위를 기록했고, 교육 성취도는 4위, R&D 지출은 5위, 첨단 기술 수출 비율도 5위를 기록하며 비교 대상이던 57개 국가들 중에서 높은 수준의 경쟁력을 보인 것으로 조사되었다. 작년에 비해 우리나라의 전체 경쟁력 순위는 4단계 상승한 27위를 기록했다. 이외에도 최근 우리 경제가 보여 주고 있는 혁신 노력은 곳곳에서 좋은 평가를 받고 있다.

세계적 컨설팅 회사인 미국의 보스턴컨설팅그룹(BCG)이 세계 110개국 기업 및 정부의 혁신 성과를 분석해 2009년 초 발표한 '글로벌 혁신 지수'에서도 한국은 싱가포르에 이어 2위라는 좋은 평가를 받았다. BCG는 특히 한국 기업의 신기술 개발, 생산성 향상에서의 성과를 높이 평가했다. 프랑스 경영대학원 인시아드(INSEAD) 역시 '2008~2009 글로벌 혁신 지수'에서 한국을 지난번 평가 결과인 19위에서 큰 폭으로 상승한 6위에 올려놓았다.

남들이 좋게 평가해서가 아니라 10년 전과 비교해 볼 때 R&D를 바라보는 우리의 시각이 크게 달라진 것은 분명하다. 기술에서 일본을 따라잡지 못하면서 생긴 '샌드위치 신세'를 벗어나기 위해서는 극성스런 해외 마케팅과 R&D를 통한 기술 경쟁력 향상 외에 다른 대안이 없었던 것도 사실이지만, 무엇보다 R&D의 중요성을 빠르게 깨닫고 이에 매달려온 우리 기업의 발상 전환도 매우 돋보였다고 생각한다.

하지만 세계의 주요 연구 기관들로부터 높게 평가받고 있다고 하여 우리의 기술 경쟁력이 선진국 수준으로 올라선 것은 아니다. 아직도 우리 산업은 생산 및 응용 기술에는 강하지만 기초 기술이 부족하다는 문제점을 안고 있다.

그에 비해 미국과 유럽 등 선진국의 기업들은 여전히 경쟁력의 토대가 되는 각종 원천 기술을 가지고 있다. 이것은 우리가 기껏 10년을 노력해서 따라 잡을 수 있는 것들이 아니다. 특히 녹색 산업, 바이오 제약 산업, 문화 콘텐츠 산업 등 소위 미래의 신성장 산업으로 불리는 분야에서는 아직까지 선진국과의 기술 격차를 극복하지 못하고 있다.

이들 분야는 기술과 창의력 확보가 경쟁력의 거의 전부인 산업이라는 점에서 기존의 다른 산업 분야들과 차별적이다. 이 때문에 R&D를 통한 기술력 확보와 인재 육성을 통한 창의력 확보가 더더욱 중요한 과제가 되고 있는 것이다.

이 가운데 한 가지 반가운 현상이 나타나고 있다. 원천 기술을 보유하고 있는 글로벌 기업들이 한국과 협력하고자 하는 움직임을 보이고 있는 것이다.

공동으로 연구를 진행하여 기술을 개발한다든지 한국의 우수한 기술과 아이디어를 소개받고 싶다는 것이 이들이 바라는 바이다. 더욱 고무적인 것은 이들이 협력하고자 하는 분야가 그동안 우리가 취약한 줄로만 알았던 바이오 제약 산업, 문화 콘텐츠 산업 등으로 확산되고 있다는 것이다. 이는 과거에는 볼 수 없었던 예상치 못한 현상으로, 선진국 기업이 우리 기업의 잠재력에 점차 빠져들고 있으며, 우리의 창의성 역시 조금씩 세계 시장에서 인정을 받고 있음을 보여 주는 증거로 봐도 좋을 것이다.

원천 기술을 보유한 선진국 기업과의 협력은 여러모로 우리에게 의미가 있다. 이는 우리의 기술력을 향상시키는 데 결정적인 기회가 될 수도 있고, 이들의 네트워크를 이용해 비교적 손쉽게 더 많은 해외 시장을 공략할 수도 있다. 이런 이유 때문에 우리 입장에서는 이들과의 협력 관계를 보다 적극적으로 구축할 필요가 있다. 더 나아가 앞으로 10년, 20년 우리 경제를 주도할 새로운 기술과 산업을 모색하고 발굴해야 한다.

아낌없이 투자하고 또 투자하라

그렇다면 인재를 확보하고 창의적인 기술을 개발하기 위해서는 어떤 준비와 노력이 필요할까? 우선은 과감하게 아낌없는 투자를 하라고 말하고 싶다. 이공계 인력을 국가적으로 키우는 일도 필요하고, 인재와 기술을 확보하려는 기업의 노력도 중요하다.

삼성 그룹 내 CEO로 있는 친구가 해 준 이야기가 있다. 거액을 들여 우수한 직원을 유치하겠다는 계획을 보고받은 임원 회의에서 인사팀이 제시한 유치 금액에 '0'을 하나 더 붙여 그 직원을 모셔오라는 결정을 내렸다고 한다. 그렇지 않아도 거액인데 거기다 '0'을 하나 더 붙였으니 쉽게 짐작이 가지 않는 액수이다. 그만큼 기업들이 인재를 통한 창의성 확보를 중요하게 보고 있다는 얘기였다.

나아가 믿고 맡긴 일에 대해서는 조바심을 내지 말고 참고 기다려 주는 자세가 필요하다. 새로운 기술은 단번에 얻어지는 경우가 드물다. 이런 의미에서 최근 우리나라 최초의 우주 발사체인 나로호의 발사가 실패한 후 우리 국민이 보여 준 자세는 매우 고무적이었다.

큰 기대를 했기에 실망 역시 컸을 텐데도 오히려 격려를 보내는 국민들을 보면서, 얼마 되지 않아 성공적으로 발사될 나로호의 모습이 눈앞에 선명하게 그려졌다.

또한 보호해야 할 기술은 철저하게 보호해야 한다. 최근 중국이 '산자이(山寨)'로 불리는 모조품을 만들어 우리 상품의 수출에 타격을 주고 있는 현상을 심각하게 봐야 한다. 우리와 중국의 큰 차이는 디자인, 기술에서 발생하는데, 이것마저 빼앗기게 될 경우에는 중국과의 경쟁이 어렵기 때문이다.

회사 입장에서는 회사가 망하더라도 기술을 개발하고 지키는 일을 그만두어서는 안 된다. 기술만 있으면 언제든 재기가 가능하기 때문이다. 문 닫는 순간에도 사람과 기술은 안고 가야 하는 것이다.

브랜드 없이 선진국 못 간다

수출보험공사 사장 시절, 같은 건물에 AIG 사가 입주해 있었다. 하루는 AIG 지점 대표가 인사를 하러 와서 빨간색 티셔츠를 하나 주고 갔다. 그것을 들고 집에 오니 아내가 AIG라고 크게 써 놓은 이 티셔츠를 누가 입겠느냐면서 아이에게 얼른 갖다 버리라고 말했다.

그런데 티셔츠를 버리려고 하던 아이가 흥분된 목소리로 다시 들고 와서는 옷 뒷면에 적힌 맨체스터유나이티드 로고를 보여 주는 게 아닌가. 이대로 당장 인터넷에 올리면 20만 원은 너끈히 받을 수 있을 것이라고 했다. 맨유 로고가 없었다면 쓰레기통으로 갔을 티셔츠가 순식간에 20만 원짜리 고급 제품으로 탈바꿈한 것이다.

브랜드가 값을 매긴다

경제 현상 중에서 가장 비이성적이고 비논리적인 것을 들라면 이처럼 브랜드가 만들어 내는 현상일 것이다. 똑같은 제품이 브랜드만 달라졌다고 가격이 엄청나게 달라지는 현상을 어떻게 설명해야 할까? 심지어 실제로는 품질이 더 떨어지는 제품이 브랜드 때문에 더 비싸게 팔리는 경우도 있으니, 브랜드라는 것이 이해하기 쉽지 않은 경제 현상임에는 분명하다.

맥도널드가 맥커피를 출시하면서 선보인 광고는 브랜드의 힘을 여과 없이 보여준다. 여성 소비자에게 브랜드를 숨긴 채 커피를 마셔보고 평가해 달라고 하자, 대부분의 실험 참가자들이 맥커피에 손을 들었다.

그러나 브랜드를 밝히는 순간 결과는 단숨에 역전되고 말았다. 브랜드를 감춘 채 마셨을 때는 유명 브랜드 커피를 마시고서 맛이 쓰다, 혹은 맨송맨송 하다고 평가하던 소비자들이 유명 브랜드 커피임을 알고 나자 맛이 깊다, 향이 은은하다는 식으로 평가를 순식간에 바꿔버린 것이다.

이러한 의식을 겨냥해 만들어진 맥커피의 광고는 유명 브랜드 커피와 계급장을 떼고 붙으면 오히려 맥커피의 맛이 절대 뒤떨어지지 않는다, 아니 오히려 우수하다는 사실을 말하고 있다. 하지만 이 광고는 역으로 브랜드를 향한 소비자들의 자기 암시와 합리화가 얼마나 강력하게 일어나고 있는지를 보여 준다. 결국 마케팅의 성패는 상품 자체의 품질과 가격이 아니라 브랜드 그 자체에 있음을 깨닫게

해 준 사례인 셈이다.

비슷한 경우로 우리 기업이 인기리에 판매하고 있는 프라다 휴대전화, 아르마니 휴대전화에서 일본의 핵심 부품에 드는 비용과 이태리 브랜드에 드는 비용 중 어느 것이 더 큰지를 따져보면 재미있는 결과가 나오지 않을까 생각해 본다. 내 생각이긴 하지만 브랜드 확보에 든 비용이 결코 더 적지는 않았을 것 같다.

브랜드가 가진 힘은 이렇듯 이제 크게 이상할 것도 없는 현상이 되었다. 산업화 초기 시절의 광고는 주로 제품의 기능과 가격을 설명하는 객관적인 사실 전달에 초점이 맞춰져 있었다. 제품의 성능이 뛰어나고 가격이 합리적이라는 사실만 제대로 전달되면 광고로서 충분한 기능을 한다고 보았다.

그러나 지금은 어떠한가? 요즘 광고 중에 제품의 기능과 합리적인 가격을 강조하는 내용으로 구성된 광고는 거의 없다시피 하지 않은가? 설사 그런 광고가 있다 해도 시대에 뒤떨어진 촌스러운 것으로 치부되기 십상이다.

요즘 광고는 주로 제품이 가지는 이미지와 제품을 소비하는 사람들이 어떤 계층의 사람들인지를 암묵적으로 나타낸다. 광고의 목적이 제품 자체가 아니라 제품 속에 감추어진 이미지를 파는 것으로 변화된 것이다. 브랜드 때문에 나타나는 이러한 현상은 기업 활동뿐만 아니라 한 국가의 경영에도 막대한 영향력을 발휘하는 중요한 요소가 되고 있다.

국력의 차이가 곧 브랜드 경쟁력의 차이

'코리아 디스카운트(Korea Discount)'라는 말이 있다. 똑같은 제품인데도 미국이나 일본 제품에 비해 한국 제품이 시장에서 가격을 덜 받는 현상을 일컫는 말이다. 코리아 디스카운트가 억울한 측면도 있지만 바이어가 똑같은 제품임에도 중국산이 아닌 한국산이라고 하면 가격을 더 쳐주겠다고 나서는 걸 보면 코리아 디스카운트 역시 마냥 억울한 것만은 아닌, 냉정한 현실로 받아들여야 할 문제가 아닐까 한다. 즉, 상대가 누구냐에 따라 '코리아 프리미엄(Korea Premium)'이 될 수도 있는 것이다. 결국 코리아를 어떤 브랜드로 만드느냐 하는 문제가 우리가 풀어야 할 현실의 숙제이다.

KOTRA는 한국 브랜드의 가치를 매년 조사해서 발표하고 있다. 2009년에 조사한 결과를 보면 한국의 국가 브랜드 가치는 3년 전에 비해 독일, 일본, 미국 등 선진국과의 격차를 5.2퍼센트 줄였고, 중국과의 격차는 11.2퍼센트 더 벌린 것으로 나타났다. 매우 바람직한 현상이지만 아직도 선진국을 따라 잡으려면 갈 길이 멀었다는 것을 알려준 조사 결과였다. 똑같은 제품인데도 일본에 비해 39퍼센트나 가격을 덜 주겠다는 것이 바이어들의 심리 상태인 것이다.

이 조사를 실시한 것이 2009년 1월이기 때문에, 이후 세계 시장에서 한국을 포함한 주요 국가들의 이미지가 올라가기도 하고 내려가기도 하면서 많은 변화를 겪고 있어서, 당시 나타난 격차가 또 얼마나 어떻게 변해 있을지는 가늠하기가 쉽지 않다. 다만 분명한 것은 한국의 브랜드 가치가 계속해서 상승하고 있다는 것 그리고 최근 들어 그 속도가 빨라지고 있다는 사실이다.

이처럼 국가 브랜드 가치는 기업 활동에 엄청난 영향을 주고 있다. 기업이 아무리 좋은 상품을 만들더라도 국가의 이미지가 좋지 않으면 제 값을 다 받지 못한다. 그렇다면 국가 브랜드 가치는 어떻게 결정될까?

한 국가의 이미지를 결정하는 요소는 한두 가지가 아니다. 수많은 기업들의 활동이 합쳐져 그 국가의 이미지에 영향을 주기도 하고, 정치 · 경제 · 사회 · 문화 · 스포츠 등 각 분야에서의 활동이 국제사회로부터 어떤 평가를 받느냐에 따라서도 한 국가의 브랜드 가치는 영향을 받는다. 어느 것 하나만 잘해서 한 국가의 좋은 이미지와 브랜드가 탄생하는 것이 아니라 그 국가가 보유한 모든 것들이 서로 영향을 주고받으면서 그 국가의 브랜드 가치가 결정되는 것이다.

게다가 국가의 브랜드 가치는 하루아침에 형성되는 것이 아니기 때문에 정부와 기업이 체계적이고 지속적으로 관심을 가지고 나서야 할 문제이다. 2009년 1월 우리 정부가 국가브랜드위원회를 설치한 것도 국가 브랜드의 가치를 높이지 않고서는 우리 경제의 발전이 어렵겠다는 인식이 작용했기 때문이다.

브랜드 확보는 기어(Gear)를 바꾸는 일

지금 우리 경제가 세계 속에서 차지하는 위상과 브랜드의 관계를 살펴보면 확실한 브랜드 가치를 확보하는 것이 국가적으로나 우리 기업 차원에서 얼마나 중요한 일인지를 알 수 있다.

언급했듯이 이번 경제 위기가 우리 경제에게 준 역샌드위치 기회를 살리는 길은 중개도국의 이미지를 떨쳐버리고 선진국의 새 옷으로 갈아입는 것인데, 이는 브랜드 가치를 올리지 않고는 불가능하다.

요즘 경제적으로 세계가 주목하는 가장 중요한 나라는 중국이다. 중국은 내수 시장이 급팽창하면서 시장 가치가 증가함은 물론, 싸구려 제품이 아니라 품질도 괜찮은 제품을 생산하는 국가로 거듭나려 하고 있다. 지금까지의 중국 상품은 우리 상품에 비해 적어도 한두 단계 아래에 위치해 있는 것으로 알려져 있었다. 하지만 앞으로의 중국은 분명 과거와 달리 개선된 품질의 제품을 들고 나올 것인데, 우리 입장에서는 이걸 막을 방법이 없다. 중국의 추격으로 경쟁력을 상실하는 분야들이 계속 발생할 것이고, 실제로 중국에 주도권을 넘겨주게 될 분야가 점점 많아질 것이다.

최근 중국의 모조품인 산자이 제품이 단순 모방 단계를 넘어 기능, 품질, 디자인에서 오히려 진품을 능가하는 경우까지 생기면서 우리를 긴장시키고 있다. 그래서 어떻게 하면 중국의 추격을 따돌릴 수 있는지가 중요한 것이다. 이를 위해서는 지속적으로 기술을 개발하여 우위를 확보하려는 노력도 중요하지만, 우리 국가와 기업, 상품의 브랜드를 확실하게 구축하는 것도 꼭 필요한 작업이다.

브랜드가 있고 없고는 자전거로 치면 기어가 달렸느냐, 달리지 않았느냐와 같은 문제다. 기어를 장착한 자전거는 언덕길도 쉽게 오를 수 있고 내리막길에서도 훨씬 쉽게 속도를 낼 수 있다. 마찬가지로 기업 활동에서도 브랜드를 확보하게 되면 큰 이점을 누리게 된다. 이 방법은 사실 새로울 것 없는, 이미 선진국들이 개도국의 추격을 뿌리치고 살아남았던 방법이기도 하다.

그렇다면 이제 세계 시장이 인정하는 브랜드를 키워내려면 어떤 것들이 필요할까?

최근 우리 대기업들을 중심으로 세계적인 브랜드를 확보해 가려는 움직임이 여럿 포착되고 있다. 휴대전화, LCD TV, 자동차, 조선 등 많은 분야에서 이미 세계 최고이거나 세계 최고에 근접한 브랜드들이 탄생하고 있다. 이런 대기업의 활약이 역으로 한국의 브랜드 가치를 끌어올리고 있으며, 나아가 우리 중소기업의 해외 활동에까지 긍정적인 영향을 미치고 있다. 삼성에 납품하는 우리 중소기업이 해외 시장에 나가 삼성 납품업체라고 하면 바이어가 더 이상 자세히 보지도 않고 제품의 성능과 품질을 인정해 주는 것이 대표적인 현상이다.

KOTRA에서는 해외 시장에 잘 알려지지 않은 우리 중소기업을 지원하기 위해 해외 바이어에게 이미 잘 알려진 KOTRA 브랜드를 사용하도록 하는 사업을 진행하고 있다. 'KOTRA Seal of Excellence'라는 마크를 중소기업 상품에 부착하여 바이어에게 제품의 우수성을 어필하는 전략인데, 이 마크의 부착 이후 무려 40퍼센트의 바이어들이 구매를 늘리겠다고 했고, 가격도 8퍼센트나 올려주겠다는 반응을 이끌어 냈다.

이처럼 대기업 브랜드, KOTRA 브랜드에 기대어 해외 시장을 공략하는 중소기업의 전략도 나쁘지는 않다. 하지만 궁극적으로는 우리 중소기업 스스로가 자신만의 브랜드 파워를 키워내야 한다.

키워드로 소비자를 움직여라

80년대 중반 현대자동차는 미국 시장에 상륙하면서 'Sunday Monday Hyundai'라는 키워드를 내세워 소비자에게 접근했다. 하지만 동시에 미국에 진출한 유고의 자동차 회사는 소비자의 마음을 움직이는 이러한 키워드 개발에 실패하면서 결국 집으로 돌아가야 하는 신세가 되고 말았다.

이처럼 우리 기업들은 세계의 소비자를 움직이는 키워드를 만들어 내야 한다. 우리가 국가 홍보를 위해 쓰고 있는 'Dynamic Korea, Sparkling Korea'가 과연 좋은 키워드인지를 끊임없이 의심하고 있는 것도 마찬가지 이유에서다. 소비자의 가슴에 쉽게 와 닿는 키워드 없이 브랜드는 생겨나지 않는 것이다.

이런 가운데 최근 세계의 소비자를 사로잡고 있는 우리 중소기업 브랜드가 하나씩 탄생하고 있는 것은 주목할 만한 일이다. 고품질 식품 포장 용기 제조 업체인 락앤락, 중저가 명품 화장품 이미지를 가진 더페이스샵을 비롯하여, 우리의 많은 히든 챔피언들이 세계 시장 곳곳에서 자신만의 브랜드로 시장을 넓히고 있다.

세계 속에서 브랜드 파워를 키우고 있는 이런 기업들은 한 순간의 요행을 바란 것이 아니라 피나는 노력으로 차별화된 품질의 제품을 만들어 냈고, 평소 성실하게 이미지를 관리함으로써, 또 소비자의 가슴에 와 닿는 키워드를 브랜드로 만들면서 성공 신화를 이어가고 있다.

우리도 이제부터는 당장 눈앞의 돈과 이익을 좇기보다 몇십 년, 몇백 년을 살아남을 토종 명품 브랜드를 세계 시장에 내놓을 때다. 이를 위해서는 대기업이나 KOTRA 브랜드를 이용하고, 소비자 타깃팅을 분명히 하고, 소비자를 움직이는 키워드를 발굴하고, 투명한 경영과 사회 공헌 활동을 통해 시장에서 인정받는 브랜드를 만들어 내야 한다. 그것이 우리 경제의 위치를 공고히 하는 길이자 선진국으로 진입하는 확실한 길이다.

한 우물만이 길이 아니다

'한 우물을 파라'는 말은 도저히 거스르면 안 될 것 같은 명제다. 한 분야에서 묵묵히 경쟁력을 키워 급변하는 시류에도 끄떡하지 않고 확고한 위치를 차지하고 있는 기업이 많기도 하고, 전략 없이 이것저것 손대다가 망하고만 기업도 부지기수이기 때문이다. 그런데 기술 발달 속도가 빨라지고 기업 간 경쟁이 점점 치열해지면서 한 우물만 파다가 망하는 기업들이 속출하고 있다.

얼마 전까지만 해도 '선택과 집중'이라는 말이 경영 현장에서 대세를 이루며 회자되었지만 이 말 역시도 이제는 잘 통하지 않는 용어가 되고 말았다. 한 분야에 집중하는 것이 효과적인 경우도 많지만, 말라버릴 우물에만 의존하다가는 굶어 죽기 딱 좋은 시대가 된 것이다.

얼마 전 도요타에 우리 중소기업의 부품을 소개하기 위해 갔다가 일본 경제인으로부터 재미있는 이야기를 들었다. 이 경제인은 일본이 한국에 지고 있는 세 가지를 언급하면서 일본이 처한 문제점을 설명했다. 그 세 가지는 인천공항, 부산항, S전자인데, 특히 S전자를 도저히 따라잡을 수가 없다며 그 이유를 분석했다.

일본 기업들은 일본이라는 하나의 거대한 주식회사에 묶인 채로 세분화와 전문화에만 집중한 나머지 경제 위기라는 겨울이 닥치자 전체가 동시에 휘청대는 처지를 맞고 있다. 반면 한국의 S전자는 사업 다각화를 통해서 반도체가 어려우면 LCD에서 돈을 버는 식으로 어려운 분야와 이를 만회하는 분야가 공존하면서 위기에 잘 대처하고 있다는 것이다. 즉, 한 분야에만 집중할 때의 문제점을 지적한 말이었다.

곧 말라 버릴 우물은 과감히 떠나라

국가든 기업이든 변화가 필요할 때를 알아차려서 과감하게 변신하는 것이 이제는 지속적인 성장을 꿈꾸는 기업들에게 필수적인 경영 요소가 되고 있다. 특히, 더 이상 시장이 없는 분야에 집중하는 것이야말로 실패를 초래하는 가장 치명적인 원인이다. 아무리 기술이 우수하고 품질이 좋더라도 소비자가 찾지 않는 분야에서는 기업을 존속시킬 수 없기 때문이다.

대표적인 것이 독일 아그파 필름의 도산이다. 90년대까지만 해도 세계 최고의 필름 제조 업체였던 아그파는 필름이 없이도 사진 촬영이 가능해진 디지털 시대의 변화를 제대로 알아차리지 못했고, 급기야 문을 닫고 말았다. 반면, 후지필름의 경우에는 재빠르게 변신하여 디지털 시대에서도 여전히 경쟁력을 보유한 기업으로 존속하고 있다.

이처럼 한 분야에 집착하는 것이 문제가 되는 것은 기술의 빠른 진보 때문인 경우가 많다. 앞선 기술의 등장이 기존 기술을 무용지물로 만드는 것이다. 이에 더하여 이제는 한 가지 기술이 아니라 여러 기술이 하나로 합쳐지는 산업 간 융합이 활발해지면서 한 분야에서의 경쟁력만 가지고서는 경쟁이 어렵게 되었다. 필요하다면 다른 회사의 기술을 가져다가 융합하여 제3의 새로운 기술이나 제품을 탄생시킬 수 있어야 한다.

이런 현상이 가장 빠르게 나타나고 있는 곳이 IT 분야다. 하루가 멀다 하고 새로운 기술과 기능을 가진 제품이 마치 세균 번식하듯 시장에 쏟아지고 있다. 이런 여건에서 한 우물만 쳐다보며 시장에서 살아남기를 바라는 것은 더 이상 가능한 일도, 가능할 수도 없는 일이 되었다.

그렇다면 어떤 분야에서 새로운 경쟁력의 원천을 찾아야 할까?

한 국가의 경제가 개도국의 위치를 벗어나 선진국으로 진입하는 과정에서 공통적으로 나타나는 현상들이 있다. 대체로 1, 2차 산업의 비중이 줄어들고 3차 산업이 활발해진다. 특히 각국과의 자유무역협정을 통해 무역으로부터 최대한의 국부를 창출하고자 하는 우리의 경우에는 버려야 할 분야와 경쟁력을 키워야 하는 분야가 각각

뚜렷하게 드러난다. 우리가 원하는 것을 얻으려면 상대 국가가 바라는 분야를 양보하는 일은 필수불가결한 선택이 되고 마는 것이다.

경쟁력을 지키기 어려워지는 분야로는 농축산업이 대표적이고, 제조업 중에서도 가격 경쟁이 치열해질 분야의 경우 생산 시설을 개도국으로 이전하거나 아예 개도국에 맡기는 선택을 해야 한다.

물론 경쟁력을 상실하고 있는 분야라고 하여 쉽게 포기해서는 안 된다. 기술 개발을 통한 고부가가치화를 해나가며 여전히 국제 경쟁력을 갖출 수도 있고, 방향을 약간 선회하는 것만으로 마치 새로운 분야에서 경쟁력을 확보하듯 성공적으로 변신할 수도 있기 때문이다.

정부 역시 이런 산업에 속한 기업들을 지원하는 일에 발 벗고 나서야 한다. 과거 사양 산업이라는 이유로 정부가 너무 빨리 포기하는 바람에 영원히 살릴 수 없게 된 산업들이 있었다. 신발이나 완구의 경우 한때 우리의 주력 수출 품목이었지만, 사양 산업이라는 굴레를 뒤집어쓰면서 지금은 명맥조차 찾아보기 힘들게 된 데에는 정부의 책임도 적지 않다고 생각한다.

비록 국내에서 생산할 수는 없더라도 브랜드를 키우고 제품 기획을 잘했다면, 우리의 신발도 세계의 유명 브랜드 제품처럼 충분히 경쟁력을 갖출 수 있었을 것이다. 완구 역시도 단가가 아주 비싼 고급 완구로 변신하거나 세계적인 캐릭터를 개발하여 세계 완구 시장에서 살아남을 수도 있었을 것이다. 이런 실수를 되풀이하지 않기 위해 앞으로는 정부든 기업이든 어떤 분야를 포기하기 전에 되살릴 방안이 없는지를 충분히 검토하는 노력이 선행되어야 한다.

이런 과정을 통해서도 살아남기 어렵다고 판단되는 산업 분야는 과감하게 변신을 모색해야 한다. 그것도 우리에게 강점이 있는 분야로의 변신이어야만 한다.

우리가 경쟁력을 확보하기 쉽거나 반드시 키워가야 할 분야들이 있다. 제조업 중에서도 첨단 기술이 요구되는 분야라든지, 바이오 의료와 같이 첨단 기술이 필요한 분야, 창의성만으로도 큰 부가가치를 올릴 수 있는 문화 콘텐츠 분야나 서비스 및 금융 분야 등이 이에 해당된다.

돈 버는 분야가 바뀌고 있다

조선 산업과 금융업을 비교해 보자. 우리가 만드는 배는 세계 시장에서 평판이 너무 좋아 선주가 배를 사서 그날 바로 중고 선박 시장에 되팔아도 이득을 남길 수 있을 정도라고 한다. 그런데 그렇게 공들여 배 한 척을 만들어서 팔면, 과연 우리에게는 얼마의 이윤이 남을까?

배 한 척을 만들려면 배를 만드는 조선 회사는 물론이고, 수주 브로커, 설계 회사, 보험 회사, 운송 회사, 검사 회사, 법률 회사, 이행 보증서를 발급해주는 국내 은행, 선박 금융을 제공하는 외국 은행 등 수많은 업체들이 달라붙는다. 놀라운 사실은 이 과정에서 가장 많은 돈을 벌어가는 쪽이 배를 만드는 조선 회사가 아니라 금융을 대주는 외국 은행이라는 점이다.

다시 말해 현대중공업이 1억 달러짜리 선박 1척을 수출해 벌어들이는 돈이 560만 달러에 불과한 반면, 선박 금융을 담당한 씨티은행, HSBC 등 글로벌 투자 은행들은 그 10배에 달하는 이자 수익을 챙긴다. 이는 비단 조선 산업만의 문제가 아니다.

금융 회사들이 해외 자원 개발 사업에 단발로 금융을 제공함으로써 앉은 자리에서 자동차 4만 대 생산으로 얻을 수 있는 부가가치를 얻는다는 얘기도 있고, 우리 수출의 효자로 꼽히는 플랜트 수출의 경우도 마찬가지라고 한다. 일찍부터 금융 수출의 부가가치를 눈치 챈 선진국들이 우리보다 한발 앞서 자국의 풍부한 외환 보유고를 무기로 국경 없는 돈 수출 전쟁에 뛰어든 결과다. 이제는 우리도 넓은 시야로 수출을 바라봐야 한다. 열심히 물건을 만들어 팔면 그만이라는 생각만으로는 부족한 것이다.

이런 현상이 나타나는 곳은 더 많다. 과거 우리 방송사들은 광고료와 TV 수신료에 의존해서 회사를 꾸려갔지만, 요즘 인기 있는 드라마의 경우에는 중국, 일본, 동남아 등지로 수출을 하여 투자 금액의 몇 배를 벌어들이기도 한다. 그런가 하면 최근 우리 대학들이 교육 프로그램을 개발해서 외국 대학에 수출하고 있는 사례나, 새마을 운동을 상품으로 만들어 수출하는 별난 사례도 생겨나고 있다.

의료 산업 역시 돈 버는 산업이 되고 있다. 인도, 터키 등지로 서구인들이 의료 관광을 떠나는 현상이 많아지고 있는데, 관광도 하고 저렴한 가격에 치료도 받을 수 있어서 이런 의료 관광객의 숫자는 계속해서 증가하며 국가의 주요 수익원으로 부상할 전망이다. 우리의 의료 기술 역시 충분한 경쟁력을 갖춘 분야로 관광 산업과 합쳐 함께 육성한다면 새로운 산업으로 충분히 육성할 수 있다고 생각한다. 이렇게 잘 찾아보면 우리가 육성할 수 있는 분야가 생각보다 훨씬 많다는 것을 알 수 있다.

이처럼 다양한 곳에서 새로운 경쟁력을 발견해내려는 노력이 필요하다. 최근 심각한 상황에 이른 고용 상황을 개선하자면 금융과 서비스 분야를 발전시키지 않고는 어렵다. 국가 차원의 대책이 필요한 분야이다. 기업 입장에서도 미래에 기회가 있을 분야들을 발굴해서 사업을 다각화하려는 노력을 기울여야 한다. 그리고 제조업으로 쌓은 노하우를 이용하여 유통과 같은 서비스업으로 사업을 전환하거나 제조업과 서비스업이 융합된 소위 '2.5차 산업'으로 불리는 새로운 분야를 개척할 수도 있을 것이다. 내가 가진 제품만을 고집할 것이 아니라 필요하다면 다른 회사 제품과 과감하게 제휴하여 시장을 공략하겠다는 열린 사고, 유연한 사고를 가지는 것도 중요하다.

이렇게 하는 것이 급변하는 시장 환경에서 살아남을 수 있는 방법이자 새로운 경쟁력의 원천을 발굴하여 언제 또 찾아올지 모르는 위기에 대처하는 지름길이다.

5

젊은이여, 밖으로 뛰어라

■ ■ ■

기성세대가 젊은이에게 물려줄 수 있는 것은 많지 않다. 많은 사람들이 자랑스럽게 생각하는 한강의 기적도 우리 젊은이들의 미래까지 담보할 수는 없는 노릇이다. 우리 젊은이들은 또 다른 도전을 맞게 될 것이다. 기성세대가 한강의 기적을 위해 쏟았던 것보다 훨씬 더 큰 노력이 필요할지도 모르겠다. 우리 경제가 중요한 변곡점을 맞고 있는 지금, 젊은이들이 주역이 되어 우리 경제의 미래를 준비해 주기를 당부한다.

글로벌 플레이어가 되라

내가 미국 땅을 처음 밟은 것은 1979년이었다. 당시 대한민국의 첫 번째 국비 유학생으로 뽑혀 미국행 비행기에 몸을 실었다. 구름 위로 우뚝 솟은 월드 트레이드 센터와 맨해튼의 모습을 만났을 때는 그야말로 벅찬 감동이 밀려왔다. 하지만 처음 접한 서구 문화에 대한 설렘은 그리 오래 가지 못했다. 휘황찬란한 맨해튼, 그 중심가인 타임스퀘어 42번가에 걸려 있던 소니 간판을 발견한 순간, 뒤통수를 얻어맞은 듯한 충격에 빠지고 말았다.

미국 중심 도시 한복판에 위풍당당 위용을 자랑하고 있는 일본 기업의 성장이 몹시 부럽기도 했고, '내 평생 죽을 때까지 우리나라가 일본을 따라잡지 못하겠구나' 하는 부끄러운 절망감에 사로잡혀 고개를 떨구었던 기억이 아직도 생생하다.

당시 소니 간판이 걸려 있던 그곳에 지금은 삼성과 LG의 간판이 자리하고 있다. 그것도 옛날보다 몇 배는 더 선명하고 찬란한 빛을 발하면서 말이다. 이것은 비단 맨해튼에만 해당되는 얘기가 아니다. 이제는 세계 어디를 가나 한국산 제품이 중심가에 자리하고 있는 그런 세상이 되었다. 죽을 때까지 이루지 못할 것 같았던 꿈을 30년 만에 이루어낸 것이다.

지금도 나는 뉴욕 출장을 갈 때마다 우리가 이룩한 위대한 상징들을 바라보며 달라진 한국의 위상을 실감하곤 한다. 정말로 한국인으로서 자긍심을 느낀다.

'한국인으로서 자긍심을 가져라'라는 말은 기성세대가 젊은이에게 쉽게 하는 말 중의 하나이다. 우리나라가 단군 이래 지금과 같은 번영을 이룬 적이 없고, 지구상의 그 어느 나라도 우리처럼 빠르게 경제를 성장시킨 나라가 없다. 불과 50년 전 전쟁의 폐허 속에서 그래도 한번 잘 살아보자고 우리 어머니들과 누이들의 머리카락을 잘라 수출했던 우리가 지금은 반도체, 자동차, 조선, 휴대전화로 무장하여 세계에서 열 손가락 안에 드는 수출 강국으로 부상했으니, 자긍심을 가지자는 것은 백번 생각해도 맞는 말이다.

그러나 나는 똑같은 말을 반복하고 싶지는 않다. 지금의 우리 모습에 대한 자긍심을 굳이 젊은이들에게까지 강요할 필요는 없다고 본다. 기껏 과거 자랑이나 늘어놓는 기성세대라는 소리를 듣기 싫어서이기도 하지만, 그렇게 감상에 빠져 있기엔 우리 젊은이들이 해야 할 일들이 너무나 많다는 생각 때문이다. 과거는 아무리 영광스럽다 하더라도 그저 지난 일일 뿐, 젊은이들의 몫은 아닌 것이다.

글로벌 플레이어로 거듭나라

2009년 우리가 겪은 글로벌 경제 위기는 앞으로 우리가 어떤 식으로 미래를 준비해야 할지에 대한 몇 가지 중요한 힌트를 던져 주었다. 미래를 예측하는 일이 얼마나 어려운지를 알려 주었고, 설사 예측을 했다고 하더라도 다가올 위기에 대비하는 일이 또 얼마나 어렵고 복잡한 일인지를 알려 주었다.

나심 니콜라스 탈레브가 『블랙스완』에서 '앞으로 최악의 파국이 월가를 덮칠 것'이라고 경고했을 때, 월가의 전문가들은 너나할 것 없이 이 책에 독설을 퍼부었다. 하지만 그 후 불과 1년도 되지 않아 전문가들조차 예상하지 못했던 '검은 백조', 즉 경제 위기는 출현하고야 말았고, 아무런 대비책을 마련해두지 못했던 전 세계의 모든 나라는 극도의 혼란 속에 빠지고 말았다. 다행히도 우리는 이를 통해 오히려 도약을 준비하고 있지만, 일본과 싱가포르의 수출은 크게 망가졌고 미국에서는 GM과 크라이슬러가 무너졌으며 아이슬란드, 동유럽 등도 그 여파에서 자유롭지 못한 상황이다.

앞으로도 또 다른 경제 위기가 예고도 없이 과거보다 더 빠르게, 더 자주 찾아와 전 세계의 경쟁 구도를 뒤흔들며 승자와 패자를 만들어낼 것이다. 언제 어떻게 들이닥칠지 모르는 변화무쌍한 글로벌 위기 속에서 살아남아 경쟁의 우위를 선점하려면, 남들보다 빠르고 정확한 예측 능력을 키우는 것이 매우 중요하다.

더불어 이번 경제 위기는 앞으로 닥칠 위기를 극복하는 과정이 결코 간단하지 않을 것임을 더불어 알려준다. 앞으로의 모든 경제 위기는 한 나라에만 국한되어 오지 않는다는 점, 이를 극복하는 것 역시 우리 혼자의 힘만으로는 불가능하다는 사실을 보여 주는 것이다.

그나마 우리가 빠르게 위기를 극복하고 있는 과정을 보게 되면 국제 공조의 힘이 얼마나 큰 것인지를 알 수 있다. 외국 언론들이 한국 경제가 내일 당장이라도 무너질 것처럼 악의적인 주술을 걸고 있을 때, 우리는 오히려 밖으로 나가 이를 방어했다. 미국과의 통화 스와프를 이루어 냈고, 각종 국제회의에 참석하여 각국이 보호주의 정책을 쓰지 않도록 설득했다. 또한 어려운 여건 속에서도 미국 및 EU와의 FTA를 성사시키기 위해 뛰어다녔다. 국가와 기업이 펼치는 글로벌 협력이 중요한 위기 극복 방법임을 일깨운 것이다.

이런 이유 때문에 나는 젊은이들에게 글로벌 플레이어가 될 것을 주문한다. 세계가 어떻게 돌아가고 있는지, 어디에 기회가 있으며 누구와 협력해야 득이 될지를 미리 알려면 글로벌 플레이어가 되지 않고서는 불가능하다.

이는 과거 일본이 추구했던 편협한 서구화와 분명 다른 이야기이다. 일본은 벌써 100년도 전에 메이지유신을 통해 탈 아시아를 선언하며 서구화의 길을 걸었다. 하지만 이번 경제 위기를 계기로 일본이 추구했던 서구화의 문제점이 고스란히 드러났다. 아시아를 이용만 하려 했지 동반자로 보지 않았던 것이 일본 기업들의 체질을 오히려 약화시켰고, 뒤늦게 아시아 시장을 강조하는 호들갑으로 나타나고 있는 것이다. 54년 만에 정권이 교체된 것도 일본인들이 그동안 가져왔던 사고에 대한 반성이 불러온 결과로 보인다. 즉, 지금까지 일본이 추구했던 편협한 서구화를 진정한 의미의 글로벌화로 볼 수는 없는 것이다.

아시아에 속한 일본이 겉모습만 서구를 닮아가려 한 것은 결국 제대로 된 선진화가 아니었다. 우리는 이러한 일본의 전철을 밟아서는 안 된다. 이때 열쇠는 진정한 의미의 글로벌화에 있다. 이를 위해 우리 젊은이들이 진정한 글로벌 플레이어로서의 자질을 갖추어야 한다.

세계와 한몸으로 호흡하라

나는 우리 젊은이들이 글로벌 플레이어로 활약할 수 있는 충분한 조건을 갖추고 있다고 믿는다. 세계 어느 곳을 가더라도 건강하고 밝은 표정으로 현지인들과 하나 되는 우리 젊은이들을 만날 수 있다. 부끄러워서 아는 영어도 제대로 말하지 못했던 우리 세대와는 세계인을 대하는 자세부터가 확연히 다르다.

주눅 들지 않는 자신감으로 확실하게 자신의 의사를 표현할 줄 알고, 세련된 매너와 국제 감각까지 겸비하고 있으니 어느 나라 젊은이와 비교하더라도 뒤질 것 하나 없는 것이 바로 요즘 우리 젊은이들의 모습이다. 이렇게 세계와 호흡하고자 하는 우리 젊은이들이 계속해서 늘어야 한다. 공부를 한다면 세계의 학생들을 경쟁자로 삼아야 하고, 운동을 하더라도 세계의 빅 리거들과 함께 뛰어야 하며, 연예 활동 역시 국경을 초월하여 세계인을 팬으로 만들 수 있도록 해야 한다.

경제 활동에 종사하고 있다면 세계 시장의 흐름을 꿰뚫어서 어느 시장에서 기회와 위협이 발생하고 있는지를 알 수 있어야 하며, 외국 경쟁 상품의 장단점을 충분히 파악하여 이기는 상품을 만들 수 있어야 한다. 이런 것들은 가만히 앉아서 할 수 있는 일들이 아니다. 생활 반경을 전 세계로 넓혀야 가능하다. 말 그대로 세계 속에서 호흡할 때 가능한 일들이다.

흔히 바둑을 둘 때 잘 풀리지 않을 경우 "쌈지 뜨면 지나니 대해로 나가라"라는 말을 하곤 한다. 즉, 우물 안 개구리처럼 좁은 곳에 안주하며 우물쭈물 하지 말고 더 큰 세상으로 나아가라는 것이다. 높이 나는 새가 멀리 본다고 그렇게 넓은 세상과 마주하고 직접 부딪혀봐야 안목도 넓어지고 새로운 길도 찾아질 거라는 이야기이다.

2009년 경제 위기는 과거의 성과에 안주하거나 세계의 변화에 둔감했을 때 어떤 결과를 맞게 되는지를 보여준 좋은 예가 되고 있다. 세계와 호흡하는 일을 한 순간이라도 멈추어서는 안 된다. 그래야 글로벌 플레이어로서 우리나라의 미래를 짊어질 수 있다.

익숙한 곳,
그 바깥에 해답이 있다

그렇다면 진정한 글로벌 플레이어가 되기 위해 갖춰야 할 덕목은 무엇일까?

우선, 해외로 나가야 한다. 그것도 단순히 배우기 위해서가 아니라 해외 현장에서 주역이 되겠다는 각오를 가지고 나가야 한다.

과거에는 공부하기 위해 해외에 나갔다. 외국에서 배운 것을 국내에 와서 써먹기 위해서였다. 그것도 가는 곳이 몇 군데로 정해져 있어서, 미국, 일본, 유럽 국가들이 대부분이었다. 이렇게 공부를 하고 국내에 와서는 교수가 되거나 일부는 대기업에 취직하는 정도가 다였다.

이런 식이라면 글로벌 인재가 되었다고 하기 힘들다. 단지 국내에 소개되지 않은 이론을 좀 더 배울 뿐이라거나 남들보다 외국어를 약간 더 잘할 뿐이지, 이들이 진정으로 세계를 이해하고 세계인과 호흡하는 인재로 거듭나는 것은 아니다. 그렇게 특별할 것이 없는, 일종의 범용 인재가 되어 돌아올 뿐이다.

"해외에 나가 안 들어오면 어떤가?"

범용 인재는 이제 넘쳐나는 세상이다. 국내 대학에서도 외국인 교수를 확보하여 해외에서나 다름없는 커리큘럼으로 학생들을 가르치고 있고, 교환 학생, 외국 대학과의 복수 학위 인정 제도 등을 시행하여 단순히 배우기 위해서 해외에 나가야 할 이유가 줄어들고 있다.

따라서 이제는 해외로 가려면 과거와는 다른 사고와 각오를 가져야 한다. 실제로 아프리카, 러시아, 서남아시아, 중남미, 중앙아시아 등 일반인들이 상상하기조차 어려운 곳들에 진출해 있는 우리 젊은이들이 있다. 이들은 그 나라 말을 배우기 위해 처음 1년 동안 한국 사람이 없는 곳에서 지내며 마치 한국인임을 잊은 듯이 생활한다. 세계 72개국에 사무소를 두고 있는 KOTRA에서는 이런 젊은이들을 많이 본다. 우리 기업이 현지 사정을 몰라 쩔쩔맬 때 이들은 우리 기업의 훌륭한 안내자가 되기도 하고, 스스로 사업 거리를 찾아 무역을 하기도 한다.

최근 우리 정부는 일자리 창출을 위해 부단히도 애쓰고 있다. 세계 경기 침체까지 겹친 상황에서 정부가 아무리 노력하더라도 창출되는 일자리에는 한계가 있을 수밖에 없다. 게다가 일자리 부족은 구조적인 문제 때문에 생기는 현상이다. 우리 경제의 구조가 계속해서 선진국형으로 간다면 고용을 수반하지 않는 성장은 일면 불가피한 측면도 있다.

이런 상황에서 정부에만 대고 일자리를 만들어 달라고 요구하는 것은 무리다. 우리 젊은이들 역시 국내 사정 탓만 할 것이 아니라 스스로 일자리를 찾아 국내외로 뛰어 다녀야 한다. 과거 같으면 가족과 떨어져 해외에 사는 것이 낯선 일이었지만 지금은 그렇지가 않다. 나가서 살 생각까지 하고 해외로 진출할 때 분명 기회를 얻을 수 있다. 단순히 배우러 해외에 간다는 인식을 버리고 "해외에 나가 안 들어오면 어떤가? 상하이 김씨를 만들고, 시드니 이씨를 만들면 또 어떤가?" 하는 사고방식으로 해외에서 주역이 되겠다는 발상의 전환이 필요한 때이다.

어학과 경제 지식에 몰두하라

다음으로 주문할 것은 외국어 실력을 확실히 갖추라는 것이다. 영어를 잘하기 위해 구강구조를 바꾸는 수술까지 할 정도라는데, 이는 외국어 능력이 얼마나 중요한지를 말해 주는 현상이 아닐까 한다.

반기문 유엔 총장은 외국인을 만날 수조차 없던 시절에 쌓은 영어 실력으로 지금의 자리에까지 올랐다. 그와 비교해 본다면 지금 우리 젊은이들의 외국어 습득 환경은 비교가 되지 않을 만큼 좋아졌다. 외국어를 배울 때는 아예 사고의 구조까지 몽땅 바꾸겠다는 각오로 외국어에 매달릴 필요가 있다.

반드시 영어만 할 것이 아니라 남들이 하지 않는, 희소가치가 있는 언어를 배우라고 권하고 싶다. 이것이 남들과 차별화를 모색할 수 있는 길이며 보다 효과적인 경쟁력을 확보하는 길이다. 실제로 희소가치가 있는 언어를 하면서 우리 기업의 해외 진출을 지원하고 있는 젊은이들이 세계 도처에 포진해 있다. 외국어가 기회를 살리는 중요한 무기가 되는 셈이다. 히브리어를 할 줄 안다는 이유로 예기치 못한 새로운 기회가 만들어질 줄 누가 알겠는가?

그 다음으로는 경제 지식과 경제에 대한 소양을 갖추라는 이야기를 하고 싶다. 모두가 경제학을 배워야 한다는 이야기가 아니다. 그저 경제 신문을 읽는 것만으로도 필요한 경제 지식은 충분히 갖출 수 있다.

처음에는 어렵게 느껴질지 모르지만, 경제 신문을 한 달 정도만 제대로 읽어 보자. 그렇게 매일 같이 신문을 보다 보면 어느새 익숙한 경제 용어가 생기고, 세상을 보는 눈이 길러질 것이며, 나중에는 직접 경제 상황을 전망하고 예측하는 식견도 길러질 것이다.

전공도 복수로 하는 것이 좋다. 경제학을 전공하고 있다면 인문학을 하나 더 전공하여 인간을 이해하는 눈과 함께 상상력을 키우고, 그 반대로 언어를 전공하고 있다면 경제학, 경영학과 같이 실용적인 학문을 하나 더 공부함으로써 보다 균형 잡힌 사고를 가진 인재가 될 수 있다. 이렇게 하는 것이 글로벌 사회의 주역으로 활동하는 데 큰 도움이 될 것이다.

남들이 가지 않은 땅에 서라

요즘 우리 젊은이들에게 갖게 되는 한 가지 우려가 있다면, 지나치게 현실적인 나머지 눈앞의 이익에 급급해하는 경향이 있다는 점이다. 현실에 너무 신경을 쓰다 보니 어려움을 뚫고 나가려는 투지를 불태우기보다 편안한 쪽을 택하려고 하는 이들이 점점 많아지는 것 같다. 직장을 선택할 때도 당장 편하고 쉽게 근무할 수 있는 조건을 먼저 따진다.

하지만 젊을 때 고생은 사서도 한다는 말이 있지 않은가? 당장 눈앞의 이익과 편의에 급급하여 더 크고 값진 경험을 할 수 있는 기회를 놓치는 어리석음을 범하지 않기를 바란다.

협소한 국내에서 취업하는 것이 어렵다면 보다 넓은 해외로 눈을 돌릴 수도 있을 것이고, 대기업만 고집하기보다 중소기업에 들어가 더 큰 역할을 하면서 자신을 키워갈 수도 있을 것이다. 해외 근무 기회가 생겼을 때에도 무조건 선진국만 고집할 것이 아니라 비록 작은 나라이지만 발전 가능성이 있는 후진국으로 가서 오피니언 리더가 될 수도 있을 것이다. 이렇게 생각을 바꾼다면 선택의 폭은 얼마든지 넓어질 수 있다.

글로벌 경제 위기 극복과 향후 성장 발판을 마련하기 위한 열쇠는 바로 우리 젊은이들의 손에 쥐어져 있다. 치열한 경쟁 환경에서 살아남기 위해 외국어도 잘해야겠지만, 다른 문화와 가치관에 대한 폭넓은 이해를 바탕으로 세계 시장에서 다양한 사람들과 교감하고 소통할 수 있어야 한다. 그리하여 세계 시장의 흐름을 읽어내고 대응해 나갈 수 있는 진정한 글로벌 인재가 되어야 한다.

그동안 자신이 개척보다는 안주, 도전보다는 회피 쪽에 머물며 어떤 문제에 대해 적극적으로 대처하기보다 성급하게 체념하고 마는 경향이 있지는 않았는지 되돌아볼 필요가 있다.

남들이 가지 않는 곳에 가려고 해야 한다. 아무도 하지 않은 일을 할 줄 알아야 한다. 남들의 눈을 의식하기보다 스스로 인생의 주체가 되어야 한다. 오늘의 조연으로 만족하지 않고 내일의 주인공을 꿈꾸는 것, 그것이 바로 앞으로 우리 경제를 짊어질 우리 젊은이들이 가져야 할 자세다.

우리만의 새로운 경제 모델을 만들자

3개월 전, 이 책을 처음 집필하기 시작했을 때 나는 매우 조심스럽고 조마조마한 심정이었다. 책을 통해 우리 경제에 대한 희망을 이야기하고 싶었던 내 바람과는 달리, 혹시라도 집필을 끝마쳤을 즈음 다시 경제 상황이 나빠져 있으면 어떡하나 하는 불안감을 가지고 있었기 때문이다.

물론 다행히도 아직까지 우리 경제는 잘 버텨나가고 있는 중이다. 아니, 오히려 경제 위기 이전의 수준으로 경기 회복세를 이어가고 있으니 참으로 다행스럽다고 말할 수 있겠다.

그러나 이것만으로 낙관하기에는 아직 너무 이르다. 지금 이 순간에도 금융위기 후유증을 벗어나지 못한 세계 곳곳에서 생존 몸부림이 계속되고 있으며, 하루에도 몇 번씩 오락가락하며 급변하는 국제 경제 정세는 기존의 어느 경제학 이론으로도 속 시원하게 분석하고 예측할 수 없는 불확실한 상태에 놓여 있다. 그중에서도 최고의 불확실성이라면, 여전히 남아 있는 '과잉 유동성' 문제를 꼽을 수 있겠다.

이러한 가운데 미국의 루비니 교수와 파버 등은 또다시 강력한 더블 딥(double dip)을 경고하고 나섰다. 잠재되어 있는 과잉 유동성이 또 한 번 버블을 일으켜 금융에 불을 붙이려는 조짐이 곳곳에서 목격되고 있다는 것이다. 특히 다시 인재들을 끌어오기 위해 고액의 성과급을 제시하는 등 눈치작전을 펼치고 있다는 월가의 상황은 시장의 탐욕이 다시 시작되고 있음을 짐작케 하는 증거이다. 자칫하다가는 다시 큰 인플레이션이 일어나거나 투기 금융이 되살아날 가능성도 배제할 수 없는 것이 지금의 현실인 것이다.

이러한 움직임에 있어서 한국도 예외는 아닌 듯싶다. 거품 이야기가 다시금 거론되면서 유가, 원자재가, 곡물가 등도 모두 뛸 준비를 하는 태세고, 과소비와 부동산 투기 등의 문제가 다시 고개를 들며 재현될 가능성을 보이고 있다. 일각에서는 경제 정책 기조를 원상복귀하자는 노골적인 출구 전략 이야기까지 새어나오고 있는 실정이다. 이러한 때에 앞으로 다가올 새로운 경제 위기에 대비할 수 있는 길은 무엇일까?

나는 실물경제의 수요를 맞추는 길뿐이라고 생각한다. 인류의 역사를 돌아볼 때, 경제 위기가 닥칠 때마다 큰 해결사 역할을 해 주었던 것은 다름 아닌 전화, 자동차, TV, 반도체, 휴대전화와 같은 신개발 상품이었다는 사실을 상기해 보자. 불어나는 금융에 맞게 실물경제의 수요가 뒷받침되기 위해서는 탄탄한 기초 혁신을 바탕으로 보다 많은 신상품 개발과 창조가 이루어져야 한다. 그렇다면 우리에게 미래의 혁신이자 새로운 수요가 될 만한 상품은 과연 무엇이 있을까?

로봇을 비롯한 우주과학, 신에너지, 제약 의료, 바이오, 지구 보존,

친환경 산업 등 과학 분야나 의료 환경 분야 등 가능성이 많이 남아 있는 미개척 분야에서 새로운 수요가 탄생하지 않을까 기대하고 있다. 아직 미흡한 점도 많지만 그 옛날 제조업 강국에서 오늘날 IT 강국으로까지 발전을 거듭해 온 우리이다. 지금껏 해 왔던 대로 우리에게 이로운 여건을 잘만 활용한다면, 산업을 한 단계 업그레이드시킬 수 있을 뿐만 아니라 미래 사회의 주축으로 자리매김할 수도 있을 것이라고 본다.

그간 한국 경제는 세계 시장을 돌파하기 위한 전략으로 끊임없이 우리의 역할 모델을 찾아왔다. 그것이 선진화를 앞당길 수 있는 지름길이라 믿었기 때문이다. 하지만 세계 최대 강국이며 주주 자본 국가로 꼽히던 미국도 장기적인 안목을 갖지 못한 채 단기적 투기만을 노리다가 금융 위기를 촉발하며 힘을 잃어버렸고, 다음으로 아시아의 맏형을 자처하며 본받아야 할 대상으로 간주되던 일본도 세계 경제의 교본이 되길 원했던 평생 고용, 유착적 하도급 체제, 생산 라인의 고정성이 낳은 고비용 구조로 인해 고전을 면치 못하는 상태가 됐다. 거기다 정부 개입에 의한 분배 체제와 민간 주도의 성장 전략을 함께 해나가던 유럽 또한 우리에게 확신을 주는 바람직한 경제 모델이 되어주지 못했다. 이렇게 세계가 주목하던 경제 모델들이 하나둘씩 설 자리를 잃어가면서 새로운 경제 모델이 필요한 시점이 된 것이다.

이렇게 세계 경제의 근본적인 재편 과정이 이루어지고 있는 이때, 본받을 수 있는 새로운 역할 모델을 우리 스스로 창조해내야 하지 않을까?

의사결정의 스피드, 정부 정책 투입 과정의 효율성, 기업 간의 치열한 경쟁, 치밀한 해외 현지화 능력, 탁월한 위기 극복 능력, 금 모으기와 일자리 나누기에서 보여준 신속한 결집력 같은 한국인만의 장점들이 우리에게 가장 적합한 신경제 모델의 구성 요소가 된다면 가능할 수도 있다고 생각한다.

한국 경제는 세계 시장의 위기와 변동 속에서 아직도 가야 할 길이 멀다. 하지만 이미 예견된 위기는 위기가 아니라 했다. 현재 상황을 위기로 인식해 당황할 것이 아니라 철저히 대비한다면, 새로운 기회를 잡을 수 있을 것이다.

이미 한국은 경제 모델을 개발할 수 있고, 개발해야 하는 단계에 와 있다. 바로 지금이 대한민국 고유의 국가 브랜드 모델을 만들어야 할 때이다.

세계적인 석학들의 이야기에서 배울 점은 받아들이고 버릴 것은 과감히 버림으로써, 우리만의 강점을 살린 새로운 경제 모델을 정립해야 한다. 이와 더불어 국가 간의 긴밀한 네트워크 구축, 지속적인 협력관계를 모색하고 발전시킬 수 있어야 한다. 지금까지 우리가 이루어낸 성과와 세계 시장의 우호적인 시선으로 미루어 본다면, 우리도 충분히 세계 시장의 롤 모델(role model)이 될 수 있다고 확신한다.

어서 빨리 우리만의 극복 모델을 전 세계에 전수하게 될 그날이 오기를, 그래서 우리가 제시한 역할 모델을 본받고자 하는 나라들이 넘쳐나기를 간절히 소망한다. 우리가 글로벌 경쟁력을 갖춘 세계 속의 한국인으로 우뚝 설 날이 그리 머지않았다.

지은이　조환익 (KOTRA 사장)
서울대학교 정치학과를 졸업하고, 뉴욕대학교 경영대학원에서 석사, 한양대학교에서 경영학 박사 학위를 받았다. 행정고시에 합격한 이후, 통상산업부를 거쳐 산업자원부 차관, 한국수출보험공사 사장을 지냈다. 이어 대한민국 KOTRA(대한무역투자진흥공사) 사장에 부임하면서 대한민국 최고의 경제통 중 한 명으로 평가받고 있다.

한국, 밖으로 뛰어야 산다

1판 1쇄 발행　2009년　10월　5일
1판 7쇄 발행　2009년　11월　5일

지은이　조환익
발행인　고영수
발행처　청림출판
등록　제406-2006-00060호
주소　135-816 서울시 강남구 논현동 63번지
413-756 경기도 파주시 교하읍 문발리 파주출판도시 518-6 청림아트스페이스
전화　02)546-4341　**팩스**　02)546-8053

www.chungrim.com
cr1@chungrim.com

ISBN 978-89-352-0880-7　03320

가격은 뒤표지에 있습니다.
잘못된 책은 교환해 드립니다.